LE BOUDDHISME DU BOUDDHA

DU MÊME AUTEUR
CHEZ POCKET

AU PAYS DES BRIGANDS GENTILSHOMMES
LE BOUDDHISME DU BOUDDHA
IMMORTALITÉ ET RÉINCARNATION
L'INDE OÙ J'AI VÉCU
JOURNAL (TOMES 1 ET 2)
LE LAMA AUX CINQ SAGESSES
LA LAMPE DE SAGESSE
MAGIE D'AMOUR ET MAGIE NOIRE
MYSTIQUES ET MAGICIENS DU TIBET
LA PUISSANCE DU NÉANT
LE SORTILÈGE DU MYSTÈRE
SOUS UNE NUÉE D'ORAGES
VOYAGE D'UNE PARISIENNE À LHASSA
LA VIE SURHUMAINE DE GUÉSAR DE LING

Par Jean Chalon

LE LUMINEUX DESTIN D'ALEXANDRA DAVID-NEEL

ALEXANDRA DAVID-NÉEL

LE BOUDDHISME DU BOUDDHA

Ses doctrines, ses méthodes et ses développements mahayanistes et tantriques au Tibet

Édition augmentée et définitive

ÉDITIONS DU ROCHER

Nouvelle édition
revue et augmentée
de l'ouvrage d'Alexandra DAVID-NÉEL

LE BOUDDHISME

Ses doctrines, ses méthodes

ISBN : 2-266-05635-2

PRÉFACE

Quand la faillite menace une Société commerciale, il est de règle de procéder à un inventaire minutieux de ses ressources afin de se servir d'elles pour conjurer la catastrophe redoutée. Une conduite analogue n'est-elle pas susceptible de donner, sur un autre terrain, des résultats également profitables et la situation actuelle du monde ne justifie-t-elle pas un inventaire du capital d'idées dont l'humanité est propriétaire ?

J'écrivais ces lignes en 1936 dans la préface d'un livre sur le Bouddhisme. Sont-elles encore d'actualité ? — Je n'hésite pas à affirmer qu'elles le sont plus que jamais.

Pendant les vingt-deux ans qui se sont écoulés depuis qu'elles ont été publiées, une nouvelle guerre a eu lieu, bien plus dévastatrice et plus importante, quant à ses effets, que celle de 1914. Des bouleversements considérables l'ont accompagnée et suivie ; ils se poursuivent encore actuellement.

Les conceptions sociales et morales d'un grand nombre de nos contemporains se sont singulièrement modifiées. Un désarroi se traduisant par une indifférence veule ou une attente angoissée de cela *qui pourrait se produire a pris possession des esprits. Est-on encore justifié en parlant de la faillite de notre civilisation, ou faut-il employer le terme de catastrophe ? — Certains n'y ont point manqué.*

Il est, cependant, une autre expression, moins dramatique, mais plus poignante, pour qualifier la situation incohérente dans laquelle se débattent aujourd'hui tous les peuples se réclamant de la civilisation occidentale : c'est l'expression décrépitude.

La décrépitude est l'acheminement naturel vers la mort ; elle atteint, inéluctablement, tout ce qui a commencé et qui, par conséquent, doit finir.

De nombreuses civilisations se sont épanouies, ont brillé, puis ont disparu et nous pouvons nous représenter le temps où, comme il en est pour Ur de Chaldée, pour Babylone ou pour maintes autres cités jadis florissantes, seuls des vestiges exhumés par des archéologues indiqueront la place où s'élevaient Paris, Londres ou New York.

Mais ce n'est pas dans les millénaires futurs que nous vivons : c'est aujourd'hui, à l'époque présente. Dès lors, ne convient-il pas que nous nous efforcions d'écarter de nous, hommes de l'époque actuelle, le plus grand nombre possible d'éléments producteurs de souffrance, et de multiplier les facteurs susceptibles de contribuer à notre confort matériel et spirituel ? — Or, il existe un enseignement dont le but, formellement affirmé, consiste précisément dans la Suppression de la Souffrance.

Ne serait-il pas sage de lui accorder notre attention ?

« Je n'enseigne qu'une chose, ô disciples : la Souffrance et la Délivrance de la Souffrance. »

Nous voici, d'emblée, en face d'un programme très simple, mais d'une ambition éminemment pratique. Certains ne manqueront pas de le trouver dénué de lustre, de l'estimer trop terre à terre, voire même vulgaire. Pourtant, ne correspond-il pas au plus ardent désir de tous les êtres ; au désir qu'un examen attentif nous révèle comme étant leur unique désir travesti sous mille formes : le désir du bonheur ?

A travers des routes tortueuses, des aberrations étranges, n'est-ce pas notre bonheur, la suppression de cela qui nous fait souffrir, que nous cherchons ?

Bien avant l'éveil d'un rudiment de conscience dans nos lointains ancêtres, ceux-ci, au fond des océans, y cherchaient le bien-être qui leur permettait de continuer à vivre, et la même aspiration, perpétuée tout au long des âges, habite toujours en nous.

Il vaut donc la peine d'examiner cette Doctrine de la « suppression de la souffrance » qui fut proposée aux hommes, il y a vingt-cinq siècles, par un penseur né au pied des Himâlayas.

Tôt dénaturée par ceux qui l'avaient entendu prêcher, cette Doctrine fut, par la suite, singulièrement développée et transformée d'après les mentalités diverses de ceux qui s'en réclamaient. Sommes-nous capables d'en faire, aujourd'hui, un usage utile ? — L'expérience peut être jugée digne d'être tentée.

D'ailleurs, il n'est point question de demander des directives précises à des maîtres ayant vécu il y a des siècles et dans des milieux très différents du nôtre. Chercher à les copier n'aboutirait qu'à créer des cari-

catures grotesques. Tout au contraire, rappeler certains préceptes fondamentaux, certaines disciplines mentales préconisées par ces maîtres, peut être profitable. Le contraste existant entre nos opinions habituelles et celles exprimées par des philosophes appartenant à d'autres temps et à d'autres pays que les nôtres, doit nous aider à mieux discerner ce qu'il y a de bon à conserver et à fortifier dans notre bagage d'idées et de principes et ce qu'il convient d'en rejeter. C'est là, il semble, un but excellent en lui-même et, alors même que l'étude, popularisée, des philosophies issues de l'Inde et de la Chine ne nous conduirait pas plus loin, ses services seraient, déjà, très estimables.

Le présent livre est le produit d'une collaboration poursuivie pendant un grand nombre d'années, avec mon très regretté fils adoptif le lama Yongden [1]*, fidèle compagnon de mes aventureux voyages dont l'assistance m'a été infiniment précieuse pour recueillir, sur place, des documents concernant le Bouddhisme tibétain.*

Le bref exposé que nous avons fait des théories et des méthodes du Bouddhisme est, naturellement, fort loin de comprendre la totalité de celles-ci. L'immense littérature bouddhique qui, en plus de très nombreux ouvrages canoniques, comprend des milliers de commentaires et de traités philosophiques dus à des auteurs chinois, tibétains, japonais, et non classés dans les collections canoniques, ne peut pas être résumée en quelques centaines de pages. Mon collaborateur et moi n'avons eu pour but que de renseigner les lecteurs sur les particularités essentielles, ou les plus saillantes,

1. Mort, en France, en novembre 1955.

des théories bouddhiques et des méthodes de culture mentale qui en découlent. Familiarisés avec celles-ci, ils seront capables, si le sujet les intéresse, d'étudier, avec fruit, les ouvrages beaucoup plus techniques que d'érudits orientalistes ont consacrés à l'examen, séparé, de différentes doctrines du Bouddhisme ou à certaines phases de son développement philosophique.

Tantrisme :

- Salut par la connaissance des lois de la nature
- Rites et croyances issus de l'hindouisme, du Bouddhisme.

LE
BOUDDHISME DU BOUDDHA

Ses développements mahâyânistes
et tantriques au Tibet

CHAPITRE PREMIER

LE BOUDDHA

Les ouvrages consacrés à l'étude d'une doctrine philosophique ou d'une religion débutent, généralement, par une biographie de leur fondateur ; celle-ci n'est nullement essentielle lorsqu'il s'agit du Bouddhisme. En effet, l'enseignement que nous connaissons sous le nom de Bouddhisme ne repose pas sur la personne du Maître qui l'a promulgué. Celui-ci ne se présente pas comme investi d'une autorité exceptionnelle pour communiquer aux hommes la teneur d'une révélation qu'il aurait miraculeusement reçue. Il ne se donne pas, non plus, comme possédant le pouvoir d'un sauveur capable d'annuler les conséquences funestes des erreurs des hommes. C'est à ceux-ci qu'il appartient de s'éclairer, de reconnaître le caractère erroné des croyances déterminant le comportement qui les maintient dans la souffrance. Siddhârtha Gautama est un Maître, rien qu'un Maître : il proclame des faits qui lui sont apparus au cours de ses investigations, de ses méditations et il indique les moyens propres à nous amener à voir ce qu'il a constaté, propres à nous

« éveiller », comme il s'est « éveillé », à nous délivrer, comme il s'en est délivré, du rêve peuplé de fantasmagories où l'ignorance nous retient.

Siddhârtha Gautama, glorifié sous le nom de Bouddha, n'est d'ailleurs pas tenu pour être unique dans l'histoire du monde. D'après la doctrine bouddhique, d'autres Maîtres, avant lui, ont prêché une doctrine analogue à la sienne, et d'autres la prêcheront encore dans l'avenir. Mais, toujours, c'est l'homme lui-même qui doit assurer son salut en faisant l'effort nécessaire.

« C'est à vous, ô disciples, de faire l'effort : les Bouddhas ne peuvent qu'enseigner. »

Cela qu'ils enseignent est à tous instants devant nous, il nous faut seulement exercer notre vue mentale pour le découvrir comme l'a fait le Bouddha. Lui-même s'est borné à nous inviter à « regarder » et à nous indiquer les moyens d'acquérir l'acuité de vision mentale indispensable pour discerner ce que la masse des hommes ne perçoit pas.

« Que des Bouddhas paraissent ou qu'il n'en paraisse pas, un fait demeure : tout est impermanent. »

Toutefois, les hommes s'accommodent mal de principes impersonnels ; le désir de les rattacher à une personnalité les domine.

Les Bouddhistes n'ont pas échappé à cette tendance ; ils nous ont pourvu d'une biographie de leur Maître.

Très simple à l'origine, celle-ci, par les soins de dévots inaptes à saisir le sens élevé de l'enseignement qui leur avait été présenté, s'est promptement accrue d'« embellissements » empruntés d'une part aux histoires des héros divins de l'Inde, de l'autre à diverses théories métaphysiques et, peu à peu, le plus sobrement clairvoyant de tous les penseurs s'est trouvé transformé en une figure mythologique, voire même cosmique.

Cependant, le voile que des contes fabuleux et des théories métaphysiques ont tissé autour du Bouddha n'est pas si épais que nous ne puissions entrevoir, sous ses plis, la physionomie réelle du personnage historique et purement humain que fut Siddhârtha Gautama.

« L'ascète Gautama, jeune en ses jeunes années, dans la force et la fleur de la jeunesse, au printemps de la vie, a pris des vêtements orange et quitté sa maison pour mener une vie errante.. »

Cette rédaction est déjà conçue dans la note romancée qui dominera, plus tard, les récits concernant le Bouddha, mais le fait rapporté est historiquement exact et se place, tout naturellement, dans le cadre de la société indienne telle qu'elle existait bien avant le Bouddha, telle qu'elle s'est perpétuée longtemps après lui et telle que nous pouvons encore en découvrir certaines traces vivantes sous le tumulte et l'agitation de l'Inde moderne en proie aux luttes politiques et économiques.

Il est déjà fait mention, dans le Rig Véda, d'ascètes vêtus de sales robes jaunes qui suivent le cours du vent et ont conquis les pouvoirs des dieux.

Il s'agit là des ancêtres spirituels des *sannyâsins* qui, libérés de toutes attaches, ne possédant rien, errent au gré de leurs impulsions « libres comme le vent », ainsi qu'il en a existé des milliers dans l'Inde et que l'on en rencontre encore de nos jours ; quelques-uns mystiques ou philosophes hautement vénérables et la majorité, passablement vulgaires, comptant, parmi eux, de nombreux imposteurs.

Il est difficile de trouver dans les langages occidentaux, un terme traduisant exactement celui de *sannyâsin* et l'Inde semble avoir eu le monopole de la condition qu'il représente.

Sannyâsa signifie « renoncement », « rejet ». Le *sannyâsin* n'est en aucune manière un moine : c'est un ascète individualiste, totalement indépendant, qui a rejeté les trois mondes : celui des hommes, le nôtre, celui des ancêtres[1] et celui des Dieux[2].

La formule consacrée que prononce le *sannyâsin* : *Bou sanyastam mayâ — Bhouva sanyastam mayâ — Sva sanyastam mayâ* — est la plus altière de toutes celles que l'on a pu concevoir. Il est interdit de la prononcer, sauf par celui qui fait profession de *sannyâsa.*

On lui attribue une efficience intrinsèque. Celui qui la prononce coupe, automatiquement, les liens qui l'attachent aux trois mondes. Dans celui-ci, il n'aura pas de postérité, sa fortune déclinera, etc.

Aucune formule de ce genre n'est employée dans l'ordination des moines bouddhistes (les *bhikkhous*) mais nous en rencontrons l'esprit dans les Écritures bouddhiques :

> « Celui qui n'ayant plus de liens avec les hommes a rejeté ceux qu'il pourrait avoir avec les dieux. »
>
> (Dhammapada, 419).

Le rejet du *sannyâsin* diffère complètement de la

1. L'expression « monde des ancêtres » est, parfois, expliquée comme signifiant la renommée posthume pour les défunts ou le souvenir que les hommes gardent d'eux. Une conception plus populaire y voit une survivance du « double » éthéré de l'individu défunt.

2. La béatitude dans un Paradis, parmi les dieux.

renonciation du moine chrétien qui abandonne ce qu'il appelle *les biens de ce monde* pour gagner les joies du Ciel, ou de celle du mystique qui brûle du désir de s'unir à son Dieu et croit y parvenir par cet abandon. La « renonciation » du moine a le caractère d'un sacrifice, tandis que celui qui revêt la robe orange[1] du *sannyâsin* le fait parce qu'il éprouve de l'aversion, de la répugnance pour ce que la masse des hommes considère comme les « biens » et les « joies » du monde. Suivant l'expression qu'un *sannyâsin* employa un jour, en causant avec moi, il les rejette avec bonheur, éprouvant la satisfaction que l'on peut ressentir en enlevant de sur soi un vêtement sale et en guenilles. *Sannyâsa* n'est pas un moyen auquel on a recours pour atteindre un but. *Sannyâsa* est un but en soi, une joyeuse délivrance. Dans l'Antiquité comme dans les temps modernes, le *sannyâsin* s'est tenu pour affranchi des lois sociales et religieuses, comme libéré de tous liens. Il marche sur une voie que lui seul connaît et ne doit de comptes qu'à lui-même. Il est, par excellence, *en dehors*.

Siddhârtha Gautama devint un *sannyâsin*.

« C'est un dur assujettissement que la vie dans la maison ; la liberté est dans l'abandon de la maison. Comme il pensait ainsi, il abandonna sa maison. »

A l'époque du Bouddha, les *sannyâsins*, dénommés alors *çramanas*, étaient généralement des isolés, ayant parfois reçu une sorte de consécration d'un *çramana*, leur guide spirituel — leur *gourou*, d'après le terme indien — mais s'en étant, aussi, souvent passés, comme

1. Teinte avec une terre nommée *guéroua* qui produit, suivant la quantité de poudre délayée dans l'eau, des teintes allant d'un rose aurore à l'orange foncé presque rouge.

le fit Gautama. Ils pouvaient être disciples de tel ou de tel Maître et vivre temporairement auprès de lui ; mais ils n'appartenaient à aucune congrégation régulièrement constituée.

Entre les *çramanas* n'existait pas, non plus, le lien d'une foi commune. Tout au contraire, l'on comptait, parmi eux, des adeptes de doctrines différentes et chacun d'eux demeurait toujours libre de changer d'opinion. Certains d'entre eux professaient même une complète incrédulité à l'égard de toutes les doctrines, un agnosticisme total. L'Inde a connu les figures, paradoxales selon nous, du mystique matérialiste et de l'ascète athée[1] et on les y rencontre encore de nos jours.

Un certain antagonisme existait entre les libres *çramanas*, affranchis de toutes obligations sociales, de toutes observances rituelles, et les Brahmines, gardiens héréditaires des traditions religieuses et seuls autorisés à célébrer le culte des Déités. D'autre part, sur le plan spirituel, les Kshatriyas s'étaient partiellement affranchis de la suprématie des Brahmines. Des membres de la noblesse princière égalaient, en savoir et en profondeur de pensée, les plus éminents des Brahmines ; ils les surpassaient, parfois, dans les joutes philosophiques qui, de tout temps, ont été en honneur dans l'Inde. Il arrivait même que des Brahmines se missent à l'école de Kshatriyas célèbres. Le Bouddha en compta de très nombreux parmi ses disciples.

Autour de Gautama se groupèrent des disciples, comme il en était pour d'autres Maîtres spirituels de son

1. Il en est de même au Tibet et en Chine mais le contraste y est moins frappant à cause de la moindre intensité des sentiments religieux de la population.

temps. Nous pouvons tenir pour ayant une base historique les relations qui rapportent les séjours de ces petits groupes dans des jardins mis à leur disposition ou réservés exclusivement à leur usage. Ces jardins, comprenant des logis, servaient d'abri à ces groupes pendant la saison des pluies et, celle-ci terminée, le Bouddha, avec quelques compagnons, reprenait la route, allant prêcher sa doctrine en divers endroits.

Il n'y avait point là fondation d'un Ordre religieux. Ni vœux, ni cérémonie d'ordination.

« Approche-toi », disait le Bouddha, « la Doctrine est prêchée, mène la vie de *brahmacharine*[1] pour mettre un terme à la souffrance. »

Le *Sangha*, par son organisation et l'esprit qui l'anime, diffère, d'ailleurs, complètement des Ordres religieux existant en Occident[2].

A quel motif le jeune prince a-t-il obéi en quittant la maison paternelle ?

Son acte n'a rien d'exceptionnel dans le milieu où il s'est accompli. Nombreux y étaient les jeunes Brahmines ou Kshatriyas, et les Vaicias, fils d'opulents marchands, qui cédant à l'attraction de la vie ascétique, rejetaient les servitudes de la famille.

Les temps modernes voient encore se manifester quelques vocations de ce genre, en dépit des changements sociaux et politiques qui ont transformé l'Inde.

1. Étudiant célibataire.

2. *Sangha* signifie « assemblée » à l'imitation du *Sangha*, un adversaire acharné du Bouddhisme : le célèbre philosophe Çankarâcharya établit, beaucoup plus tard, les dix classes de *sannyâsins* hindous orthodoxes vivant en communauté. Ceux-ci ont fini par monopoliser le titre de *sannyâsin*, laissant à leurs confrères indépendants celui, plus général, de *sadhou*.

Le Bouddha vivait au Vᵉ siècle avant Jésus-Christ et Çankarâcharya vers l'an 800 de notre ère.

Aucun récit véritablement historique, auquel nous pourrions accorder une foi complète, ne nous renseigne sur les raisons qui ont incité Siddhârtha Gautama, à « sortir de la maison[1] ». Nous voici forcés de nous en tenir aux traditions, aux récits romancés.

Examinons donc ces récits que des poètes, non sans mérite, ont consacrés à l'histoire du Bouddha.

Le Kshatriya Çouddhodhâna est chef d'un clan de Çakyas établis au pied des Himâlayas, sur un territoire confinant à la frontière nord de l'Inde qui fait, aujourd'hui, partie du Népal. Un fils lui est né à qui les astrologues et les Sages du pays ont promis une glorieuse destinée. S'il demeure dans le monde, il deviendra un puissant monarque, toujours victorieux.

« Sur le cercle de la grande terre qui a pour limite l'Océan, sans employer le châtiment ou les armes, après l'avoir soumis par sa loi et sa force, il exercera l'autorité de sa toute-puissance. Mais si, sortant de la maison, il s'en va errer en religieux sans asile, il sera Tathâgata, Arhat, Bouddha parfait et accompli, instructeur que nul ne guide dans le monde. »

La prophétie est flatteuse. Çouddhodhâna ne peut que s'en réjouir. Cependant, bien que plein de respect pour les ascètes dont l'esprit dégagé de toutes préoccupations d'ordre matériel plane en des régions inaccessibles au vulgaire, il souhaite que son héritier suive la première des voies qui lui sont ouvertes. Il se promet bien de s'employer à l'y diriger.

Cependant, dès sa prime jeunesse, Siddhârtha s'est montré enclin à des méditations prolongées.

1. « Sortir de la maison » était l'expression consacrée pour signifier que l'on se dégageait des liens familiaux et sociaux pour devenir un *çramana*, un ascète indépendant.

Soumet sa vie à 1 discipline stricte et austère.
— l'ASCESE : perfection spirituel par exercices physiques et moraux

Étant allé, avec des compagnons de son âge, en partie de campagne dans un village de laboureurs, il quitte les jeux auxquels il se livrait avec ses amis et, s'éloignant d'eux, il va s'asseoir au pied d'un arbre, dans un endroit écarté ; là il s'absorbe dans ses pensées. Le temps s'écoule, Siddhârtha ne s'en aperçoit pas. Ses compagnons le cherchent en vain dans le village. Au palais, Çouddhodhâna s'inquiète parce que le jeune homme n'est pas revenu.

« Cherchant partout dans la maison, il demande : « Où est mon fils ? » La tante[1] dit : "Je l'ai cherché partout sans pouvoir le trouver : il faut s'enquérir de l'endroit où le jeune homme est allé."

« Çouddhodhâna interrogea en hâte un eunuque, le garde de la porte et les gens de l'intérieur, de tous côtés. "A-t-il été vu par quelqu'un, mon fils, quand il est sorti ? — Apprenez, Seigneur, que votre beau jeune homme est allé au village des laboureurs."

« Promptement, à la hâte, étant sorti avec les Çakyas, il alla au village des laboureurs.[2] »

Et là :

« Éblouissant de majesté, c'est ainsi qu'il vit celui qui vient en aide aux êtres. »

Que pouvons-nous retenir de ce récit poétique ? — Un fait possédant tous les caractères de la réalité s'en dégage. L'incident du village des laboureurs a dû se produire maintes fois. Souvent, Siddhârtha s'écartait des siens pour aller s'asseoir, pensif, au pied d'un arbre, dans les jardins du palais.

Quelle que soit l'estime en laquelle une conduite de ce

1. Mahâprajapati, sœur de la mère de Siddhârtha, seconde femme de son père. Mâya, la mère du jeune homme, est morte peu de jours après sa naissance et il a été élevé par sa tante.

2. Lalita Vistara, chap. XI.

genre est tenue dans l'Inde profondément religieuse, elle ne laisse pas d'inquiéter le prince des Çakyas, déjà alarmé par les prédictions faites au sujet de Siddhârtha, lors de sa naissance. Il faut se hâter de mettre un terme aux rêveries du jeune homme et ramener ses pensées vers le milieu traditionnel des Kshatriyas dont elles s'évadent.

Siddhârtha doit se marier.
Siddhârtha se maria.

Les plus anciens textes ne mentionnent pas cette circonstance, ou ils ne lui accordent aucune importance. Ils se bornent à nous présenter, plus tard, Rahoula, le fils du Bouddha, qu'il a laissé avec sa mère lors de son « départ de la maison ».

Tout au contraire, les récits romancés légendaires s'attardent à décrire la pompe des cérémonies nuptiales. Ils ne cachent pas, non plus, qu'avec la jeune épouse et même avant qu'elle y fût entrée, l'appartement des femmes dans le palais que Çouddhodhâna avait offert comme résidence privée à son fils était amplement fourni de jeunes femmes : chanteuses, musiciennes, candidates concubines. Le nombre de celles-ci donné dans le Lalita Vistara est fantastique, mais nous devons comprendre que dans la phraséologie courante, il signifie simplement « un grand nombre » indéterminé[1].

« En ce temps-là, le Bodhisatva (Siddhârtha), afin d'agir selon les usages du monde[2], se montra au milieu de quatre-vingt mille femmes,

1. De même que nous disons parfois « trente-six choses ». Les Chinois disent « cent mille ». Les textes hinayânistes disent « cinq cents », les Mahâyânistes « quatre-vingt-quatre mille ».

2. Sur le Bodhisatva qui pratique une discipline consistant à conformer sa conduite au comportement habituel de la majorité des hommes, on pourra consulter mon livre : *La Connaissance transcendante d'après les textes tibétains*.

livré aux jeux et aux plaisirs. Parmi celles-ci, Gopâ, fille de Dandapâni de la famille des Çakyas, fut solennellement reconnue pour la première épouse. »

Çouddhodhâna s'est mépris. Son fils ne s'accoutumera pas au genre d'existence oisive et sensuelle que mènent les jeunes nobles de son pays. Tandis que les femmes s'ingénient à le distraire, des voix intimes sollicitent Siddhârtha.

« Les femmes à l'esprit joyeux font entendre, avec les flûtes, les plus doux et les plus ravissants des accords, mais par la puissance des suprêmes Djînas[1] on entend ces *gâthas*[2] variées et nombreuses.

« — Souviens-toi du vœu que tu as fait autrefois[3] quand tu as vu les êtres privés de protecteur : "Étant devenu un Bouddha exempt de passions, je les délivrerai de la vieillesse, de la mort et de toutes douleurs."

« C'est pourquoi, ô héros ! sors promptement de la meilleure des villes, établis-toi en un lieu fréquenté par les Rishis d'autrefois, étant devenu un Bouddha possédant la science sans égale des Djînas.

« Autrefois, tu as donné toutes tes richesses et ton corps qui t'était cher. Voici ton temps venu, distribue aux êtres l'eau inépuisable de la Loi[4].

« Sors promptement de cette ville excellente en te rappelant tes paroles d'autrefois : "Après avoir atteint l'état de Bouddha, je désaltérerai avec le breuvage d'immortalité ceux que la soif tourmente."

« Pour les insensés que le doute torture, qui ont des pensées de singe, fais briller la lumière claire et pure de la sagesse.

« Par la puissance des Djînas des dix points de l'espace, ces gâthas exhortent le jeune prince qui se repose sur sa couche pendant qu'on le réjouit avec différentes sortes d'instruments mélodieux. »

Sous cette description poétique nous discernons le fait

1. Les Djînas (les victorieux), des personnalités qui ont atteint l'illumination spirituelle : des Bouddhas.
2. *Gâtha* : une strophe en poésie.
3. Allusion aux histoires des *jâtakas*, les contes décrivant les vies antérieures du Bouddha selon la croyance populaire aux réincarnations.
4. En phraséologie bouddhiste, la Loi (le *Dhamma* — sanscrit *dharma*) signifie la doctrine, la règle, et aussi, la Connaissance correcte, etc. Pour les Indiens, le terme *dharma* comporte un grand nombre de sens différents.

réel : Siddhârtha est absorbé dans les réflexions qui aboutiront à lui faire « abandonner la maison ». L'intensité de ses pensées a suspendu l'activité de ses sens. Le texte insiste :

« Dans les accords des luths et des flûtes, Siddhârtha entendait ceci :

« Les trois mondes[1] sont brûlés par les douleurs de la vieillesse et de la maladie ; ce monde sans guide est consumé par le feu de la mort. Pareils à des abeilles entrées dans un bocal, les êtres s'agitent et ne trouvent pas la voie de la délivrance de la mort.

« Instables sont les trois mondes, pareils au nuage d'automne. Pareilles aux scènes d'un drame sont la naissance et la mort des êtres. Comme le torrent de la montagne, passe la vie courte et rapide des êtres, comme l'éclair dans le ciel.

« Sur la terre et dans le monde des dieux, les êtres sont dans la voie des trois conditions mauvaises[2] et au pouvoir de l'existence, du désir et de l'ignorance[3]. Par cinq voies[4] les ignorants roulent comme tourne la roue du potier.

« Par des formes agréables, par des sons mélodieux, par des odeurs et des goûts agréables, par de doux contacts, le monde est enveloppé dans les filets du temps, comme un singe lié dans les filets du chasseur. »

Nos textes pourraient bien omettre, ensuite, les rencontres légendaires faites par Siddhârtha ; nous sommes parfaitement renseignés quant au sujet de ses méditations.

Cependant, les narrateurs insistent sur le caractère historique de ces rencontres. Vraisemblablement, des ren-

1. Suivant les Indiens, les trois mondes sont : notre monde, le monde des ancêtres et le monde des dieux *(bhou, bhouwar, swa)*. Les Bouddhistes nomment : le monde du désir (notre monde), le monde de la pure forme et le monde sans forme *(kâma lôka, rûpa lôka, arûpa lôka)*.

2. La maladie, la vieillesse et la mort.

3. L'ignorance : l'absence d'une connaissance correcte de la nature des choses ; les vues erronées qui entraînent à commettre des actes matériels et mentaux producteurs de souffrance.

4. Les cinq sens — auxquels les Indiens ajoutent l'esprit : sixième sens s'exerçant dans le domaine des idées.

contres de ce genre, ou d'autres analogues, ont eu lieu et ont fourni un aliment aux pensées mélancoliques du jeune observateur. Il a vu un vieillard

« ... affaibli, à la tête blanche, aux dents branlantes, qui marche en chancelant, appuyé sur un bâton ».

Il interroge son cocher : « Qui est cet homme ? »

« Cet homme, Seigneur, est accablé par la vieillesse, ses organes sont affaiblis, il est privé de force et d'énergie, incapable d'agir, il est relégué dans la forêt comme un morceau de bois. »

Siddhârtha interroge encore :

« — Est-ce là une condition spéciale à sa famille ou bien est-elle commune à toute l'humanité ?

« — Ce n'est, Seigneur, ni une loi spéciale à sa famille, ni une loi du royaume. Chez tous les êtres, la vieillesse succède à la jeunesse. Vos parents, la foule de vos amis, tous finiront par la vieillesse. Il n'y a pas d'autre voie pour les êtres. »

Une scène analogue est présentée au sujet de la maladie et le futur Bouddha conclut :

« La santé est donc comme le jeu d'un rêve. Quel homme clairvoyant ayant vu pareille condition pourrait avoir l'idée de la joie et du plaisir ? »

Et puis vient la rencontre d'un mort et Siddhârtha se révolte :

« Malheur à la jeunesse minée par la vieillesse ! Malheur à la santé que la maladie détruit ! Malheur à la vie trop brève...

« Retourne au palais, cocher, je penserai à la délivrance. »

Plus tard, le Dhammapada [1] dira :

1. Dhammapada, 144.

« Quel sujet de joie y a-t-il dans ce monde ? Entourés de ténèbres, ne chercherez-vous pas une lampe ? »

Le désir d'allumer cette lampe s'est complètement emparé de Siddhârtha et, selon les idées qui prévalent dans son milieu, il ne conçoit pas la recherche de l'illumination spirituelle sans l'abandon préalable de toutes attaches : « l'abandon de la maison ».

Les plus anciens textes bouddhiques ne nous fournissent aucun détail sur la façon dont s'est effectué cet abandon de la maison. Par contre, les Écritures tardives du Mahâyâna n'ont pas manqué de le dramatiser en des descriptions romancées.

Siddhârtha, s'étant éveillé au milieu de la nuit, passe dans l'appartement des femmes. Il les y voit dans la position où le sommeil les a surprises.

« Les unes balbutient en dormant, d'autres, la bouche ouverte, laissent couler leur salive ; d'autres encore, inconscientes de leurs mouvements, étalent leur nudité dans un abandon sans grâce. »

Il semble à Siddhârtha que c'est un charnier, un champ de crémation qui s'étend devant lui, où des cadavres attendent d'être portés au bûcher.

L'horreur le saisit :

« Maintenant ou jamais, il faut que je parte pour le grand départ. »

Siddhârtha appelle son écuyer Chanda qui couche à la porte de son appartement : « Je pars cette nuit, lui dit-il, va et selle mon cheval. »

Cependant, tandis que Chanda exécute son ordre, Siddhârtha pense à son fils nouveau-né qu'il n'a pas encore vu. La naissance de celui-ci est parmi les causes qui ont précipité chez le futur Bouddha une résolution sans doute formée depuis longtemps. « Un fils est né, c'est un lien de plus qui m'attache », a-t-il dit.

Il se rend dans l'appartement de sa femme. La jeune mère dort étendue sur son lit, une main posée sur la tête de son enfant.

« Si je veux voir mon fils, pense Siddhârtha, il me faudra écarter la main de la princesse, elle se réveillera et ce sera un empêchement à mon départ. Quand je serai devenu un Bouddha, je reviendrai et je verrai mon fils. »

Devant la porte du palais, Chanda attend avec le cheval Kanthaka. De mystérieuses influences assoupissent les gardes, éteignent le bruit des pas des fugitifs. Les portes de l'enceinte extérieure s'ouvrent d'elles-mêmes, comme vont aussi s'ouvrir les portes de la ville, et les voici dans la nuit, sur la route déserte[1].

Le futur Bouddha chevauche pendant plusieurs heures pour arriver au bord d'une rivière. Là, il met pied à terre, enlève ses bijoux, les remet, avec le cheval, à Chanda, lui ordonnant de retourner à Kapilavastou. Ensuite, il se coupe les cheveux et la barbe, donne ses riches vêtements à un mendiant qui passe, revêt les haillons que celui-ci abandonne, et poursuit sa route en quête du moyen de vaincre la souffrance, d'aborder, par-delà la vie et la mort, à « l'autre rive ».

D'après la tradition, le Bouddha était alors âgé de vingt-neuf ans.

L'Inde n'a guère imaginé qu'une recherche d'ordre

1. Ce passage du Lalita Vistara s'était impérieusement rappelé à ma mémoire et je le récitai à voix basse à mon compagnon d'aventure, mon regretté fils adoptif, le lama Yongden, la nuit où nous quittâmes secrètement la Chine, en route pour Lhassa *(Voyage d'une Parisienne à Lhassa).*

spirituel puisse être effectuée par un penseur isolé, dans la solitude. L'enseignement d'un guide — d'un *gourou* — y a toujours paru indispensable ; ce n'est qu'après avoir reçu cet enseignement et les conseils propres à diriger ses méditations que le disciple est jugé capable de poursuivre, seul, son chemin.

D'après la tradition, Siddhârtha Gautama s'adressa successivement à deux Maîtres jouissant d'un grand renom : Alara Kâlama et Roudraka, fils de Râma. Le premier résidait à Vaiçalis, le second à Rajagriha. Chez tous deux il se montra disciple attentif, prompt à saisir l'enseignement donné. Alara Kâlama, puis Roudraka, reconnaissant sa valeur intellectuelle, lui offrirent successivement de partager avec eux la direction spirituelle de leurs adeptes.

Cinq des disciples de Roudraka s'étaient même spécialement attachés à leur condisciple Siddhârtha, le jugeant supérieur à leur Maître commun.

Enfin, Siddhârtha ayant compris que les doctrines et les méthodes préconisées par Alara et par Roudraka ne conduisaient pas à la délivrance de la souffrance, il les quitta.

Il ne paraît pas qu'il ait tenté d'autres expériences. En tout cas, les Écritures bouddhiques n'en mentionnent pas[1].

Comme tous les Indiens de son époque, Siddhârtha croyait à l'efficacité des macérations pour développer les facultés intellectuelles et spirituelles[2].

1. Mais certaines traditions rapportent vaguement des contacts que Siddhârtha aurait eus avec d'autres Maîtres, avant de se mettre à l'école d'Alara Kâlama, puis à celle de Roudraka.

2. Une autre croyance courante dans le monde religieux de cette époque, était que, par le moyen de pratiques ascétiques d'une rigueur extrême, l'homme peut se hausser à la condition de dieu. Les dieux, croyait-on, conscients de ce fait, et jaloux de cette concurrence, s'ingéniaient à susciter

Il se retira sur une montagne couverte de forêts[1]. Ses cinq anciens condisciples le suivirent.

Jeûnes prolongés, privation de sommeil, tout le programme de tortures que l'ingéniosité des ascètes indiens a élaboré, Siddhârtha l'épuisa et y ajouta devant les cinq témoins qui le contemplaient pleins d'admiration, attendant le moment où, victorieux, illuminé, leur ancien condisciple leur révélerait la Vérité qu'il avait enfin contemplée.

Il convient de signaler, ici, le caractère profondément rationnel du récit bouddhique. Alors que, dans la plupart des biographies de héros religieux, des visions ou des révélations surnaturelles récompensent les efforts de l'ascète, le Bouddhisme écarte le miracle, il le dédaigne. La Doctrine du Bouddha ne demande rien au merveilleux, ou surnaturel, elle s'adresse uniquement à notre intelligence.

Exténué, Siddhârtha défaille.

Revenu d'un évanouissement prolongé, il comprend la leçon. Il a perdu son temps. Ce n'est pas en affaiblissant ses organes de perception que l'homme peut en amener le perfectionnement. Des sens d'une acuité accrue, de nouveaux sens même, peuvent procéder d'un développement de ceux que nous possédons ; on ne peut les attendre de leur destruction.

Renonçant au jeûne néfaste, Siddhârtha prend des aliments en quantité convenable et retrouve des forces[2].

des obstacles, des tentations aux ascètes, leurs émules, pour entraver leurs efforts et les empêcher d'atteindre leur but.

1. La tradition place ce site près de l'actuel Bouddhgâya.

2. D'après une tradition, c'est une femme nommée Soujata qui lui fournit son premier repas. Voici dans quelles circonstances : Soujata, demeurée sans enfant, avait imploré le dieu résidant dans un certain arbre afin d'avoir un fils. Ce fils était né et, pour témoigner sa reconnaissance au dieu, elle avait l'habitude d'aller lui offrir de temps en temps, des aliments qu'elle déposait au pied de l'arbre... Ce jour-là, elle s'avançait portant un plateau en or sur lequel se trouvait un bol rempli de riz cuit dans du lait exceptionnellement

Les cinq compagnons de l'ascète ne s'attendaient point à cette issue banale. Leur héros s'est déconsidéré à leurs yeux ; il s'est laissé vaincre par la sensualité. Pourquoi s'attarder davantage auprès de lui ? — Il n'y a aucun enseignement à en attendre. Et tous les cinq ils le quittent.

Alors, c'est de nouveau, pour Siddhârtha, la solitude complète dans la forêt bruissante d'innombrables luttes tragiques. Dans la ramure des banians gigantesques comme parmi le tapis des plantes menues étendu sous ses pieds, il contemple toujours le drame éternel de la vie et de la mort, la souffrance s'attachant aux êtres et l'horreur des dissolutions.

Enfin, une nuit, tandis qu'il méditait au pied d'un pippala[1], des voiles se déchirèrent devant ses yeux, une succession d'états de conscience de plus en plus étendus et plus lucides l'amenèrent à briser le cadre étroit et illusoire de la personnalité. Une vision élargie de l'existence : mouvement incessant et perpétuelles transformations, lui livra le secret du *Nirvâna*.

Siddhârtha Gautama était devenu un Bouddha.

Telle est, dans la simplicité des traditions primitives, l'histoire des recherches du Grand Sage indien et de la nuit mémorable où, près de la rive de la Néranjarâ[2],

crémeux. Or, Siddhârtha s'était précisément assis sous cet arbre. En l'apercevant, Soujata s'imagina qu'il était le dieu sylvestre qu'elle venait adorer et lui offrit le plateau. Siddhârtha mangea le riz cuit dans le lait.

Un épisode analogue est relaté dans la biographie de l'ascète-poète tibétain Milarespa (XIe siècle). Après une longue période de jeûne absolu, Milarespa « n'a plus la force de méditer », comme il le raconte, ensuite, à son disciple Reschungpa. Sa sœur venant lui apporter une provision de vivres (Milarespa vit en ermite dans une caverne isolée), il commence à se nourrir, reprend des forces et se trouve capable de poursuivre ses méditations. — La leçon est identique.

1. *Ficus religiosa*.

2. La tradition place l'endroit exact à l'actuel Bouddhgâya, où s'élève le grand temple bouddhiste dont la propriété a fait pendant de nombreuses

naquit la pensée inspiratrice de ce Bouddhisme dont les diverses écoles allaient conquérir des millions d'adeptes.

L'imagination de dévots épris de merveilles a eu tôt transformé ces faits très simples. Certaines pages des écritures mahâyânistes font, de cette nuit, une féerie extraordinaire où l'on voit intervenir dieux, démons, les astres et les éléments.

Cependant, certains découvrent sous cette fantasmagorie l'image symbolique de faits réels.

Quand il est dit que la terre a tremblé sous la natte de koucha qui servait de siège au Bouddha, c'est qu'il a senti s'effondrer sous lui la masse des croyances auxquelles il avait adhéré jusque-là, sur lesquelles il avait basé sa conduite, sur lesquelles reposait le comportement de tous ceux qui l'entouraient. Tout s'effondrait sous lui. Et lui-même, l'individu qu'il avait cru être jusque-là : Siddhârtha Gautama, le fils de Çouddhodhâna, son *Moi*, il le voyait se dissocier, s'éparpiller, n'être plus qu'un tourbillon d'éléments réunis pour un bref instant par la force du Karma[1].

Maintenant, la lutte est terminée, la victoire gagnée, le but atteint : le Sage des Çakyas s'est éveillé du rêve qui retient les hommes prisonniers. Que fera-t-il ? — Ce n'est pas pour sa seule délivrance qu'il a entrepris sa lutte héroïque ; l'intense compassion que lui a inspirée le sort des êtres plongés dans la souffrance, le porte à leur faire partager sa délivrance : il doit leur en montrer la voie. Mais précisément, parce que, avec son illumination spirituelle, lui est venue une perception plus nette de la

années l'objet de contestations entre Hindous et Bouddhistes, Un compromis est intervenu.

1. *Karma* = « action » est, dans la philosophie indienne, l'enchevêtrement continuel des causes et des effets,

puérilité mentale de ceux à qui il doit s'adresser, il se rend compte de la difficulté, de la presque impossibilité, qu'ils auront à comprendre ce qu'il a à leur enseigner et son enthousiasme se mue en découragement : les hommes parviendront-ils jamais à percevoir la vision qui s'est dressée devant lui pendant cette nuit décisive, sous l'arbre de la Bôdhi ?

Voici comment nous est dépeint, dans le Mahâvagga, le combat intérieur du Bouddha hésitant à quitter la forêt pour retourner, en apôtre, vers les foules.

« Le Bhagavan[1] s'assit au pied d'un banian.

« Alors à l'esprit du Bhagavan se trouvant seul dans la solitude, cette pensée se présenta : "J'ai découvert cette vérité profonde, difficile à percevoir, difficile à comprendre, remplissant le cœur de paix, que seul le sage peut saisir. Pour les hommes qui s'agitent dans le tourbillon de ce monde[2] ce sera une chose difficile à comprendre que la loi de l'enchaînement des causes et des effets. Ce sera, aussi, une chose difficile à comprendre que l'extinction de toutes les confections mentales[3], le rejet des bases de la personnalité[4], l'extinction de la convoitise, l'absence de passions, la paix, le nirvâna. Si je prêche cette doctrine et que les hommes ne soient pas capables de la comprendre, il n'en résultera que de la fatigue et de la tristesse pour moi."

« Et le Bhagavan réfléchissait ainsi, inclinait à demeurer en repos et à ne pas prêcher la doctrine. »

Notre texte fait alors intervenir Brahmâ Sahampati et nous trouvons là l'occasion de noter l'idée que les Bouddhistes se font des dieux.

1. *Bhagavan*, un titre respectueux signifiant à peu près : excellent, vénérable. Les *sannyâsins* indiens se le donnent souvent entre eux.

2. Plus tard, les auteurs mahâyânistes compareront les hommes à des abeilles enfermées dans un bocal, s'y agitant douloureusement, se piquant l'une l'autre et se heurtant sans cesse aux parois du bocal dans lequel elles sont prisonnières.

3. Les *samskâras* : les conceptions imaginaires que l'esprit produit continuellement.

4. Les *upadhis*, traduits par Oldenberg comme *substrata of existence*.

Les Bouddhistes ne dénient pas l'existence d'individus différents des hommes, en certains points supérieurs à eux, que l'on dénomme dieux, mais ils ne leur rendent pas de culte. Certains croient à la possibilité d'entretenir des relations amicales avec tel ou tel dieu et croient, aussi, que parmi les dieux, il existe des degrés différents de puissance ou d'intelligence, comme il en existe parmi les hommes, mais ils ne croient point à l'existence d'un Dieu unique, créateur des mondes, omniscient, omnipotent et autogène, dont la volonté souveraine règle le cours de toutes choses.

Dans le Mahâvagga, nous voyons Brahmâ Sahampati aborder le Bouddha en lui prodiguant les marques du plus profond respect. Celui qui possède la Connaissance est supérieur aux dieux.

Brahmâ Sahampati s'adresse au Bouddha :

« Veuille, ô Maître, prêcher la doctrine. Il y a des êtres dont les yeux de l'esprit sont à peine voilés d'une légère couche de poussière, mais s'ils n'entendent pas la doctrine, ils ne seront pas éclairés. Ceux-là embrasseront la doctrine.

« Ouvre-nous, toi, la porte de la Connaissance, fais-nous entendre la Vérité que tu as découverte.

« Celui qui se tient debout à la cime du roc de la montagne étend au loin sa vue sur tout le peuple qui l'entoure. De même, ô Sage, élève-toi, aussi, très haut, jusqu'à la plus haute demeure de la vérité. O toi, qui vois tout, abaisse tes regards sur l'humanité perdue parmi la souffrance, dominée par la naissance et la vieillesse. Debout, ô héros victorieux ! Marche à travers le monde, ô chef des pèlerins qui t'es libéré toi-même. Prêche, ô Bhagavan, il en est qui comprendront ta parole. »

« Quand le Bhagavan eut entendu la requête de Brahmâ, il regarda le monde avec l'œil d'un Bouddha[1].

« Comme dans un étang de lotus, parmi les roses des eaux, lotus

1. « Avec l'œil d'un Bouddha », c'est-à-dire une vision parfaite à laquelle rien n'échappe : une clairvoyance spirituelle complète.

bleus, lotus blancs nés dans l'eau, montant dans l'eau, les uns n'émergent pas de l'eau et fleurissent au fond, d'autres s'élèvent jusqu'à la surface de l'eau et d'autres émergent de l'eau et l'eau ne mouille plus leur fleur. De même, aussi, quand le Bhagavan, avec le regard d'un Bouddha, jeta les yeux sur le monde, il aperçut des êtres dont l'œil spirituel était à peine voilé d'une légère poussière et d'autres dont l'œil spirituel était recouvert d'une épaisse couche de poussière, des êtres d'un esprit vif et des êtres d'un esprit obtus, des êtres d'un caractère noble et des êtres d'un caractère bas, des êtres aisés à instruire et des êtres difficiles à instruire[1].

« Et quand il eut vu toutes ces choses : "Large soit ouverte la porte de l'Éternel ! s'écria-t-il. Que celui qui a des oreilles entende. J'enseignerai la Loi salutaire."

« Alors Brahmâ Sahampati comprit : "Le Bhagavan prêchera la doctrine." Il s'inclina avec respect devant lui et disparut. »

Sous ce récit imagé nous voyons le Bouddha pesant, en lui-même, l'opportunité de divulguer les faits qui lui sont apparus et la doctrine qu'il a basée sur eux.

A qui s'adresserait-il tout d'abord ? — Il songea à ses anciens Maîtres, Alara Kâlama et Roudraka, mais apprit que tous deux étaient morts pendant son séjour dans la forêt. Il pensa, ensuite, à ses anciens condisciples, les cinq ascètes qui l'avaient suivi dans la forêt.

Ceux-ci l'avaient abandonné, mais le Bouddha comprenait à quel motif ils avaient obéi et il se sentait capable de leur démontrer l'erreur qu'ils avaient commise en considérant les austérités comme la voie conduisant à la sagesse.

Ayant été informé que les cinq *çramanas* vivaient à Isipatana (le parc des gazelles)[2], le Bouddha s'y rendit.

1. Les Tibétains font continuellement état de ces distinctions. Ils classifient les hommes en trois grandes catégories, d'après leur degré d'intelligence : les *tha*, esprits obtus ; les *dig*, esprits à la capacité moyenne, susceptible de développement ; et les *rab*, les esprits exceptionnellement brillants. Chacune de ces divisions englobe de multiples subdivisions. Nous trouvons une division analogue dans les philosophies indiennes basées sur les trois *gunas* ; *thamas, rajâ, satva*.

2. Dans les environs de Bénarès. L'endroit s'appelle aujourd'hui Sar-

C'est dans cet endroit que se place l'épisode le plus marquant du Bouddhisme : la première prédication du Bouddha, la proclamation des « Quatre Vérités » qui constituent la base de la doctrine bouddhique et qui ont prêté à de multiples développements philosophiques.

Nous reprenons le récit du Mahâvagga :

« Le Bhagavan, voyageant d'étape en étape, arriva à Bénarès où se trouvaient les cinq *çramanas*. Et ces cinq *çramanas* aperçurent de loin le Bhagavan qui s'approchait. Quand ils le virent, ils se dirent entre eux :

« — Amis, voici le *çramana* Gautama qui a renoncé à ses efforts et s'est remis à vivre dans l'abondance. Ne lui souhaitons pas la bienvenue, ne nous levons pas pour le recevoir, ne le débarrassons ni de son sac à aumônes, ni de son manteau, mais préparons-lui un siège, qu'il s'assoie s'il le désire.

« Mais plus le Bouddha s'approchait des cinq *çramanas*, plus ceux-ci sentaient faiblir leur résolution. Ils allèrent au-devant de lui, le débarrassèrent de son sac à aumônes et de son manteau, lui apportèrent un siège, un tabouret pour ses pieds, de l'eau et une serviette. Et le Bhagavan, s'étant assis, se lava les pieds [1]. »

Les premiers devoirs de l'hospitalité ayant été remplis envers lui, le Bouddha aborde immédiatement le sujet qui l'amène :

« — Prêtez l'oreille, *çramanas*, l'Éternel [2] est trouvé. Je vous enseigne la doctrine. Si vous suivez la voie que je vous indique, en peu de temps vous atteindrez le plus haut but de la sagesse, celui pour lequel les jeunes gens de noble famille abandonnent leurs demeures et embrassent la vie religieuse. En cette vie vous posséderez la vérité, la connaissant et la voyant face à face.

nath. La *Mabâ Bôdbi Society* y a construit un beau temple et restauré le site en y plantant un parc.

1. Les Orientaux, qui marchent les pieds nus dans des sandales, éprouvent le besoin de se laver les pieds en entrant dans une maison au terme d'une étape.

2. Littéralement : le « Non-mort ».

« Après qu'il eut parlé ainsi, les cinq *çramanas* lui dirent : "Ami, jadis, malgré tes austérités, tu n'as pu atteindre la parfaite Connaissance. Comment veux-tu, maintenant que tu as renoncé à tes efforts, que tu vis dans l'abondance, atteindre à la suprême science, à la parfaite Connaissance ?" »

Le Bhagavan poursuit :

« Il existe deux extrêmes dont celui qui vit une vie spirituelle doit se garder. L'un est une vie adonnée à la sensualité, à la jouissance, cela est grossier et vil. L'autre est une vie de macérations, cela est pénible et vain.

« Le Tathagâta a évité ces deux extrêmes et trouvé le Sentier du Milieu qui conduit à la clairvoyance, à la sagesse, à la tranquillité, au savoir, à la Connaissance parfaite, au Nirvâna.

« C'est le Noble Sentier aux huit branches qui s'appellent : Vues justes, Volonté juste, Parole juste, Action juste, Moyens d'existence justes, Effort juste, Attention juste, Méditation juste[1].

« Voici la Noble Vérité concernant la Souffrance. La naissance est souffrance, la maladie est souffrance, la vieillesse est souffrance, la mort est souffrance, être uni à ce que l'on n'aime pas est souffrance, ne pas réaliser son désir est souffrance. En résumé, les cinq éléments constituant notre être[2] sont souffrance.

1. « Juste », c'est-à-dire : correct, parfait.

2. D'après les Bouddhistes, ce sont : le couple forme matérielle (corps) et nom — sensation — perception — « assemblages » — conscience. Cette énumération a donné lieu à différentes explications. En voici une que j'ai entendue au Tibet. Le groupe des cinq articles est divisé en deux parties soit : nom et forme, *ming tang zug* (ming tang gzugs). La dénomination : nom comprend tout le domaine mental. Chacun des termes : sensation, etc., s'applique non à une unité mais à un groupe d'éléments, ce qui est exprimé dans l'énumération par les mots *tsorwa poung po* (tsorwaï phung po), etc. *Poung po* signifie un amas, un tas, un groupe. Nous avons donc là : le groupe des sensations, le groupe des perceptions, etc. — Les sensations ayant provoqué des perceptions, il s'ensuit un train de mémoires rappelant d'autres sensations qui ont été éprouvées. Les idées qui s'éveillent ainsi se rencontrent, se combinent, produisent des constructions mentales, des « assemblages » de représentations mentales. Une connaissance consciente des faits est éveillée. Du moins, elle peut l'être. Mais le contact, physique ou mental, ne produit pas toujours une sensation d'une intensité suffisante pour être pleinement perçue et enregistrée dans l'esprit, l'en rendant parfaitement et durablement conscient. La plupart des contacts physiques ou mentaux s'estompent et sombrent dans le subconscient, sans pourtant s'y anéantir.

« Voici la Noble Vérité concernant la Cause de la Souffrance : c'est cette soif (désir) qui conduit de renaissance en renaissance, accompagnée par la convoitise et la passion, cette soif qui, ici et là, est perpétuellement en quête de satisfaction, la soif de vie individuelle éternelle dans ce monde ou dans un autre.

« Voici la Noble Vérité concernant la Suppression de la Souffrance. C'est l'annihilation de cette soif, le rejet, la libération du désir.

« Voici la Noble Vérité concernant la Voie qui conduit à la Suppression de la Souffrance. C'est le Noble Sentier aux huit branches qui sont : Vues justes, Volonté juste, Parole juste, Action juste, Moyens d'existence juste, Effort juste, Attention juste, Méditation juste. »

A la suite de ce discours, Kondanya adhère à la doctrine du Bouddha et, quelques jours plus tard, après de nouveaux entretiens, les quatre autres *çramanas* l'adoptent également.

« Venez, ô disciples, leur dit le Bouddha, vivez une vie pure pour mettre un terme à la souffrance. »

Le *Sangha*[1] est fondé. Le Bouddha va commencer la longue série de ses prédications.

D'après la tradition, il est alors âgé de trente-cinq ans. Pendant près de cinquante années, à partir de ce jour, il répandra la Doctrine de la Délivrance, et son succès, parmi les intellectuels de son temps, sera considérable.

La classe sociale à laquelle le Bouddha appartenait influait, sans doute, sur la composition du cercle de ses disciples : brahmines philosophes, princes régnant sur de petits États, nobles et riches marchands, grands propriétaires terriens ; mais c'était, surtout, la tenue de ses discours, exigeant de leurs auditeurs un esprit cultivé, qui déterminait le caractère de ses premiers disciples. A cette époque, le Bouddhisme n'avait pas encore dégénéré, se

1. La Société des disciples du Bouddha.

muant en religion, et les foules ignorantes de l'Inde n'y auraient point trouvé un aliment capable de nourrir leurs aspirations sentimentales.

Coupées de séjours plus ou moins prolongés dans les villes où il enseignait, les pérégrinations du Bouddha se poursuivaient pendant toute la durée des mois secs, c'est-à-dire pendant les trois quarts de l'année. La saison des pluies venue, le Bouddha se retirait avec quelques-uns de ses disciples dans une de ces demeures entourées d'un vaste parc qui avaient été offertes à la Communauté par de riches adhérents laïques. On cite, particulièrement, le Jetavana, donné par Anathapindika, et le Vélouvana, présent du roi Bimbisara.

A certaines heures une affluence considérable s'y pressait pour entendre le Bouddha, ou l'un de ses principaux disciples, expliquer la doctrine ou soutenir une discussion philosophique contre un adepte d'une autre doctrine.

Nombreux étaient ceux qui se sentaient subitement éclairés par ces discours et, souvent, à l'issue d'une prédication, l'on pouvait voir des auditeurs s'avancer vers le Maître pour donner publiquement leur adhésion à son enseignement[1].

Puis, la foule partie, le silence retombait sous la ramure des arbres géants ; les vastes jardins s'enveloppaient de

1. « Tes paroles sont merveilleuses, ô Maître. C'est comme si l'on redressait cela qui a été renversé, comme si l'on découvrait ce qui était caché, comme si l'on conduisait dans le droit chemin le voyageur égaré, comme si l'on allumait une lampe dans les ténèbres de sorte que ceux qui ont des yeux puissent voir ce qui les entoure. Ainsi, le Vénérable, par de multiples comparaisons, m'a fait connaître la vérité.

« Je mets ma confiance en Toi, Seigneur, dans la Loi et dans la Communauté des disciples, reçois-moi comme ton disciple à partir de ce jour, jusqu'à la fin de ma vie. »

Cette formule stéréotypée d'adhésion figure à la suite de nombreux discours du Bouddha rapportés dans les Écritures canoniques. Les termes employés par les néophytes ont, évidemment, différé mais la formule représente le sens exact de leur adhésion.

quiétude, de sérénité. Rentrés dans leurs cellules, les disciples y repassaient dans leur esprit les discours prononcés, les problèmes envisagés, les controverses soutenues, tandis que la pluie chaude et lourde des tropiques chantait, monotone, sur le feuillage épais, berçant leurs méditations.

Il nous est encore dit que Siddhârtha Gautama retourna à Kapilavastou pour voir son père Çouddhodhâna et le convertit, qu'il revit, aussi, sa femme, la tante qui lui avait servi de mère et son fils Rahoula, que celui-ci devint son disciple et que, plus tard, les deux femmes embrassèrent également la vie religieuse. On parle, encore, de dissensions qui s'élevèrent parmi les disciples et de la jalousie de Dévadatta, cousin du Bouddha, qui, après avoir vainement essayé de supplanter son célèbre parent, attenta plusieurs fois à sa vie.

Là se bornent, à peu près, les informations dignes de notre confiance et pour retrouver les éléments d'une narration qu'il nous soit possible de tenir pour historique, il faut nous transporter aux derniers jours de la vie du Bouddha.

Le Maître est octogénaire. Vigoureux, infatigable, il a poursuivi, jusque-là, ses pérégrinations. C'est au milieu de celles-ci que lui vient le sentiment de sa fin prochaine.

« Écoutez-moi, frères, dit-il à ses disciples, toutes les choses composées doivent se désagréger. Travaillez avec diligence à votre délivrance. Je m'éteindrai sans retour avant peu. D'ici trois mois je serai mort.

« Mes années ont atteint leur terme, ma vie approche de sa fin. Je vous quitte ; je pars me reposant sur moi seul. Soyez diligents, mes Frères, soyez réfléchis. Soyez fermes dans vos résolutions. Veillez sur votre propre esprit. Celui qui ne se lasse pas mais se tient fermement à cette vérité et à cette voie, traversera l'océan de la vie et mettra un terme à la souffrance[1]. »

1. Mahâ Parinibbâna Sutta, III, 66.

Cet avertissement donné à ses fidèles compagnons, le Bouddha continue ses voyages et ses prédications.

« Le Bhagavan, après un séjour à Bhoga Gâma, se rendit à Pâva et s'arrêta dans un petit bois de manguiers appartenant à Kunda, artisan en métaux[1].

« Alors Kunda, l'artisan en métaux, ayant appris que le Bhaghavan était arrivé à Pâva et s'était arrêté dans son bois de manguiers, se rendit près de lui, le salua et s'assit, avec respect, d'un côté de lui[2].

« Quand il fut assis, le Bhaghavan l'instruisit, éveilla ses pensées et mit en lui de la joie par ses discours spirituels. Quand Kunda l'eut entendu, il s'adressa au Bhaghavan, disant : "Le Bhaghavan me fera-t-il l'honneur de prendre son repas chez moi avec les Frères ?" — Et le Bhaghavan, par son silence, manifesta son acceptation.

« Alors, Kunda, voyant que le Bhaghavan acceptait son invitation, se leva, s'inclina devant lui et s'en alla. »

Le lendemain, le Bouddha prit son repas chez Kunda et fut, ensuite, atteint d'une violente attaque de dysenterie[3], mais ayant projeté d'aller à Kousinara pour y prêcher, il refusa de s'arrêter et continua son voyage. Cependant, le vieux Maître (il avait quatre-vingt-un ans) avait trop présumé de ses forces. Il fit halte au bord de la route, près d'un bouquet d'arbres formé par trois santals.

1. Kunda est généralement considéré comme étant un forgeron, mais cet « artisan en métaux » peut tout aussi bien avoir été un orfèvre ou un chaudronnier. Il n'appartenait probablement pas à l'une des trois classes sociales supérieures de la société hindoue.

2. C'est-à-dire : pas en face de lui. Il était considéré comme un manque de respect de regarder quelqu'un de face. Il fallait se placer de façon à le voir de profil.

3. La nature du mets qui avait été servi au Bouddha à ce repas et qui, s'il n'avait directement causé sa mort, avait pourtant aggravé le mal qui lui avait fait envisager sa fin prochaine, a donné lieu à de nombreuses discussions. Certains ont cru qu'il s'agissait de sanglier, mais cette opinion n'a pas cours parmi les Indiens familiers avec les mets de leur pays et aussi avec ceux que l'usage permet d'offrir à un yogui. Il ressort de ces discussions que le plat dont le Bouddha mangea consistait en des champignons ou en un autre végétal dont les sangliers sont friands et qui, pour cette raison, était appelé « délices du sanglier ». Les textes pâlis l'appellent *sukara maddava*.

« Plie mon manteau, Ananda, dit-il à son cousin, et étends-le sous moi. Je suis las et je veux me reposer. »

Songeant, alors, aux reproches que ses disciples pourraient être tentés de faire à Kunda, au sujet du repas, cause immédiate de ses souffrances et, il le prévoyait, de sa mort, il appela son cousin Ananda et lui commanda de veiller à ce que nul ne trouble son dernier hôte à son sujet.

Un peu reposé, faisant un dernier effort, le Bouddha poursuivit son chemin et arriva au bord de la rivière Hiranyavati dans un petit bois de salas[1] et, là, la fatigue le reprit.

« Je suis las, Ananda, prépare-moi une couche. Je voudrais m'étendre. »

Il y avait, dans ce lieu, rapportent les histoires du récit canonique, une sorte de table basse ou de large banquette en pierre[2] ombragée par trois santaliers. Ananda y étendit une couverture et le Bouddha se coucha, calme, l'esprit lucide en pleine possession de lui-même.

Siddhârtha Gautama était arrivé à l'ultime étape de sa longue carrière.

Son cousin s'informe :

« Maître, comment devons-nous agir envers votre dépouille ? »

Ce souci d'honorer un mort vénéré en lui faisant de

1. Le santalier blanc.
2. Ces banquettes se rencontrent, de distance en distance, sur le bord des routes où le portage se fait à dos d'homme. Les porteurs s'y reposent en se déchargeant de leur fardeau ou en appuyant seulement celui-ci sur la banquette tandis qu'eux-mêmes restent debout, le dos appuyé contre le bord de la banquette, et se soulagent, ainsi, du poids de leur charge.

dignes funérailles, peut convenir au zèle pieux d'hommes du monde et témoigne de sentiments louables ; mais le véritable philosophe que doit être un disciple du Bouddha, pénétré de sa doctrine, a rejeté avec la sentimentalité vaine l'attachement aux rites qui la manifestent. Il peut regarder un cadavre sans le dissimuler sous des fleurs, et traiter comme amas négligeable de chairs en décomposition la forme qui fut un Maître admiré et aimé.

« Que les Frères ne s'inquiètent point de lui rendre des honneurs, Ananda. Soyez zélés, je vous en supplie, Ananda, à votre propre intérêt. Dévouez-vous à votre propre bien. Il y a des hommes sages parmi les nobles et les Brahmines, des chefs de famille qui croient en moi. Ils s'occuperont de mes funérailles. »

Mais la douleur du disciple est trop profonde. Il se retire à l'écart pour lui donner libre cours :

« Hélas ! je demeure et le Maître s'en va, alors que j'aurais encore tant à apprendre de lui ! »

Le Bouddha, remarquant l'absence de son parent et en comprenant la cause, le fait appeler. Quand il est près de lui, il lui reproche, doucement, le trouble où sa mort le jette.

« Assez, Ananda ! Ne te trouble pas. Ne t'ai-je pas dit souvent qu'il est dans la nature des choses qui nous sont les plus proches et les plus chères que nous devions nous en séparer, les quitter, nous en priver ? — Comment serait-il possible, Ananda, que ce qui est né, amené à l'existence, composé, qui contient, inhérent à soi-même, le principe de sa dissociation, comment serait-il possible qu'une telle chose ne se dissolve pas ? — Cela ne peut pas être.

« Depuis longtemps, Ananda, tu as été très proche de moi par des actes, des paroles, des pensées d'affection, de bienveillance. Tu as fait le bien. Persévère avec vigilance et, bientôt, tu seras délivré des grands maux, la sensualité, la croyance en l'individualité, l'illusion, l'ignorance. »

Puis, il se présenta encore un religieux, appartenant à une autre secte, nommé Soubhada. Il avait entendu parler du Bouddha et ayant appris qu'il s'était arrêté dans le bois de santaliers, il souhaitait le voir pour élucider certains de ses doutes philosophiques. Les disciples voulaient l'éconduire pour épargner à leur Maître la fatigue d'une conversation, mais celui-ci, les ayant entendus, appela Ananda et lui commanda de laisser approcher le religieux.

« Ne renvoyez pas Soubhada. Quoi qu'il veuille me demander, c'est animé d'un désir de s'instruire qu'il veut m'interroger et non pour me causer de l'ennui. Je dois donc répondre à ses questions. »

Écartant, bientôt, les dissertations oiseuses de Soubhada, le Bouddha développe en un discours abrégé de la première prédication la vie de droiture fondement de sa doctrine et, convaincu qu'il a rencontré une vérité supérieure à celle des métaphysiciens, des rhéteurs ou des Brahmines ritualistes, Soubhada le prie de l'admettre parmi ses disciples.

Enfin, le Bouddha, sachant combien est difficile à l'homme la destruction de tout attachement idolâtre, le rejet de toute dévotion sentimentale, connaissant son besoin de Dieux anthropomorphisés ou de Maîtres humains déifiés, son incapacité à vivre seul sa vie spirituelle, s'adresse à Ananda :

« Il se pourrait, Ananda, que cette pensée naisse en vous : "La parole du Maître n'est plus : nous n'avons plus de Maître." Ce n'est point ainsi qu'il faut penser. La vérité, la doctrine que je vous ai enseignée à tous, voilà votre Maître lorsque j'aurai disparu. »

Une phrase dépourvue d'emphase, rappelant, une fois de plus, cette loi de la perpétuelle transformation des agrégats, qui servit de thème à tant de ses discours, clôt la prédication du Maître.

Les Sages n'accordent pas à la mort l'importance que lui prête le vulgaire et il y a longtemps que celui dont la forme visible va disparaître a contemplé, par-delà les bornes de la vie et de la mort, la véritable face de l'existence.

« Écoutez-moi, mes frères, je vous le dis, la dissolution est inhérente à toutes les formations ! Travaillez sans relâche à votre délivrance ! »

Ce furent ses dernières paroles.

Quelques jours après, au soleil levant, les nobles [1] de Kousinara élevaient un bûcher aux portes de la ville et y brûlaient la dépouille du Bouddha avec le cérémonial usité pour les rois.

1. Par « nobles », tout au cours de ces textes, il faut entendre les Kshatriyas, la caste à laquelle le Bouddha appartenait.

CHAPITRE II

LES BASES DE LA DOCTRINE BOUDDHIQUE

Il en est de l'enseignement du Bouddha comme de l'histoire de sa vie, nous ne pouvons en saisir, avec une certitude suffisante, que quelques traits fondamentaux. De même que les Évangiles qui sont actuellement aux mains des fidèles, ont été reconnus comme ayant été rédigés bien après la mort de Jésus et présentent, seulement, un exposé de traditions et d'opinions courantes parmi les Chrétiens contemporains de leur rédaction, les doctrines que nous font connaître les livres canoniques bouddhiques, même les plus anciens, sont, simplement, celles que professaient les rédacteurs de ces écrits et leurs contemporains.

Ces doctrines différaient-elles de celles promulguées par le Maître ? L'on peut croire qu'avec le temps, l'enseignement originel avait subi certaines modifications ; la chose est habituelle et normale, mais il serait téméraire de s'aventurer à indiquer la nature de ces modifications. Moins raisonnable, encore, serait-il d'affirmer que Siddhârtha Gautama professait, sur des questions majeures, des opinions opposées à celles sur lesquelles est basé le Bouddhisme tel que nous le montrent les textes jugés les plus anciens. Sur quoi s'appuierait-on pour prouver l'existence d'un enseignement « plus authentique » dont il ne demeure aucun document à notre disposition ?

D'ailleurs, toutes les discussions de ce genre sont oiseuses. D'après la déclaration expresse des textes canoniques, la doctrine ne dérive aucune autorité de la personne de celui qui l'a enseignée, elle prétend reposer sur des faits. Il nous est donc loisible de vérifier si ceux qui nous sont signalés sont réels ou non.

Bien que la littérature bouddhique comprenne un nombre énorme d'ouvrages et qu'en termes poétiques, les auteurs bouddhistes parlent d'un « océan de doctrines », toute cette littérature ne constitue, en réalité, qu'un gigantesque commentaire, constamment amplifié au cours des siècles, d'une doctrine très simple et de quelques directives dont l'énoncé peut trouver place sur deux pages ainsi que le montre le tableau ci-après.

Sur le thème présenté par ce tableau, des milliers de penseurs ont, pendant vingt-cinq siècles, exercé leur raisonnement et leur imagination. Ainsi, ont été greffées sur lui de très nombreuses théories qui, parfois, s'écartent considérablement des données dont elles prétendent être le développement et, d'autres fois, sont même en contradiction complète avec elles.

Pour étayer ce nouveau Bouddhisme formé en marge d'un autre plus rationnel, les auteurs de maints ouvrages ont fait exprimer leurs propres idées au Bouddha, dans des discours qu'il est censé tenir devant des auditeurs mythiques : dieux ou autres. Néanmoins, même dans ces discours imaginaires, les sujets traités se rapportent toujours, directement ou indirectement, à l'un des points fondamentaux dont j'ai dressé le tableau. L'on peut donc en conclure que ceux-ci constituent bien la base de la doctrine bouddhique et que, vraisemblablement, les premiers disciples de Gautama les tenaient de leur maître.

Il est indispensable à quiconque désire étudier le Bouddhisme de commencer par se bien pénétrer de la doctrine exposée, ici, sous forme de table, afin de montrer la relation de ses différents enseignements entre eux. Faute de la bien connaître, la lecture des auteurs bouddhistes, spécialement celle des philosophes mahâyânistes, est propre à produire de la confusion dans l'esprit du lecteur et à lui faire concevoir des opinions totalement erronées concernant la véritable pensée de ces auteurs.

TABLEAU DE LA DOCTRINE BOUDDHIQUE

SOUFFRANCE	CAUSE DE LA SOUFFRANCE
Elle peut être résumée en deux points 1° Être en contact avec ce pour quoi l'on éprouve de l'aversion 2° Être séparé de ce pour quoi l'on éprouve de l'attraction, ou, en d'autres termes, ne pas posséder ce que l'on désire	C'est l'*ignorance*, base des onze autres anneaux de la chaîne des productions interdépendantes. Les douze anneaux peuvent être rangés sous trois titres : 1° L'*ignorance*. 2° Le *désir* engendré par l'ignorance. 3° L'*action* qui suit le désir, comme moyen de le satisfaire. Par l'effet des sensations éprouvées en accomplissant l'action, de nouveaux désirs naissent. *a)* Désir d'éprouver de nouveau les mêmes sensations, si l'action a causé des sensations agréables. *b)* Désir d'éviter ces mêmes sensations, si l'action a causé des sensations désagréables. Ce nouveau désir incite à l'accomplissement de nouvelles actions, soit pour amener les sensations souhaitées, soit pour prévenir la répétition des sensations désagréables. Ces actions, à leur tour, produisent des sensations qui, comme précédemment, font naître des désirs, et l'enchaînement des actions, des sensations et des désirs, déterminant de nouvelles actions, se poursuit à l'infini, tant que l'*ignorance* subsiste.

LES QUATRE VÉRITÉS

<table>
<tr><th>CESSATION DE LA SOUFFRANCE</th><th>LA VOIE QUI CONDUIT À LA CESSATION DE LA SOUFFRANCE</th></tr>
<tr>
<td>C'est la destruction de l'ignorance qui produit la destruction du désir.

Le désir cessant d'exister, l'incitation à l'action ne se produit plus. L'action n'ayant plus lieu, les sensations résultant de son accomplissement ne se produisent plus et les désirs, dont ces sensations sont la source, ne naissent pas.

La cause ayant cessé d'exister, la révolution de la chaîne des productions interdépendantes cesse.</td>
<td>Elle consiste en un programme d'entraînement mental pouvant être résumé comme suit :
Acquisition de Vues justes.
Celles-ci comprennent une compréhension parfaite des
<table>
<tr><th>TROIS CARACTÈRES GÉNÉRAUX</th><th>QUATRE VÉRITÉS</th></tr>
<tr><td>Impermanence de tous les agrégats.</td><td>La souffrance.</td></tr>
<tr><td>Souffrance inhérente à tous les agrégats.</td><td>Sa cause.</td></tr>
<tr><td>Absence d'ego en tous les agrégats.</td><td>Sa cessation.</td></tr>
<tr><td></td><td>La voie qui conduit à cette cessation.</td></tr>
</table>
Ayant acquis des Vues justes, l'on connaît la nature réelle des objets composant le monde extérieur et la propre nature réelle de soi-même. Possédant cette connaissance, l'on cesse de désirer ce qui est producteur de souffrance et de repousser ce qui est producteur de bonheur.

L'on pratique une Moralité éclairée, au plus haut sens de ce terme. Celle-ci ne consiste pas en une obéissance passive à un code imposé par un Dieu ou par un autre Pouvoir extérieur. Ayant parfaitement reconnu, soi-même, quels sont les actes qu'il est bon d'accomplir et quels sont ceux dont il faut s'abstenir pour son plus grand bien et pour celui des autres êtres, l'on conforme sa conduite à la connaissance que l'on a acquise à ce sujet.

Les Moyens d'acquérir des Vues justes sont :

L'Attention parfaite qui comprend l'étude — l'analyse des perceptions, des sensations, des états de conscience, de toutes les opérations de l'esprit et de l'activité physique qui y correspond — l'observation — la réflexion.

La Méditation parfaite comprenant la concentration d'esprit, un entraînement physique et psychique visant à produire le calme du corps et de l'esprit, à développer l'acuité des sens (l'esprit comptant comme sixième sens) et à causer l'éveil de nouveaux sens procurant de nouvelles perceptions et permettant, ainsi, d'étendre le champ de ses investigations.</td>
</tr>
</table>

CHAPITRE III

LA SOUFFRANCE ET LA SUPPRESSION DE LA SOUFFRANCE

« Je n'enseigne que deux choses, ô disciples : la souffrance et la délivrance de la souffrance. »

(Samyutta Nikâya.)

La doctrine bouddhique est fondée sur l'existence de la souffrance, c'est la souffrance qui lui donne sa raison d'être, c'est la souffrance qu'elle propose, en premier lieu et avec insistance, à nos méditations. C'est là, sans doute, ce qui a attiré au Bouddhisme la réputation d'être une école de pessimisme. Pourtant, lorsque le Bouddhisme établit, au début de son enseignement, l'existence de la souffrance, il enregistre simplement un fait que tout homme doué de raison ne peut manquer de constater.

En présence de la souffrance, quatre attitudes sont possibles ; elles peuvent être brièvement décrites comme suit :

1 – La négation, contre toute évidence, de l'existence de la souffrance ;

2 – La résignation passive, l'acceptation d'un état de choses que l'on considère comme inéluctable ;

3 – Le « camouflage » de la souffrance à l'aide de sophismes pompeux, ou bien en lui prêtant, gratuitement, des vertus et des buts transcendants que l'on juge propres à lui conférer de la noblesse ou à en diminuer l'amertume ;

4 – La lutte contre la souffrance, accompagnée de la foi en la possibilité de la vaincre.

C'est cette quatrième attitude que le Bouddhisme préconise.

Il suffit de jeter les yeux sur le tableau précédent pour remarquer que, dès après avoir attiré notre attention sur le fait de l'existence de la souffrance, le Bouddhisme la dirige, immédiatement, vers un but tout pratique : « se délivrer de la souffrance. »

Ce tableau nous éclaire, aussi, sur le véritable caractère de la doctrine bouddhique. Nous ne nous trouvons point en présence d'une révélation concernant l'origine du monde et la nature de la cause première. Il n'y est point fait mention d'une divinité suprême ni d'aucune promesse d'aide extra-humaine à l'homme en proie à la souffrance.

Nous avons, devant nous, un simple programme, le plan d'une sorte de combat intellectuel que l'homme doit soutenir seul et dont il est dit pouvoir sortir vainqueur par ses seuls moyens.

L'invention de ce programme en quatre parties, dénommées les « Quatre Vérités », est attribuée au Bouddha ; il est calqué sur sa propre conduite telle qu'elle nous est décrite par la tradition.

Le Bouddha que celle-ci nous dépeint a pleinement saisi la nature misérable de l'existence des êtres sujets à la maladie, à la vieillesse, à la mort et à toutes les espèces de douleur qui accompagnent « le contact avec cela pour quoi l'on éprouve de l'aversion — l'éloignement ou la séparation d'avec cela que l'on aime — la non-obtention des objets que l'on désire ». Toutefois, devant cet affligeant tableau, Gautama ne s'abandonne pas à un désespoir stérile. En quittant sa demeure, en brisant les liens sociaux et familiaux qui l'y attachaient, il n'obéit pas non plus, comme nombre d'Hindous l'ont fait, à une simple impulsion mystique ; il entame une lutte.

Seul, par l'unique force de son intelligence, il va chercher l'issue permettant d'échapper à la douleur indissolublement liée à toute existence individuelle. Il essaiera de franchir le courant torrentueux des perpétuelles formations et dissolutions : le *samsâra*, le cercle éternel, le tourbillon sans limites dont l'idée hante les philosophes de son pays et que les croyances populaires illustrent par les transmigrations et les métempsycoses puériles. Il tentera cette évasion titanesque, non pas pour son propre salut seulement, mais aussi pour celui de la foule des êtres dont il a, de ses yeux de sage, contemplé la pitoyable détresse.

Appeler à l'aide pour eux ou pour lui, il n'y songe même pas. Que peuvent les dieux ? Leurs demeures célestes, quelque splendides qu'elles puissent être, et leur vie, quelque haute qu'on puisse l'imaginer, sont soumises aux mêmes lois de la décrépitude et de la dissolution que les nôtres. Ils sont nos frères géants, nos frères sublimes : des tyrans redoutables peut-être... peut-être des protecteurs compatissants, mais ils n'ont point sauvé le monde de la souffrance, ils ne s'en sont point libérés eux-mêmes.

Idéal chétif que celui d'une renaissance dans l'une

de ces hôtelleries paradisiaques : les *svargas*[1]. Savoir, comprendre, passer sur « l'autre rive » d'où se contemple un autre aspect des phénomènes, où l'agitation se mue en sérénité, où l'immuabilité se dégage du transitoire, cette victoire est-elle possible à l'homme ?... Le Bouddha l'a cru, et, triomphant, il s'est tourné vers nous pour nous apprendre à traverser l'océan de l'existence douloureuse, pour donner « au monde enveloppé des ténèbres de l'ignorance et du trouble, le beau rayon de la meilleure science » (Lalita Vistara).

Quelque opinion que l'on conçoive quant à la singularité d'une pareille entreprise, il faut reconnaître que l'exemple de cette lutte héroïque est plus propre à inciter à une activité utile qu'à incliner vers la torpeur ceux qui la méditent.

La souffrance que le Bouddhisme envisage, ont pensé certains, n'a rien de commun avec les douleurs ordinaires de la vie. C'est une sorte de souffrance métaphysique : la « douleur du monde » de la philosophie allemande. On ne peut guère s'empêcher de croire qu'un penseur de l'envergure du Bouddha a dû dépasser, dans sa perception de la douleur, les limites des souffrances matérielles ou morales banales ; mais il n'a, précisément, parlé que de celles-ci, évitant tout ce qui aurait été susceptible d'entraîner son enseignement vers les spéculations métaphysiques.

« La vieillesse est souffrance, la maladie est souffrance, la mort est souffrance, être uni à ce que l'on n'aime pas est souffrance, être séparé de ce que l'on aime est souffrance, ne pas réaliser son désir est souffrance. »

1. Les *svargas* sont les différents paradis, demeures des dieux.

L'énumération peut aisément être réduite aux deux points indiqués dans notre tableau, car la vieillesse, la maladie et la mort sont « souffrance » parce que nous les avons en aversion.

D'autre part, si l'union avec ce que l'on n'aime pas, la séparation d'avec ce que l'on aime, la non-réalisation de ses désirs sont susceptibles d'englober de subtiles souffrances morales, il n'en est pas moins clair que toutes les douleurs les plus mesquines de la vie quotidienne se placent, naturellement, dans l'une ou dans l'autre de ces trois catégories.

Mettre un terme à *toute* souffrance est évidemment le but final que le Bouddhisme se propose d'atteindre, mais d'ici là, il nous encourage à poursuivre et à détruire les douleurs avec lesquelles nous nous trouvons en contact, soit qu'elles nous affligent nous-même, soit que nous les voyions affliger autrui. La morale bouddhique, qui est une sorte d'hygiène spirituelle, tend à détruire, en nous, les causes de souffrance pour autrui, tandis que l'enseignement fondamental du Bouddhisme : « Toute douleur émane de l'ignorance » et l'obligation enjointe à ses adeptes de s'efforcer à acquérir — en tous domaines — des vues *justes*, attaquent les causes de nos propres souffrances.

Quant à ce Bouddha que les écrivains occidentaux se sont souvent complu à nous dépeindre sous l'aspect d'un nonchalant rêveur, d'un nihiliste élégant, méprisant l'effort, nous pouvons le tenir pour un mythe. La tradition bouddhique ne garde aucun souvenir d'un tel personnage. Le sage qui consacra cinquante années de sa vie à la prédication de sa doctrine, puis, âgé de plus de quatre-vingts ans, mourut en pleine activité, tombant sur le bord de la route qu'il suivait à pied, allant porter son enseignement à de nouveaux auditeurs, ne ressemble guère à l'anémique désenchanté que l'on tente parfois de lui substituer.

En fait, si nous le considérons dans ses principes essentiels, le Bouddhisme est une école de stoïque énergie, d'inébranlable persévérance et de singulière audace dont le but est d'entraîner des « guerriers » qui s'attaquent à la souffrance.

« Guerriers, guerriers, nous appelons-nous. Nous combattons pour la vertu élevée, pour le haut effort, pour la sublime sagesse, ainsi nous appelons-nous guerriers ! » (Anguttara Nikâya.)

Et, d'après le Bouddhisme, la conquête de la Sagesse qui, pour lui, est indissolublement liée à la Connaissance, mène infailliblement à la destruction de la Souffrance. Mais comment la volonté de combattre celle-ci nous viendra-t-elle, si nous ne lui accordons point une attention sérieuse, si dans l'intervalle de deux douleurs nous oublions, en prenant un instant de plaisir, que nous avons souffert la veille et que nous pourrons, de nouveau, souffrir le lendemain. Ou bien encore, si jouissant égoïstement de ce répit, nous demeurons insensible à la douleur d'autrui, sans comprendre que tant qu'existeront les causes productrices de cette douleur, celle-ci pourra nous atteindre à notre tour.

Pour ces raisons, le Bouddhisme attire, tout d'abord, notre attention sur la souffrance. Non point — on l'a déjà vu — pour nous pousser au désespoir, mais afin de nous faire discerner, sous toutes ses formes et sous tous ses déguisements, l'ennemi que nous avons à combattre.

CHAPITRE IV

LES ORIGINES INTERDÉPENDANTES (PRATITYASAMUTPADA)

Bien avant le temps du Bouddha, l'idée de causalité dominait dans les milieux intellectuels de l'Inde. Dès sa jeunesse, Siddhârtha Gautama avait entendu énoncer cette doctrine dont il allait faire un des articles fondamentaux de son enseignement : *Tous les phénomènes proviennent d'une cause.*

Cause impersonnelle tenant à la nature même des choses.

Imbu de ce principe, Gautama devait, tout naturellement, rechercher la *cause de la souffrance.*

La « Cause de la Souffrance » nous est décrite, par le Bouddhisme, sous la forme d'un processus en douze points dénommé *pratîtyasamûtpâda*[1].

Le terme *pratîtyasamûtpâda* signifie « origines interdépendantes » ou « origines combinées et dépendantes » selon le professeur Stcherbatsky. Le professeur de La Vallée Poussin l'explique comme : « Apparition, production des êtres en considération des causes et des conditions. »

La théorie des « douze origines interdépendantes » occupe la première place dans la doctrine bouddhique.

1. En pâli, *paticcasammûpada.*

Elle est en relation directe avec les « Quatre Vérités », bases du Bouddhisme, elle en est une partie inséparable. Il s'ensuit que tous les auteurs bouddhistes, depuis les premiers temps de la rédaction du canon bouddhique, jusqu'à nos jours, ont étudié, expliqué et commenté, sans trêve et de nombre de manières, cette série de causes indiquées comme étant les productrices de la souffrance.

Il nous est rapporté que, dans l'esprit de Gautama, méditant au pied d'un arbre, surgit soudainement la « vue » des origines, ou productions interdépendantes. Une fois de plus, il se demandait : Qu'est-ce qui cause la vieillesse, la mort, la maladie, la douleur, les lamentations ? Ou, plus littéralement : Qu'est-ce qui doit exister afin que la vieillesse, la mort, etc... existent ?

Il se répondit : C'est la naissance — le fait d'être né — qui cause la venue de la vieillesse, de la mort, de la maladie, de la douleur, des lamentations.

Qu'est-ce qui doit exister afin que la naissance se produise ? — le devenir.

Dans beaucoup de traités bouddhiques — traductions de textes originaux ou directement composés en langues occidentales — nous trouvons, ici, le terme *existence* au lieu de *devenir* et celui-ci, bien que justifié, si l'on saisit le sens que les Bouddhistes y attachent, prête à quelque confusion. Ce que les textes expriment par le mot *bhâva* est l'existence sous la forme de mouvement, de continuelle apparition de phénomènes se succédant ; en somme, de *devenir*. Le terme *sat* que nous rencontrons dans la terminologie du Védanta, où il signifie l'*être* à l'absolu, l'existence unique, le Parabrahm immuable, est étranger au Bouddhisme.

Comprenant donc l'existence sous la forme active d'un continuel devenir, nous saisirons mieux l'explication donnée par le Bouddha à Ananda, qui est rapportée dans le Mahâ Nidâna Sutta du Dîgha Nikâya.

« — J'ai dit que la naissance dépendait de l'existence. Ceci doit être compris de la façon suivante : suppose, Ananda, qu'il n'y ait absolument aucune existence pour personne et d'aucune façon ; ni existence dans le monde du désir, ni existence dans le monde de la pure forme, ni existence dans le monde sans forme[1] ; s'il n'y avait, nulle part, aucune existence, l'existence ayant entièrement cessé, la naissance se produirait-elle ? (Y aurait-il naissance ?)

« — Non, vénérable.

« — Ainsi l'existence est-elle la cause, l'occasion, l'origine de la naissance, la naissance dépend d'elle. »

Avec l'existence (devenir), nous sommes arrivés au second article de l'énumération des origines interdépendantes. Celle-ci continue comme suit :

Qu'est-ce qui doit exister pour qu'il y ait « devenir » ? — L'action de saisir, d'attirer à soi.

Qu'est-ce qui doit exister pour que cette préhension ait lieu ? — La « soif » (le désir).

Qu'est-ce qui doit exister pour que cette « soif » se produise ? — La sensation.

Qu'est-ce qui doit exister pour qu'il y ait sensation ? — Le contact.

Qu'est-ce qui doit exister pour qu'il y ait contact ? — Les sens et leurs objets.

Ces sens sont au nombre de six pour les Bouddhistes qui comptent l'esprit pour un sixième sens dont l'objet est les idées.

1. *Kâma lôka — rûpa lôka — arûpa lôka.* Les trois mondes ou genres d'existence, reconnus par les Bouddhistes.

Qu'est-ce qui doit exister pour que les sens existent ? — Le corps matériel et l'esprit.

Qu'est-ce qui doit exister pour que le corps et l'esprit (le domaine de la forme matérielle et celui du mental) existent ? — La conscience-connaissance.

Le terme *vijñâna* est d'une traduction difficile ; il s'agit, ici, de la faculté d'être conscient.

Le mot anglais *consciousness* s'approche beaucoup de son sens exact. Le professeur de La Vallée Poussin traduit par : « intelligence-connaissance. »

Qu'est-ce qui doit exister pour que cette conscience-connaissance existe ? — Les formations ou confections mentales (volitions. actions mentales en général).

Qu'est-ce qui doit exister pour que ces formations mentales existent ? — L'ignorance.

En étant arrivé là, le Bouddha, nous disent les Écritures canoniques, passa ce processus en revue, en sens inverse :

L'ignorance n'existant pas — les formations mentales n'existent pas.

Les formations mentales n'existant pas — la conscience-connaissance n'existe pas.

La conscience-connaissance n'existant pas — la forme matérielle et l'esprit n'existent pas.

La forme matérielle et l'esprit n'existant pas — les six sens n'existent pas.

Les six sens n'existant pas — le contact n'existe pas (n'a pas lieu).

Le contact n'existant pas — la sensation n'existe pas (ne se produit pas).

La sensation n'existant pas — la soif (le désir) n'existe pas (ne se produit pas).

La soif (désir) n'existant pas — la préhension (l'action de saisir, d'attirer à soi) n'existe pas.

La préhension n'existant pas — l'existence (devenir) n'existe pas (ne se produit pas).

L'existence (devenir) n'existant pas — la naissance n'existe pas (ne se produit pas).

La naissance n'existant pas — la vieillesse, la mort, la maladie, la douleur n'existent pas (ne se produisent pas).

Ainsi cesse toute cette masse de souffrance.

Présentée de cette manière, cette énumération paraît avoir pour seul but de nous apprendre le moyen de ne pas renaître[1] et d'éviter, ainsi, les maux inhérents à toute vie et la mort inéluctable qui la termine. Telle est, en effet, la façon dont le *pratîtyasamûtpâda* est généralement compris par les Bouddhistes théravadins.

L'école philosophique des Théravadins est plus généralement connue sous le nom de Hinayâna. *Hinayâna* signifie « moindre véhicule » ou « véhicule inférieur » et, dans le langage imagé de l'Orient, ce terme « véhicule » désigne, ici, un corps de doctrines et de directives pratiques propres à conduire le fidèle vers la Connaissance, l'Illumination spirituelle et la cessation de la souffrance. Il va de soi que ce ne sont pas les adeptes de cette école — qui comprend plusieurs sectes — qui ont eux-mêmes appliqué aux doctrines qu'ils professent l'épithète humiliante de « moindre » ou « inférieure ». Elle leur a été donnée, par dénigrement, par leurs adversaires philosophiques qui intitulent leurs propres doctrines *Mahâyâna*, le « grand véhicule », avec le sens non pas de grand en dimension, mais de supérieur.

1. J'ai cru inutile d'indiquer que les Bouddhistes, comme les Hindous, croient à la pluralité des vies. C'est là un fait bien connu.

Le développement des « douze origines », disent les Théravadins (Hinayânistes), s'étend sur trois vies successives : notre vie précédente, notre vie actuelle et notre vie future. Comme suit :

VIE PRÉCÉDENTE	1 – Ignorance 2 – Formations ou confections mentales, volitions, etc.	PROCESSUS D'ACTION
VIE ACTUELLE	3 – Conscience connaissance 4 – Corporéité et mental 5 – Six organes des sens et leurs objets 6 – Contact 7 – Sensation	PROCESSUS DE RENAISSANCE
	8 – Soif (désir) 9 – Préhension (attachement, action d'attirer à soi) 10 – « Devenir » (existence)	PROCESSUS D'ACTION
VIE FUTURE	11 – Renaissance 12 – Décrépitude et mort	PROCESSUS DE RENAISSANCE

Les renaissances successives sont montrées dans ce tableau comme étant le résultat de deux processus alternés.

1 – *Processus d'action*, constitué par l'activité

mentale exercée sous l'influence de l'ignorance. Cette activité se manifeste par le désir, par l'acte d'attirer à soi, de saisir par la pensée, par l'attachement. Le « devenir », ou l'existence sous forme d'actes mentaux et physiques, s'ensuit.

2 – *Processus de renaissance*, la renaissance étant la conséquence du désir et de l'attachement et amenant, avec elle, la conscience-connaissance, la corporéité et le mental, les six sens, le contact et la sensation ;

3 – *Processus d'action :* le désir, l'attachement, etc., surgissent par l'effet de l'existence :

a) de la sensation ;

b) du contact qui produit la sensation ;

c) des six sens par l'intermédiaire desquels le contact a lieu ;

d) du corps et de l'esprit sans lesquels ces six sens n'existeraient pas ;

e) de la conscience-connaissance influencée par l'ignorance qui produit des appréciations erronées quant aux rapports que les sens lui fournissent, et engendre des désirs tendant à la préhension, à l'attachement, etc., bref à un nouveau

4 – *Processus de renaissance* conduisant, comme les précédents, à la décrépitude et à la mort.

Et ainsi tourne la ronde des vies successives.

Ceux d'entre les Bouddhistes qui adhèrent à la conception particulière du *pratîtyasamûtpâda* qui vient d'être exposée ci-dessus, conçoivent généralement ces vies successives sous la forme de « séries » (*santâna*) de « lignes » autonomes qui vont leur train et dont l'origine, inconnaissable, se perd dans la nuit des temps. C'est à ces « séries » que ces Bouddhistes appliquent la déclaration attribuée au Bouddha : « Inconnaissable est le commencement des êtres enveloppés par l'ignorance, que le désir conduit à de continuelles renaissances. » D'après les auteurs de cette théorie, ces « séries », sans commencement perceptible, peuvent avoir une fin, cette fin consistant dans la cessation de l'activité de la « série » qui atteint, alors, le *nirvâna*.

Fidèles à la doctrine qui nie l'existence du « moi », doctrine professée — au moins théoriquement — par toutes les sectes bouddhistes, les adhérents de la théorie des « séries » ne manquent pas d'affirmer que la « série » est un simple processus au cœur duquel il n'existe aucun individu, aucun « moi ». Cependant, en dépit de leurs explications, nous ne pouvons manquer de voir une forme déguisée du « moi » dans cette idée de « série », de « ligne » de vie qui traverse les âges en tant que processus isolé.

Le jeu du *pratîtyasamûtpâda* appelle des rapports avec le dehors, avec ce qui est extérieur à la « série ». Les sens ne produisent la sensation qu'après qu'ils ont eu contact avec un objet. Cet objet est extérieur à eux et s'il s'agit, par exemple, d'un contact d'idée, « l'idée-objet » appartient nécessairement à une autre « série » que celle qui éprouve la sensation due au contact avec cette idée. Un élément étranger pénètre donc dans la « série » qui a éprouvé le contact et la sensation qui s'est ensuivie. Cette introduction d'un élément étranger dans une « série » particulière, la communion de celle-ci avec une autre « série » détruiront l'autonomie de la première, modifieront la marche de son activité et feront qu'elle entraînera dorénavant, unie à elle, une part d'une autre « série » qui partagera son sort.

Que la « série » soit composée, comme on nous le dit, de moments successifs, sans aucun « fil » qui les relie entre eux et passe de l'un à l'autre, comme le fil passe à travers chaque perle d'un collier, il n'en demeure pas moins que tant qu'on la représente comme cheminant, parfaitement autonome, à travers le temps et parvenant, isolément, à la cessation, assimilée au *nirvâna*, une idée de personnalité y restera attachée. L'indépendance totale d'une « série » de ce genre, vis-à-vis des innombrables « autres séries » est d'ailleurs impossible.

Lorsque l'on étudie le *pratîtyasamûtpâda*, il faut bien se garder d'envisager les douze articles qui le composent sous l'aspect d'une procession de faits qui se succèdent dans l'ordre donné. La coexistence de certains d'entre eux est constante. L'*ignorance* est toujours présente ; si elle disparaissait, les onze autres « origines » disparaîtraient également. *Corps et esprit*, les *sens*, ne peuvent, non plus, manquer d'être présents car ils sont nécessaires à l'existence des autres membres de la ronde. Le *contact* et la *sensation* exigent l'existence de *sens* et d'objets. Le *désir*, l'*acte de saisir* un objet désiré ou celui de repousser un objet pour lequel on ressent de l'aversion, mettent en jeu la *conscience-connaissance* qui a porté un jugement à la suite de la *sensation* éprouvée. Le *désir*, l'*acte de saisir*, l'*attachement* sont, eux-mêmes, une source de sensations que la *conscience-connaissance* enregistre et sur lesquelles elle exerce son activité. Ces associations, cette coopération constante d'origines interdépendantes, conditionnées, coordonnées, sont, en fait, ce qui constitue le processus d'action et le processus de renaissance.

La succession de ces processus indiqués comme embrassant trois vies (passée, actuelle et future) se justifie mal. En réalité, c'est d'instant en instant que se produit toute la révolution du *pratîtyasamûtpâda*.

Nous rencontrons, parmi les adeptes du Mahâyâna, une intéressante diversité d'interprétations de la chaîne des « origines interdépendantes ». En plus des commentaires classiques des docteurs illustres du « Grand Véhicule », nombreuses sont les façons particulières de concevoir le jeu du *pratîtyasamûtpâda* chez les philosophes et les mystiques contemporains.

Selon certains Tibétains, le terme *ignorance*, le premier en tête de l'énumération des « origines », peut équivaloir à l'« inconscience ». Envisagées de cette manière, les origines interdépendantes qui, d'après les Théravadins (Hinayânistes) se rapportent exclusivement aux êtres animés et particulièrement aux hommes, élargissent leur champ d'action qui embrasse, alors, tout l'univers.

Naissance prend le sens général de surgir, quoi que ce soit qui surgisse, dans le domaine de la matière ou dans celui de l'esprit.

Désir (soif) n'est plus nécessairement lié à la *conscience-connaissance* portant un jugement sur la sensation ressentie. Il peut émaner du subconscient, se manifester comme impulsion irraisonnée provenant d'une réaction due à la nature des éléments qui composent l'agrégat impermanent qui nous apparaît comme une « personne » ou une « chose ». Il peut même, dit-on, procéder simplement de l'instinct de la conservation qui réclame obscurément les aliments nécessaires pour faire subsister le « groupe » existant, quelle que soit la nature de celui-ci. Le *désir*, la *soif de l'existence* se manifestent chez la plante comme chez l'animal. Au *désir*, à la *préhension* l'on peut aussi rattacher, est-il encore dit, les attractions d'ordre naturel telles que l'action de la pierre-aimant[1] qui attire les aiguilles.

En étudiant la théorie des douze origines, il faut tenir compte de ce que le Bouddhisme voit, en tout, des groupes, des assemblages. L'origine indiquée — que ce soit l'ignorance, le désir ou n'importe laquelle des dix autres figurant dans le *pratîtyasamûtpâda* — n'est pas une unité. Le nom qui nous est donné couvre un groupe d'éléments constitutifs et ce groupe n'est pas stable ; il se modifie avec une rapidité vertigineuse. Objecter ici que, si infinitésimale que soit leur durée dans le temps, l'on n'éprouve qu'un *seul* désir et l'on ne pense qu'une *seule* pensée au même moment serait discuter hors de la question. Encore que certains nient le fait que le même moment ne puisse être occupé par plusieurs pensées ou désirs simultanés — une opinion dont je leur laisse la responsabilité — il faut comprendre, ici, que désir, pensée ou n'importe quoi, est le produit de causes multiples et contient, en soi, les éléments divers qu'il tient de son ascendance. La question telle qu'elle est envisagée par certains commentateurs du *pratîtyasamûtpâda* — entre autres par un gradué de Dergé avec qui je la discutai — s'apparente quelque peu avec celle de l'impossibilité qu'il y a pour deux corps d'occuper la même place dans l'espace. Et mon interlocuteur écartait tous raisonnements à ce sujet

1. En tibétain ; *khab len rdo* = « pierre preneuse d'aiguille », Aimant naturel.

en déclarant : Mille choses existent dans ce que vous voyez comme une *seule* chose et occupent le même espace. Tous les phénomènes passés qui ont produit la forme et l'esprit que vous dénommez un *guéshés* (un gradué d'une université monastique) — il désignait ainsi sa propre personne — sont avec ce *guéshés*, assis sur une chaise, dans cette chambre. Exprimant cette idée d'une manière plus en rapport avec l'esprit occidental, on pourrait dire que tout ce qui a servi à constituer l'atavisme d'un individu est présent dans l'espace occupé par celui-ci.

Quand on connaît, est-il dit, que les phénomènes surgissent en dépendance de causes et disparaissent en dépendance de causes, quand on connaît comment, dans le monde, tout s'agrège et se désagrège, les conceptions vulgaires d'existence et de non-existence disparaissent. Ou bien encore : « Le monde a coutume de s'en tenir à une dualité : *être* ou *non-être*. Mais pour celui qui perçoit, avec sagesse, comment les choses se produisent et disparaissent dans le monde, il n'y a ni *être* ni *non-être*. » (Samyutta Nikâya).

Rien n'existe *en soi* parce que tout phénomène est le produit de causes, et rien ne peut être détruit, puisqu'il devient cause à son tour, après avoir été effet. Toutefois, la dernière de ces affirmations rencontre des contradicteurs.

Il est à remarquer que chez les Hinayânistes, comme chez les Mahâyânistes, la théorie du *pratîtyasamûtpâda* exclut toute idée de Cause première, de Dieu créateur, et d'*ego* qui transmigre. Les livres canoniques abondent en affirmations à ce sujet.

« Personne », nous est-il expliqué, « n'accomplit l'action, personne n'en goûte les fruits, seule la succession des actes et de leurs fruits tourne en une ronde continuelle, tout comme la ronde de l'arbre et de la graine, sans que nul puisse dire quand elle a commencé. Il est tout aussi impossible de percevoir quand, au cours de futures naissances, les actes et les fruits cesseront de s'enchaîner. » — Notons qu'il n'est point question, ici, de *séries* de lignes autonomes de processus qui sont destinées à finir isolément en atteignant le nirvâna. Ce passage semble plutôt dépeindre un mouvement se rapportant à l'univers entier. — « Ceux qui ne discernent pas cet enchaînement croient à l'existence d'un *ego* ; les uns tiennent celui-ci pour éternel, les autres le déclarent périssable, de ces deux opinions naissent de nombreuses théories contradictoires. »

« On ne peut pas trouver le fruit dans l'action, ni l'action dans le fruit, cependant nul fruit n'existe sans l'existence d'une action. Nulle réserve de feu n'existe dans le combustible, ni ailleurs, en dehors de lui ; cependant, sans combustible il n'y a pas de feu. De même, nous ne pouvons pas trouver le fruit dans l'action, ni en dehors d'elle ; les actions existent à part de leurs fruits et les fruits existent séparés des actions, mais les fruits naissent en tant que produit des actions. »

« La ronde sans fin des naissances n'est causée par aucun dieu, seuls vont leur train les éléments produits par des causes et des matériaux qui constituent les êtres. Une ronde d'action, une ronde de fruits (voir le tableau précédent), la naissance surgissant de l'action, ainsi tourne et tourne le monde. »

« Lorsqu'un disciple », est-il encore dit, « a saisi de cette manière cette ronde de l'action et de ses résultats (qui se présentent sous la forme de nouvelles actions), il comprend que le corps et l'esprit existent en dépendance de causes. Il comprend, alors, que les "groupes" de parties constituantes — que nous appelons des êtres, des personnes — qui ont surgi dans le passé, à cause d'actions accomplies, ont péri, mais que, comme résultat des actions accomplies par ces "groupes", d'autres "groupes", d'autres êtres ont surgi. Pas un seul des éléments qui se trouvaient dans les anciens "groupes", n'a transmigré de l'existence précédente dans celle-ci et pas un seul élément des "groupes" actuels ne passera dans une prochaine existence. »

Croire que celui qui accomplit une action est le même que celui qui en recueillera le fruit est une opinion extrême. Croire que celui qui accomplit une action et celui qui en recueille le fruit sont deux personnes complètement différentes est une autre opinion extrême. Le Bouddha a évité ces deux extrêmes et promulgué : l'ignorance existant, les formations mentales (les « confections ») existent — les formations mentales existant, la conscience-connaissance existe, etc. (voir l'énumération des douze origines interdépendantes qui a été donnée)[1].

Quelle que soit l'interprétation donnée au *pratîtya-samûtpâda*, l'ignorance mentionnée en tête de l'énumération des « origines » n'y est jamais tenue pour une cause première d'ordre métaphysique. Ce terme est généralement pris dans son acception la plus simple : ignorance = ne pas savoir. « Rien ne permet d'attribuer à l'*avidya* (ignorance) des Bouddhistes un carac-

1. D'après le Visudhi Magga.

tère cosmique et métaphysique : c'est un facteur psychologique, l'état de celui qui est ignorant », écrit le professeur de La Vallée Poussin.

Toutefois, certains Bouddhistes ont conçu le caractère de cette ignorance comme plutôt positif que négatif, faisant de l'ignorance non pas seulement l'absence de connaissance, mais le contraire de la connaissance, c'est-à-dire l'erreur ; une connaissance fausse, obscurcie, souillée.

Leur théorie peut trouver un point d'appui dans l'énoncé même du *pratîtyasamûtpâda*. Si une chose est l'origine d'une autre, il est évident que cette première chose n'est pas une pure non-existence, qu'elle a quelque chose de positif, capable d'activité. L'on nous dit que l'*ignorance* consiste à ignorer les Quatre Vérités, bases du Bouddhisme et, par conséquent, la chaîne des origines interdépendantes — excluant l'existence d'un *ego* — qui correspond à la Seconde Vérité : « La Cause de la Souffrance. » Cependant, afin qu'elle puisse engendrer des *formations mentales*, l'ignorance doit sortir de la passivité du pur non-savoir, il faut qu'elle devienne *savoir*, mais faux savoir : erreur.

Celui qui ignore l'enchaînement des origines interdépendantes, qui ignore que la « personne » est un agrégat d'éléments instables, celui-là ne demeure pas inerte. Il entretient des *vues* : jouet de l'illusion, il croit à l'existence d'un « moi » non composé et permanent, il imagine qu'il existe une Cause première créatrice et directrice du monde et il la personnifie, il en fait un « moi » géant. Ainsi, son non-savoir se transmue en notion erronée et devient l'origine d'actes mentaux (confections, volitions) qui tiennent d'elle et partagent sa condition d'erreur.

Il nous est encore dit que l'*ignorance* est l'ignorance de l'origine et de la fin du « groupe » constituant la personne. L'ignorance consiste, encore, à tenir pour éternel ce qui est transitoire, pour heureux ce qui est douleur. Donc l'ignorance n'est pas seulement le manque de connaissance, mais la connaissance fausse ; elle est ce qui cache les choses et empêche qu'on les perçoive telles qu'elles sont en réalité.

Concevant l'*ignorance* de cette manière, il devient plus aisé de saisir l'idée maîtresse du *pratîtyasamûtpâda*, qui fait de l'*ignorance*, non point une véritable origine initiale, un point de départ, mais une origine parmi d'autres origines, conditionnée elle-même, par *cela qui existe parce qu'elle existe*, mais sans l'existence de quoi elle n'existerait pas non plus.

Il s'agit, il ne faut pas l'oublier, d'un cercle, d'une « ronde », et non pas d'une ligne droite de filiation.

On ne peut pas proprement parler d'antécédents de l'*ignorance*, car dans tous les états d'existence qu'il nous est possible de percevoir, l'ignorance est présente. Les textes canoniques déclarent nettement que l'ignorance est sans commencement perceptible, mais l'existence de l'ignorance et sa continuité sont dites dépendre d'« aliments » qui, s'ils cessaient d'exister, entraîneraient la cessation de l'ignorance. C'est précisément à supprimer ces « aliments » que s'attache le disciple désireux d'atteindre l'illumination spirituelle.

Les auteurs bouddhistes varient légèrement dans l'énonciation des supports de l'ignorance, mais la nomenclature la plus courante est la suivante :

1 – Manque de maîtrise sur nos sens ;
2 – Inconscience des impressions ressenties ;
3 – Inattention. Attention mal dirigée. Étourderie ;

4 – Incrédulité quant aux Quatre Vérités et aux enseignements qui en dépendent ;
5 – Manque de connaissance de la Doctrine des Quatre Vérités que l'on n'a pas entendu exposer ;
6 – Non-fréquentation des gens éclairés qui ont atteint le but de la Doctrine.

En conséquence des uns ou des autres de ces faits, des actions néfastes sont commises par le corps, par la parole, par l'esprit.

Ces actions néfastes nourrissent : la convoitise, la méchanceté, la torpeur, l'orgueil, le doute (quant aux Quatre Vérités et aux disciplines qui s'y rapportent).

A leur tour, la convoitise, la méchanceté, la torpeur, l'orgueil et le doute alimentent et perpétuent l'*ignorance*.

Repartant de l'*ignorance*, l'on peut continuer l'enchaînement comme suit :

L'*ignorance* — entendue comme connaissance erronée — donne lieu à des *formations mentales* (volitions, etc.).

Celles-ci étant conditionnées par une connaissance erronée peuvent conduire à :

La convoitise — la méchanceté — la paresse — la torpeur — l'orgueil — le doute.

La convoitise, la méchanceté, la paresse, la torpeur, l'orgueil, le doute et les actes accomplis avec le corps, la parole ou l'esprit, qui en sont l'expression, conduiront à diminuer ou à empêcher d'acquérir : l'attention dirigée vers des objets utiles — une claire conscience des impressions que nous ressentons — la foi en la Doctrine des Quatre Vérités que l'on ne se donnera pas la peine d'écouter expliquer ou d'étudier d'une autre manière. — Ils conduiront aussi à produire ou à accroître la négligence apportée à rechercher et à fréquenter ceux qui sont parvenus à la compréhension de la Doctrine des Quatre Vérités et qui ont atteint son but.

A cause du manque de maîtrise des sens, parce que les passions obscurciront l'intelligence, parce que la paresse physique et mentale, le doute, l'incrédulité *a priori* l'en empêcheront, l'esprit ne pourra pas se maintenir alerte, adonné aux investigations produisant la connaissance correcte, prêt à étudier la Doctrine qui démontre la Cause de la Souffrance et les Moyens par lesquels on y met un terme. Parce que ces mêmes causes feront négliger la fréquentation de ceux qui sont capables d'enseigner cette Doctrine et peuvent être un exemple des résultats produits par ces Moyens, pour ces diverses raisons :

L'*ignorance* (connaissance erronée) sera maintenue ou accrue.

Cette *ignorance* (connaissance erronée) donnera lieu à des formations mentales (volitions, etc.) inspirées par des notions fausses... et la « ronde » continuera.

Dans le tableau que j'ai dressé des théories fondamentales du Bouddhisme, j'ai indiqué la description abrégée de cette « ronde » : *ignorance — désir — acte*, qui est attribuée à Nâgârjuna et est courante parmi les Tibétains lettrés. Ceux-ci — je parle des contemporains — paraissent souvent fortement opposés aux théories semi-populaires développées dans des ouvrages tels que le *Bardo thöstol*, qui dépeignent le pèlerinage d'une entité quelque peu semblable au *jîva* des Hindous ou à l'âme des Chrétiens, qui pérégrine sous l'influence de l'*ignorance*, des *formations mentales* et des autres articles du *pratîtyasamûtpâda* qui deviennent, alors, en quelque sorte, des actes accomplis ou ressentis par un individu.

Rien ne transmigre, disent les adversaires de ces théories. La chose qui existe actuellement n'existait pas auparavant, elle a été produite par des causes multiples à l'instant même où elle a surgi (où elle est née).

Le fil qui unit les douze articles du *pratîtyasamûtpâda* est pure activité et l'on peut considérer que l'existence du « groupe » tenu pour être une « personne » s'achève à chaque révolution du cycle du *pratîtyasamûtpâda*, car le fait de cette révolution est de produire un ou plusieurs autres « groupes ».

L'illusion qui nous fait croire à la stabilité prolongée des « groupes » (êtres ou choses) est un effet de l'infériorité de nos moyens de perception physiques et mentaux. En réalité le « groupe » est un tourbillon où *les formations mentales, la conscience-connaissance, la corporéité et le mental, les sens, le contact, la sensation, le désir, la préhension, le devenir, la naissance, la dissolution* (mort), se meuvent, s'entrecroisent, s'enchevêtrent. Et ce « groupe-tourbillon » lui-même se forme, se déforme et se reforme à chaque instant.

Les Bouddhistes tibétains, me faisait-on encore observer, déclarent clairement qu'aucune des « origines » mentionnées dans le *pratîtyasamûtpâda* ne peut prétendre à être une source isolée et autonome d'action et que toutes, même l'*ignorance*, n'ont que le rang de causes coopérantes. Ceci est indiqué par le mot *rkyén* répété à chaque article de l'énumération, au lieu de *rgyud* qui serait une cause capable de production à elle seule. Mais il est à noter que ceux qui professent ces théories n'admettent pas que quelque chose puisse être l'œuvre d'une seule cause et le *rgyud* ne sert, dans leur langage, qu'à indiquer une cause principale à laquelle sont toujours nécessairement associées des causes secondaires ou coopérantes : *rkyén*.

Nous reviendrons sur ce thème de l'ignorance et sur la place de tout premier plan qui lui est donnée dans la doctrine bouddhique, lorsque nous examinerons la quatrième des « Vérités » fondamentales, la Voie qui conduit à la Délivrance de la Souffrance. Il suffira d'ajouter, ici, que l'ignorance est considérée, par le Bouddhisme, comme la plus grave des fautes, une « souillure », c'est le terme employé par les Écritures bouddhiques, et la pire des souillures mentales.

« La paresse est la ruine des foyers, l'indolence est la ruine de la beauté, la négligence est la perte du veilleur.

« L'inconduite est une souillure pour la femme, la parcimonie est une souillure pour celui qui donne. Faire le mal est une souillure dans ce monde et dans les autres.

« Mais plus grande que toutes ces souillures, l'ignorance est la pire des souillures. Oh ! disciples, rejetez cette souillure et soyez sans souillure » (Dhammapada).

Enfin, rappelons, avant de clore ce chapitre, que l'*ignorance* autour de laquelle pivote la ronde du *pratîtyasamûtpâda* est bien expliquée comme étant l'ignorance des « Quatre Vérités » (Souffrance, Destruction de la Souffrance, Cause de la Souffrance, Voie qui conduit à la Délivrance de la Souffrance), mais qu'elle est plus spécialement l'ignorance du fait qu'il n'existe en la « personne », ni en quoi que ce soit, un « moi » non composé et permanent.

CHAPITRE V

LE SENTIER AUX HUIT EMBRANCHEMENTS

Les conditions qui produisent la souffrance nous ont été indiquées par le *pratîtyasamûtpâda* qui est l'objet de la seconde et de la troisième des « Quatre Vérités », bases du Bouddhisme. La Quatrième Vérité vise à dépeindre la « Voie » qui conduit à la « Délivrance de la Souffrance » ; en d'autres termes, les moyens par lesquels peut être entravée et détruite l'œuvre des « origines interdépendantes ».

Le nom technique de cette Voie de la Délivrance est : *Octuple Sentier* ou *Sentier aux huit embranchements*. Ces huit embranchements nous sont présentés sous la forme concise d'une énumération en huit articles, partagés en trois divisions qui se rapportent respectivement à la *sagesse*, — à la *moralité*, — à la *concentration d'esprit*. Comme suit :

Vues justes Volonté parfaite	sagesse
Parole correcte Action correcte Moyens d'existence corrects Effort parfait	moralité

Attention parfaite Méditation parfaite	concentration d'esprit

Dans les textes pâlis, sanscrits et tibétains, le même adjectif qualifie chacun des huit termes de cette énumération : *sammâ* en pâli, *samyak* en sanscrit, *yang dag pa* en tibétain qui, tous les trois, expriment l'idée de perfection.

Le Sentier aux huit embranchements constitue le programme d'action que le Bouddhisme propose à ses adhérents pour combattre et détruire la Souffrance. Et la souffrance nous ayant été représentée comme l'œuvre des « douze origines interdépendantes », l'on peut dire que le Sentier aux huit embranchements et le *pratîtyasamûtpâda* s'affrontent comme deux adversaires.

L'*Ignorance* nous a été indiquée comme la cause de la Souffrance ; le Sentier va lui opposer les *Vues justes*, c'est-à-dire le savoir.

Les *Vues justes* viennent en tête de l'énumération des branches du Sentier, elles en sont la plus importante. Mieux encore, l'on peut dire que les *Vues justes* dominent tout ce programme en huit articles, qu'il n'existe que par elles et pour elles, chacun des sept autres articles n'ayant qu'un rôle d'aide, de serviteur apportant sa collaboration à l'édification et au maintien des *Vues justes*.

Le début dans le système d'entraînement moral et intellectuel qu'est le Sentier, dépend d'une Vue juste. Cette Vue juste initiale, c'est la pensée qui vient à l'homme s'arrêtant dans sa marche et se demandant : est-il raisonnable de ma part, est-il salutaire de suivre, sans réfléchir, la foule moutonnière qui chemine bêlant en chœur sans savoir pourquoi ? — Ai-je examiné les doctrines que je professe, les opinions que j'émets ? — Suis-je certain que les actes que j'accomplis sont bien véritablement ceux qu'il est convenable, sensé et utile d'accomplir ? — Je passerai l'examen de mes croyances et de ma conduite et m'assurerai si elles sont bien fondées ou non, si elles conduisent au bonheur ou à la douleur. A cette détermination s'ajoute celle d'examiner impartialement des doctrines et des directives, autres que celles que l'on a suivies jusqu'alors, afin de juger leur valeur.

Tout naturellement, les Bouddhistes considèrent comme Vue juste celle qui porte à se tourner vers l'enseignement du Bouddha et à faire loyalement l'expérience des théories et des méthodes qu'il préconise.

Bien qu'elles n'y figurent pas comme un neuvième article, il faut comprendre que les *Vues justes*, par lesquelles débute l'énumération des branches du Sentier, terminent aussi celui-ci comme son achèvement, son couronnement. Le but du Sentier est, en effet, d'amener à la Connaissance juste, parfaite et, par là, de libérer du *samsâra*, la « ronde » illusoire et douloureuse, de faire atteindre ce que les Bouddhistes appellent « l'autre rive », d'où se découvre un autre aspect des choses et où tombent d'elles-mêmes nos vaines ratiocinations et spéculations devenues sans objet.

De même que la chaîne des origines interdépendantes, le Sentier aux huit embranchements a donné lieu à de nombreux commentaires et il s'en faut que tous les Bouddhistes l'envisagent de la même manière,

Chez les Théravadins, la tendance générale est de mettre en relief son caractère de code de moralité. Nyanâtiloka, représentant l'attitude de ses collègues, les moines bouddhistes de Ceylan, écrit :

« Toute entreprise altruiste et noble est nécessairement basée sur un certain degré de compréhension correcte (vue juste), n'importe qui en est l'auteur, un Bouddhiste, un Hindou, un Chrétien, un Musulman ou même un Matérialiste. C'est pour cette raison que la compréhension correcte (ou vue juste) figure au début du Sentier comme son premier embranchement. Toutefois, l'ordre dans lequel les différentes "branches" sont rendues "parfaites" est : moralité, concentration d'esprit, sagesse. »

« Ainsi, conclut Nyanâtiloka, les vues justes sont l'Alpha et l'Oméga de tout l'enseignement du Bouddha. »

Tous les Bouddhistes sont d'accord quant à l'opinion exprimée dans cette dernière phrase, mais il s'en faut de beaucoup que tous acceptent l'ordre de perfectionnement énoncé plus haut.

Voici l'ordre dans lequel j'ai entendu classer les « branches » du Sentier, par les lamas lettrés :

I. CONCENTRATION D'ESPRIT	Attention Méditation Volonté et Effort

L'origine commune de ces quatre articles du programme d'entraînement spirituel dénommé le « Sentier » est une première Vue juste qui fait comprendre l'utilité de la recherche de la vérité.

II. SAGESSE	Vues justes

La pratique de ces quatre exercices produit, ensuite, des *Vues justes* d'un ordre supérieur, c'est-à-dire conduit à la *sagesse*.

Dans la mesure où les *Vues* s'approchent de la perfection, c'est-à-dire où la *sagesse* croît, la

III. MORALITÉ...............	Parole Action Moyens d'existence

devient aussi de plus en plus parfaite.

Nous allons examiner, séparément, chacune de ces « branches » en suivant l'ordre qui vient d'être indiqué.

L'ATTENTION

Comment les Bouddhistes envisagent-ils l'*attention ?* — Un verset du Dhammapada va nous répondre.

« La vigilance (l'observation attentive) est la Voie qui mène à l'immortalité. La négligence est la Voie de la mort. Les vigilants ne meurent pas. Les négligents sont déjà comme s'ils étaient morts » (Dhammapada).

Ces déclarations tranchantes, étonnantes quant à leur forme et à leur esprit, demandent une explication.

La vigilance, l'attention conduit à l'immortalité, ou plus exactement à la « non-mort » *(amrita)*[1], parce qu'elle fait découvrir la véritable nature des êtres, des choses et du monde que nous voyons sous un faux

1. La signification généralement donnée à « immortalité » est : ne pas mourir après être né. L'idée de la « non-mort » telle qu'elle est comprise par les Bouddhistes, correspond plutôt à la notion d'éternité, celle-ci ne comportant ni naissance, ni mort.

aspect parce que nous les regardons à travers les notions fausses que nous avons adoptées sans examen critique. L'attention vigilante nous conduit à voir correctement et, nous dit le Bouddhisme, à atteindre un point de vue d'où s'entrevoit l'au-delà des paires de contraires : vie et mort, être et non-être, tels que notre vision fragmentaire nous les représente.

Celui qui ne pratique pas l'attention est le jouet des influences multiples avec lesquelles il vient à être en contact ; il ressemble à un bouchon inerte qui est à la merci des vagues. Il ne réagit pas, il subit inconsciemment l'action de son ambiance physique et psychique. C'est un cadavre.

D'une façon générale, l'attention consiste, d'abord, à observer soigneusement tous ses mouvements, tous ses actes physiques et mentaux. Rien ne doit nous échapper de ce qui se passe en nous. Et rien ne doit nous échapper, non plus, de ce qui se passe autour de nous, dans le rayon que nos sens peuvent atteindre.

Il faut, nous disent les Écritures bouddhiques, être conscient que l'on se lève quand on se lève, que l'on s'assied quand on s'assied et ainsi de tout mouvement.

Il faut être conscient des sentiments qui s'élèvent en nous, les reconnaître : voici que naît en moi de la convoitise, de la colère, voici que des désirs sensuels surgissent. Ou bien : je viens d'avoir une pensée noble, une impulsion généreuse, etc. Et encore : je me sens déprimé ou excité ; je suis en proie à la torpeur, rien ne m'intéresse, ou mon intérêt va à des objets vulgaires. Ou bien : je me sens plein d'énergie, plein de zèle pour l'étude, désireux de m'employer pour le bien d'autrui, etc.

Lorsque la faculté de l'attention s'est aiguisée, que

l'on est parvenu à ne rien laisser échapper des faits qui se produisent en soi et autour de soi, l'on passe à l'investigation de ceux-ci et à la recherche de leurs causes.

Pourquoi la colère s'allume-t-elle soudainement en moi ? — Parce que cet homme m'a offensé, m'a nui... Avais-je ou non donné lieu aux sentiments qui l'ont porté à m'offenser, à me nuire ? Est-ce, de sa part, une vengeance justifiée...? A-t-il agi par stupidité, par aveuglement, induit par des vues erronées concernant ce qui lui serait profitable d'une façon ou d'une autre...? Et quel effet produira, sur moi, mon accès de colère ? — Me sera-t-il de quelque manière profitable ? — Vais-je le manifester par des actes ? — Quels actes me suggère-t-il d'accomplir ? — Quels pourront être les résultats de ces actes ? — L'examen se poursuit de cette façon en multipliant les questions et en examinant si la colère est fondée, raisonnable, profitable.

Tous les sentiments : convoitise, sensualité, etc., peuvent faire l'objet d'examens de ce genre. Il faut leur adjoindre des sentiments moins grossiers : orgueil, vanité, etc., et aussi les sentiments considérés comme louables : sympathie, bienveillance, modestie, etc.

Celui qui pratique l'attention, selon la méthode bouddhique, ne doit pas se laisser aller à ses impulsions sans les examiner. Il ne doit pas non plus s'approuver ou se blâmer en se basant sur les injonctions de codes moraux dont il n'a pas questionné l'autorité et la justesse.

S'il fait la charité, s'il accomplit un acte de dévouement, il doit s'interroger sur les motifs auxquels il a obéi, scruter ses sentiments et la genèse de ceux-ci, tout comme il doit le faire lorsqu'il a commis une action dite mauvaise. Le résultat de cette sorte d'examen arrivera, plus d'une fois, à déplacer les valeurs morales et à faire voir sous un jour peu favorable la belle action dont on était prêt à s'enorgueillir.

L'attention que l'on porte sur soi, il faut aussi la porter sur son entourage de gens et de choses. Il faut les scruter, sans intentions malignes, avec calme et une impartialité teintée de bienveillance. La première révélation que l'attention nous apporte est que nous, et les autres, sommes de pauvres êtres très pitoyables et, cette découverte étant faite, c'est avec une compassion émue que le Bouddhiste considère tous les êtres et lui-même.

En somme, la pratique de l'attention parfaite est un moyen d'apprendre à se connaître soi-même, de connaître le milieu dans lequel on vit et, par conséquent, d'acquérir des *Vues justes*.

Les Bouddhistes ont inventé de nombreux exercices destinés à cultiver systématiquement la faculté de l'attention et à donner aux sens et à l'esprit une acuité particulière de perception.

Fidèles à leur conception de la « chaîne des origines interdépendantes » qui tient celle-ci pour s'appliquant spécialement à l'homme, les Hinayânistes concentrent leur *attention* spécialement aussi sur l'homme. Ils distinguent, ainsi, quatre « Attentions fondamentales », savoir :

L'observation du corps.
L'observation des sensations.
L'observation des pensées.
L'observation des phénomènes internes et du travail de l'esprit.

I. – *L'observation du corps*

L'observation du corps comprend :

1 – L'observation de la respiration.

« L'esprit attentif, le disciple aspire et expire. Quand il aspire longuement, il sait : "J'ai aspiré longuement." Quand il a expiré longuement, il sait : "J'ai expiré longuement" (lentement).

« De même, le disciple perçoit, en en étant pleinement conscient, quand l'aspiration et l'expiration ont été courtes. Il s'entraîne en calmant la fonction respiratoire, en la contrôlant, se disant : "Je vais aspirer, je vais expirer, lentement ou rapidement" (profondément ou superficiellement). »

Il observe ainsi son corps et celui des autres, il observe l'apparition et la disparition des corps ; il comprend : des corps, seulement, sont présents, ici.

2 – L'observation des positions du corps.

Le disciple est clairement conscient de sa position, soit qu'il marche, qu'il demeure assis, debout ou couché. Il comprend, selon la vérité : « Je marche, je suis assis, je suis debout ou je suis couché. »

Il s'observe ainsi, il observe les autres et il comprend : des corps, seulement, sont présents, ici.

Comment devons-nous entendre ces déclarations énigmatiques : il comprend *selon la vérité* : je marche, etc., ou bien il comprend : *des corps, seulement, sont présents, ici* ? — Voici ce que nous dit un commentaire orthodoxe, celui qui a cours parmi les religieux bouddhistes du Hinayâna.

« Quand il dit : *je* marche, *je* suis assis, *je* suis debout, *je* suis couché, le disciple éclairé comprend qu'il n'y a pas de personne permanente, de "moi" réel qui marche, s'assied, se couche ou se tient debout. Il comprend que c'est par une simple convention de langage que l'on attribue ces actes à un *je* inexistant. »

La même leçon s'attache à la déclaration : « *Des corps, seulement, sont présents, ici.* » Le disciple doit saisir qu'il ne s'agit que de formes transitoires, qu'il n'y a là que des apparences passagères mais point d'homme, de femme, ni de « moi » réels et durables.

3 – L'observation de ses mouvements.

« Le disciple est clairement conscient quand il va, quand il vient, quand il regarde un objet, quand il en détourne les yeux. Il est clairement conscient quand il se courbe ou qu'il se redresse, clairement conscient en mangeant, en buvant, en goûtant, en satisfaisant ses besoins naturels, en s'endormant, en se réveillant, en parlant et en se taisant. »

Le commentaire nous explique qu'en accomplissant ces diverses actions, le disciple est conscient de son *intention*, de son *avantage*, de son *devoir* et de la *réalité*.

Ce dernier terme le ramène à reconnaître l'irréalité du « moi » permanent à l'existence duquel croient les hommes dupes de l'illusion.

4 – L'observation de l'impureté du corps.

« Le disciple passe une sorte de revue anatomique de son corps, il le considère sous l'aspect d'un sac (la peau) rempli de choses malpropres : os, moelle, sang, bile ; organes divers : cœur, poumons, foie, estomac, entrailles. » La description ne nous fait grâce d'aucun détail répugnant, nous y trouvons les glaires, la morve, les excréments.

5 – Analyse du corps.

« Le disciple conclut que le corps qui va, qui vient, qui se livre à diverses actions n'est qu'un produit de la réunion des quatre forces élémentaires : solidité, fluidité, chaleur, mouvement[1]. »

6 – Les méditations du cimetière.

Celles-ci avaient lieu, autrefois, dans les cimetières mêmes. Ces cimetières de l'Inde ancienne où l'on jetait les corps sans les ensevelir et où ils attendaient, pendant des jours, leur crémation, lorsque celle-ci avait lieu. Le spectacle macabre que réclament ces méditations est moins aisé à trouver de nos jours bien que la vue de cadavres ne soit pas un incident exceptionnel dans l'Inde ou au Tibet. Toutefois, les moines hinayânistes se contentent généralement d'images reproduisant les neuf tableaux décrits dans les textes ou, plus simplement encore, se les figurent en pensée.

Voici ces neuf tableaux d'après le *Dîgha* Nikâya :

1 – Un corps gisant dans le cimetière depuis un, deux ou trois jours, gonflé, d'un bleu noirâtre, en proie à la décomposition.

2 – Un corps gisant dans le cimetière, déchiqueté par les corbeaux ou par les vautours, dépouillé de sa chair par les chiens ou par les chacals et rongé par les vers.

1. Considérées aussi comme : inertie, cohésion, radiation, vibration et symbolisées respectivement par la terre, l'eau, le feu, l'air ou le vent.

3 – Un squelette taché de sang, auquel quelques morceaux de chair restent encore attachés.

4 – Un squelette dépouillé de toute chair, taché de sang, tenu ensemble par les tendons et les muscles.

5 – Un squelette sans aucun reste de chair, sans trace de sang, tenu ensemble par les tendons et les muscles.

6 – Les os dispersés. Ici, un os de la main, là un os du pied ; ici, un morceau de la colonne vertébrale ; plus loin, le crâne.

7 – Les mêmes os blanchis par l'effet du temps, devenus de la couleur des coquillages.

8 – Ces os amoncelés, un an plus tard.

9 – Ces os desséchés, réduits en poussière.

Et après chacune de ces contemplations, le disciple se dit : « Ainsi deviendra mon corps, ainsi deviendra le corps des autres. Il considère comment les corps surgissent, comment ils disparaissent. Il se dit : il n'y a là que des corps (et pas de « moi » permanent). Alors, il possède la compréhension, la pénétration, il vit indépendant, libre d'attachement pour quoi que ce soit dans le monde. »

« Celui qui a pratiqué cette attention appliquée au corps surmontera toute tendance au mécontentement, il ne sera pas dominé par la peur ou par l'anxiété. Il endurera, avec calme, la chaleur, le froid, la faim, la soif, le mauvais temps, les paroles méchantes ou injurieuses, les souffrances physiques. »

II. – *Observation des sensations*

Le disciple observe les sensations agréables et les sensations désagréables qu'il éprouve. Il observe celles que les autres manifestent et il se dit : « Il n'y a, ici. que des sensations (sous-entendu, il n'y a pas de « moi » permanent). »

III. – *Observation des pensées*

Le disciple note la nature de ses pensées au fur et à mesure qu'elles surgissent : pensées de convoitise, de colère ; pensées causées par l'erreur ou pensées qui en sont exemptes. Il perçoit que ses pensées sont concentrées ou, au contraire, qu'elles s'éparpillent. Il perçoit ses pensées nobles, élevées, et celles qui sont basses et viles. Il perçoit ses pensées stables et ses pensées fugitives, ses pensées libres et celles qui lui sont suggérées, celles qu'il subit.

Il observe aussi ce qu'il peut percevoir des pensées d'autrui et se dit : il n'y a, là, que des pensées (sous-entendu, il n'y a pas de « moi » permanent).

IV. – *Observation des phénomènes internes et du travail de l'esprit*

1 – Le disciple perçoit quand il y a en lui de la sensualité, ou de la colère, ou du relâchement, ou de l'excitation, ou de l'agitation, ou des doutes. Et il sait, aussi, quand il en est exempt. Il connaît la façon dont la sensualité, la colère, le relâchement, etc., sont produits et il sait comment on les domine.

2 – Le disciple observe les cinq éléments (*skandhas*) qui constituent ce que l'on nomme une « personne », savoir : la forme physique — la sensation — la perception — les confections mentales — la conscience. Il observe comment chacun de ces éléments constitutifs du groupe dénommé « personne » surgit puis disparaît.

3 – Le disciple connaît comment des liens se forment à cause des sens et de leurs objets (par l'effet du contact et de la sensation qui le suit) et il sait comment on peut briser ces liens.

4 – Le disciple discerne quand existent, en lui, l'attention, la recherche de la vérité, l'intérêt, le calme, la concentration, la sérénité et quand il en est dénué. Il discerne : je possède telle ou telle de ces qualités et telle autre me manque. Il sait comment naissent les éléments de la connaissance et comment ils sont portés à la perfection.

Un autre pratique qui se rattache au système bouddhique de culture de l'attention, consiste à exercer la mémoire de la façon suivante : à la fin de la journée, on se représente les actes que l'on a accomplis, les sentiments que l'on a éprouvés, les pensées que l'on a eues. L'examen s'opère *à rebours*, c'est-à-dire en commençant par la dernière sensation que l'on a éprouvée, le dernier acte que l'on a accompli, la dernière pensée que l'on a eue et en remontant progressivement jusqu'aux premiers instants succédant au réveil. Les faits les plus insignifiants doivent être rappelés au même titre que les plus importants, car s'il est bon d'évaluer, au passage, la valeur des diverses péripéties intimes ou extérieures par où l'on a passé, le but de l'exercice, est, simplement, de nous apprendre à ne rien laisser s'effacer des choses que nos sens ont perçues ou des idées qui ont traversé notre esprit.

Le Bouddhisme assigne un rôle de premier plan à la mémoire. L'un de ses préceptes est qu'*il ne faut jamais rien oublier*. Tout ce que l'on a vu, entendu, perçu, de quelque manière que ce soit, même une seule fois et pendant une minute seulement, doit être enregistré dans la mémoire et ne jamais s'effacer[1].

La constante présence d'esprit, la ferme volonté et l'inaltérable clairvoyance préconisées par le Bouddhisme reposent, en grande partie, sur la possibilité d'un appel immédiat et, pour ainsi dire, automatique, aux multiples expériences et analyses de toutes natures, effectuées antérieurement.

L'examen d'une seule journée n'est qu'un exercice de débutant. Après un entraînement dont la durée varie, selon les aptitudes de ceux qui le pratiquent, l'examen embrasse successivement deux journées, une semaine, un mois, comprenant, parfois, non seulement les incidents enregistrés à l'état de veille, mais les rêves qui se sont succédé pendant le sommeil. Certaines récapitulations générales des phases de la vie écoulée peuvent englober plusieurs années et remonter jusqu'aux premiers jours de l'enfance.

Cet exercice n'est pas spécial au Bouddhisme, il est connu de la plupart des écoles hindoues d'entraînement mental et fortement recommandé par elles.

Parmi les innombrables sensations qui ont impressionné son organisme, un nombre infime, seulement, se révèle d'une façon consciente et coordonnée à la

1. La mémoire (enjointe au disciple) consiste à ne jamais oublier les êtres ou les choses avec qui l'on a été en contact (Abhidharma des Tibétains).

mémoire de l'individu, les autres demeurent inertes ou ne se manifestent que par des impulsions et des tendances confuses. Ce que nous dénommons hérédité et atavisme peut être assimilé en ce sens à la mémoire lointaine d'éléments qui sont présents dans notre personne actuelle. Certains pensent donc qu'un patient entraînement pourrait agir à la façon du révélateur qui, sur une plaque photographique impressionnée, fait apparaître les images qu'elle portait sur elle mais qui demeuraient invisibles.

L'on peut, sans difficulté, accepter l'idée d'amener à la lumière une partie du contenu de notre subconscient ou même la totalité de ce contenu, mais beaucoup trouveront exagéré de croire à la possibilité de faire entrer, dans notre conscience présente, le souvenir de sensations qui ont impressionné certains des éléments composant notre personne actuelle, alors qu'ils faisaient partie d'autres « groupes », individus ou choses.

Aussi irréalisable que puisse nous sembler cette recherche de la vie éternelle, dans le passé, elle n'est pourtant pas irrationnelle en son principe. Les Occidentaux, qui ont tant discuté sur la nature de la vie future et le mystère de l'au-delà de la mort, seraient mal venus de railler ceux qui poursuivent le mystère de l'au-delà de la naissance, puisqu'en somme, celui-ci ne sort pas des bornes de la réalité et consiste en faits qui se sont produits, en matière qui a *existé* et qui, par conséquent, peut, et même doit, avoir laissé des traces.

Il faut, toutefois, noter qu'aucune théorie n'a le rang de dogme en Bouddhisme et celles qui viennent d'être exposées ci-dessus ne font point partie du fonds de doctrines essentielles que nous proposent les livres canoniques.

Les développements donnés au précepte de l'*attention parfaite*, nous conduisent à la psychanalyse, assez récemment mise à l'honneur en Occident, mais pratiquée depuis des siècles parmi les Bouddhistes. Nous avons déjà vu qu'il est enjoint au disciple d'être conscient de tous les mouvements intérieurs dus à son activité mentale et de rechercher les causes les plus proches de ces mouvements afin de juger la valeur de celles-ci et la réaction qui y correspond, comme dans l'exemple que j'ai donné de l'homme qui se met en colère parce qu'il estime avoir été offensé par un autre homme. A mesure qu'il progresse dans la pratique de l'attention, le disciple est engagé à pousser ses investigations au-dessous de cette « surface » de sa conscience.

L'offense qui lui a été faite n'est que « l'occasion » qui a donné lieu à une de ses propensions de se manifester. D'où lui vient cette propension ? — Qu'est-ce qui, dans la composition de son corps physique ou de son mental, est l'origine de cette propension, qu'est-ce qui la fait subsister, la nourrit ? — La recherche est presque toujours ardue, d'autant plus que les Bouddhistes — je développerai ce sujet plus loin — conçoivent la « personne » comme un agrégat instable et que tel élément qui entrait dans sa composition hier, et, par sa présence, créait une propension à la colère peut avoir été éliminé[1] aujourd'hui ou bien être retombé dans l'obscurité presque insondable du tréfonds de la « personne ». En dehors de « l'occasion » qui, dans le cas que nous examinons, est une offense, et de la « propension » à la colère, d'autres facteurs sont actifs. La « propension » à la colère ne surgit pas dans le vide, elle est entourée d'autres « propensions » qui

1. Voir dans les Appendices : « Parabolc tibétaine ».

l'influencent, la fortifient ou la combattent et « l'occasion », elle aussi, est modifiée par des circonstances accessoires de lieu, d'environnement, de temps, etc., qui augmentent ou diminuent son pouvoir et l'action qu'elle exerce sur la « propension ».

Les recherches dans le domaine du subconscient (auquel, bien évidemment, ils ne donnent pas ce nom [1]) sont très minutieusement et très profondément poussées par les disciples de certains maîtres tibétains. Une particularité est à noter à leur sujet. Tandis qu'en Occident, les procédés hypnotiques jouent souvent un rôle dans les investigations concernant le subconscient et que celles-ci sont poursuivies par un enquêteur sur un sujet dont la volonté a été, préalablement, plus ou moins engourdie, au Tibet, le disciple est instruit et entraîné en vue de procéder à l'enquête sur lui-même, sans immixtion étrangère.

A noter, encore, que cet entraînement vise à faire atteindre une réalité qui dépasse de beaucoup la simple vérité telle qu'elle apparaît à l'homme dont la vision intérieure est insuffisamment développée.

On a rapporté, dernièrement, qu'un savant américain avait inventé une potion qui forçait ceux qui la buvaient à dire la vérité. Quelle vérité ? — pourrait-on demander. Les révélations faites par le buveur de la potion correspondraient, tout au plus, à ce que celui-ci tient pour être la vérité, c'est-à-dire à ce qui apparaît comme vérité à la surface des choses et ne l'est peut-être plus, dès que l'on plonge sous cette surface.

L'enquête qui se rattache à l'*attention parfaite* effectue précisément cette plongée.

1. L'expression souvent employée par les maîtres mystiques tibétains est : « les profondeurs de l'esprit ».

Une autre application de l'*attention parfaite* est l'attention appliquée aux rêves.

De même que les Hindous védantins, beaucoup de Bouddhistes considèrent l'absence habituelle de rêve comme un signe de perfection mentale. A ceux qui ne l'ont pas atteinte, il est conseillé de s'efforcer de demeurer conscient tout en rêvant, en d'autres mots de *savoir* que l'on rêve.

La chose a été déclarée impossible par des philosophes et par des médecins occidentaux. Lorsque l'on s'aperçoit que l'on rêve, c'est que l'on est déjà presque réveillé, déclarent-ils. Il est difficile pour des Occidentaux n'ayant pas vécu pendant de nombreuses années parmi les Asiatiques de l'Inde, de la Chine ou du Tibet et n'ayant pas fait une longue expérience de leurs méthodes, de se rendre compte des possibilités psychiques de ces races entraînées, depuis des siècles, dans un sens complètement différent de celui où nous ont conduits les religions d'origine sémitique.

Être conscient que l'on rêve, tandis que le rêve se déroule et que l'on éprouve les sensations qu'il comporte, ne semble pas extraordinaire en Orient. Certains se livrent, sans se réveiller, à des réflexions sur les faits que leur rêve leur présente. Parfois, ils contemplent, avec l'intérêt que l'on prend à une représentation théâtrale, la suite des aventures qu'ils vivent pendant leur sommeil. J'ai entendu dire à quelques-uns qu'ils avaient, parfois, hésité à commettre en rêve des actions qu'ils n'auraient pas voulu accomplir étant éveillés et que, mus par le désir d'éprouver la sensation que leur action devait leur procurer, ils avaient écarté leurs scrupules parce qu'ils se rendaient compte que l'acte qu'ils allaient commettre n'était pas réel et n'aurait pas de répercussion dans la vie qu'ils reprendraient à leur réveil. N'en aurait-il vraiment pas ? — Les avis sont partagés à ce sujet.

Tsong Khapa, le réformateur du Bouddhisme tibétain et le fondateur de la secte des Gelougspas[1] qui constitue actuellement le clergé officiel du Tibet, considère comme très important de conserver le contrôle de soi pendant le sommeil.

Dans son ouvrage principal : le *Lamrim*, il déclare : il est essentiel de ne pas perdre le temps que l'on consacre au sommeil, soit en demeurant, une fois endormi, inerte comme une pierre, soit en laissant vagabonder son esprit en des rêves incohérents, absurdes ou néfastes. Les manifestations désordonnées d'activité mentale auxquelles il se livre en rêve, entraînent, pour le dormeur, une dépense d'énergie qui pourrait être employée à des buts utiles. De plus, les actes que l'on accomplit ou les pensées que l'on entretient pendant les rêves, ont des résultats identiques à ceux qu'ont les actes et les pensées de l'homme éveillé. Il convient donc, écrit Tsong Khapa, de ne pas « fabriquer du mal » en dormant.

Cette théorie étonnera, probablement, beaucoup d'Occidentaux. Comment, se demanderont-ils, un acte imaginaire peut-il avoir les mêmes résultats qu'un acte réel ? — Faudra-t-il donc mettre en prison l'homme qui aura rêvé qu'il volait la bourse d'un passant ?

Cette comparaison est incorrecte, elle ne correspond pas au point de vue de Tsong Khapa et d'un grand nombre de Bouddhistes. Pour eux, il ne peut être

1. *Gelougspas* = « ceux qui ont des coutumes vertueuses ». Généralement dénommés « bonnets jaunes », le Réformateur leur ayant prescrit cette coiffure pour les distinguer des moines qui n'avaient pas accepté sa réforme, ceux-ci portant un bonnet rouge.

question de « prison » ni de « juge » condamnant le voleur. La croyance en la rétribution du bien et du mal par un pouvoir conscient et personnel n'a pas cours chez eux. Dans les conceptions populaires, le rôle de Yâma, le juge des morts, consiste simplement à appliquer des lois inflexibles dont il n'est pas l'auteur et qu'il ne peut réviser en aucune façon. D'ailleurs, lorsqu'ils préconisent la pratique de l'*attention* étendue jusqu'à la période du sommeil, Tsong Khapa et les autres maîtres bouddhistes qui partagent ses vues ne s'adressent pas au commun des fidèles, mais seulement à ceux qui sont déjà familiarisés avec les doctrines relatives à la constitution du « groupe » que nous tenons, à tort, pour le « moi ». D'après eux, les conséquences les plus graves des pensées ou des actes ne sont pas leurs conséquences extérieures, visibles, mais les modifications d'ordre psychique qu'ils produisent dans l'individu qui en est l'auteur. La volonté d'accomplir un acte, même si celui-ci n'est pas accompli ensuite, détermine un changement dans le groupe d'éléments qui forme l'individu et crée, en celui qui en a eu la volonté ou le désir, des affinités et des tendances qui entraînent une modification de son caractère.

Cette surveillance assidue de la conduite que l'on tient en rêve, nous ramène à l'investigation du subconscient, à la psychanalyse.

Dans le cours de notre développement, dit Freud, nous avons effectué une séparation de notre existence mentale, la divisant en un *ego* cohérent et en une partie inconsciente et réprimée qui est laissée en dehors de lui. Dans les rêves, ce qui est ainsi exclu frappe, demandant admission aux portes, bien que celles-ci soient gardées par des résistances.

Freud n'a pas été le premier à deviner cette intrusion du contenu du subconscient dans la conscience du dormeur et ses conséquences : les rêves singuliers dans lesquels le dormeur éprouve des sentiments qui ne lui sont nullement habituels, dans lesquels il pense et agit de façon inaccoutumée, bref revêt une personnalité différente de celle qui est la sienne à l'état de veille.

Tsong Khapa, au XVe siècle, se référant, dit-on, à un enseignement plus ancien, croyait que les manifestations de notre réelle nature sont entravées par l'état de contrainte qui est toujours le nôtre à l'état de veille, lorsque nous sommes conscients de notre personnalité sociale, de notre entourage, des enseignements, des exemples que la mémoire nous rend présents et de mille autres choses. Le secret de cette réelle nature réside dans des impulsions qui ne dérivent d'aucune considération basée sur ces données. Le sommeil, en les abolissant, dans une large mesure libère l'esprit des entraves par lesquelles il est retenu à l'état de veille et laisse plus libre jeu aux impulsions naturelles.

D'après cette théorie, c'est donc l'individu véritable qui agit pendant le rêve et ses actes, bien qu'imaginaires du point de vue de celui qui est éveillé, sont très réels en tant que volitions et comportent toutes les conséquences attachées à ces dernières c'est-à-dire, comme nous l'avons dit plus haut, une modification du caractère de l'individu.

Se fondant sur ces idées, nombre de maîtres mahâyânistes recommandent l'observation attentive de la conduite que l'on tient en rêve et des sentiments dont on est animé durant ceux-ci, afin d'arriver à se connaître soi-même. Ils ont, toutefois, soin de conseiller à leurs disciples de s'appliquer aussi à discerner les effets. sur la conscience du dormeur, de réminiscences dérivées de l'état de veille ou de sensations physiques. Par exemple, un homme qui a froid en dormant, peut rêver qu'il campe dans la neige avec des compagnons. Mais si, au cours de ce rêve, il enlève la couverture ou le manteau qui couvre l'un de ceux-ci, afin de se réchauffer en s'en enveloppant, cet acte fictif dénote de réelles tendances égoïstes chez le dormeur. Si celui-ci, toujours en rêve, use de violence pour s'approprier la couverture de son compagnon, on peut conclure que l'égoïsme, le désir de bien-être priment, chez lui, les sentiments de bienveillance et d'humanité et pourront, si l'occasion s'en présente, le porter aux actes violents à l'état de veille.

Certains des exercices compris dans le programme d'entraînement de l'*attention* d'après les Hinayânistes, sont critiqués et même tout à fait désapprouvés par d'autres Bouddhistes. Il en est ainsi de la *contemplation de l'impureté du corps* décrite ci-dessus. « Il est aussi absurde de mépriser son corps que de l'admirer », me disait un moine chinois. Tenir certaines choses pour répugnantes, éprouver du dégoût pour elles et, ce qui est pire, cultiver ce dégoût, est contraire à l'enseignement bouddhique qui condamne ce genre de distinctions.

De même, les *méditations du cimetière* pratiquées comme il a été dit, sont aussi jugées sans intérêt par nombre de Mahâyânistes. Ils leur reprochent d'attacher au corps physique une importance qu'il n'a point et d'assimiler, d'une manière détournée, sa dissolution à la dissolution de notre personnalité. Pourquoi, demandent-ils, s'attacher à provoquer l'émotion à propos de la désagrégation d'un corps humain ? — Celle-ci est du même ordre que la désagrégation d'une plante ou d'une pierre. Le Bouddhiste éclairé perçoit l'impermanence de toutes choses et la contemple, en tout, avec une égale sérénité.

Chez les Mahâyânistes, la pratique de l'*attention* vise souvent à imprimer dans l'esprit le spectacle de la mobilité des formations mentales.

Il est recommandé au disciple de s'asseoir dans un endroit isolé et, là, dans le calme, de contempler le défilé des pensées et des images subjectives qui, sans qu'il les ait voulues et appelées, surgissent d'elles-mêmes en lui, se pressant, s'entre-heurtant comme les vagues d'un torrent. Le disciple doit considérer attentivement cette procession rapide, sans chercher à en arrêter le cours. Il arrive ainsi à comprendre, graduellement, que le monde est semblable à cette procession qu'il contemple en lui, qu'il consiste en une succession de phénomènes surgissant et s'évanouissant sur un rythme vertigineux. Il *voit* que, comme l'enseignait le philosophe bouddhiste Santarakchita, « l'essence de la réalité est mouvement ».

L'origine de ce mouvement est inconnaissable. Il est « l'énergie surgissant par elle-même », comme disent les auteurs bouddhistes tibétains. Le disciple n'est donc pas engagé à rechercher la cause initiale qui engendre cette énergie, ce ne serait que reculer le problème car il lui faudrait, alors, rechercher ce qui a produit cette cause et, remontant ainsi de cause en cause, poursuivre son enquête éternellement. Ce qu'il doit *voir*, c'est la vie telle qu'elle se manifeste dans l'espace d'un moment.

Une pratique assidue de l'attention, d'après ce système, conduit, dit-on, à percevoir les objets environnants et à se percevoir soi-même, sous l'aspect d'un tourbillon d'éléments en mouvement. Un arbre, une pierre, un animal, cessent d'être vus comme des corps solides et durables pour une période de temps relativement longue et, à leur place, le disciple entraîné discerne une succession continuelle de manifestations soudaines n'ayant que la durée d'un éclair, la continuité apparente des objets qu'il contemple et de sa propre personne étant causée par la rapidité avec laquelle ces « éclairs » se succèdent.

Arrivé à ce point, le disciple a atteint ce qui, pour les Bouddhistes, constitue la *Vue juste*. Il a *vu* que les phénomènes sont dus au jeu perpétuel des énergies, sans avoir pour support une substance d'où ils émergent ; il a *vu* que l'impermanence est la loi universelle et que le « moi » est une pure illusion causée par un manque de pénétration et de puissance de la perception.

Il peut être intéressant de donner ici une idée de la manière dont les Tibétains se livrent à l'observation de l'esprit. Le fragment ci-dessous est traduit du *Pyag tchén gyi zin bris* (prononcer *Tchag tchén gyi zindi*).

« 1 – L'esprit doit être observé dans son état tranquille de repos ;

« 2 – Il faut examiner quelle est la nature de cette "chose" immobile ;

« 3 – Examiner *comment* cela, que l'on dénomme esprit, reste en repos et *comment* il se meut en sortant de sa tranquillité ;

« Il faut examiner :

« 1 – Si son mouvement se produit en dehors de l'état de tranquillité ;

« 2 – S'il se meut même en étant au repos ;

« 3 – Si son mouvement est, ou n'est pas, une autre chose que l'immobilité (l'état de repos).

« Il faut examiner quel est le genre de réalité de ce mouvement et, ensuite, quelles conditions amènent l'arrêt de ce mouvement. »

Il est dit qu'après une observation prolongée l'on arrive à conclure que « *cela* qui se meut n'est pas différent de *cela* qui demeure immobile ».

« Arrivé à ce point, il faut se demander si l'esprit qui observe *cela* qui se meut et *cela* qui demeure immobile, est différent d'eux, s'il est le "moi" de ce qui se meut et de ce qui reste immobile.

« L'on constate, alors, que l'observateur et l'objet observé sont inséparables. Et comme il est impossible de classer ces deux réalités (l'observateur et l'objet observé) comme étant, soit une dualité, soit une unité, elles sont dénommées : le "but au-delà de l'esprit" et le "but au-delà de toutes les théories".

« Il est dit dans le Sûtra intitulé *Les Questions de Kaçyapa* :

« Par le frottement de deux bâtons l'un contre l'autre, le feu est produit.

« Et par le feu né d'eux, tous deux sont consumés.

« De même, par l'intelligence née d'eux,

« Le couple formé par "l'immobile" et par le "mouvant" et l'observateur, considérant leur dualité, sont également consumés. »

Voici encore d'autres sujets d'investigations proposés dans l'ouvrage nommé ci-dessus.

« L'esprit est-il fait de matière ?

« S'il est matériel, de quel genre de matière est-il fait ?

« S'il est une chose objective, quelle est sa forme et sa couleur ?

« S'il est un principe "connaissant", est-il une idée qui se manifeste temporairement ?

« Qu'est donc cette chose *immatérielle* qui se manifeste sous diverses *formes* ?

« Qu'est-ce qui la produit ?

« Si l'esprit était une véritable entité, il serait possible de le considérer comme une sorte de substance. »

Continuant de la sorte, le disciple arrive à conclure que l'esprit n'est ni matériel ni immatériel et qu'il ne peut pas être rangé dans la catégorie des choses dont on peut dire : elles *sont* ou elles *ne sont pas*.

Le disciple se demande aussi :

« L'esprit est-il une chose simple ?

« Est-il une chose composée ?

« S'il est simple, comment se manifeste-t-il de différentes manières ?

« S'il est composé, comment peut-il être amené à cet état de "vide" dans lequel il n'y a plus qu'unité ? »

Continuant ses investigations, le disciple arrive à reconnaître que l'esprit est exempt des deux extrêmes : *unité* et *pluralité*.

Il est dit :

« En face de moi, derrière moi, dans les dix directions [1],

1. Les quatre points cardinaux, les points intermédiaires, le zénith et le nadir.

« Partout où je regarde, je vois "cela même" (l'identité) [1].

« Aujourd'hui, ô mon maître, l'illusion a été dissipée.

« Dorénavant je ne poserai plus de questions à personne. »

Nâgârjuna, le plus illustre des philosophes mahâyânistes, passe pour avoir recommandé la pratique de l'attention dans les termes suivants :

« Souviens-toi que l'attention a été déclarée le seul chemin où ont marché les Bouddhas. Observe continuellement ton corps (les actions accomplies par le corps, l'activité des cinq sens, leurs causes, leurs résultats) afin de le connaître.

« Être négligent dans cette observation rend vains tous les exercices spirituels.

« C'est cette attention continuelle qui est appelée "ne pas être distrait". »

Et pour terminer cette étude succincte de l'attention bouddhique, rappelons la définition de la mémoire, telle qu'elle est enjointe au disciple :

« La mémoire consiste à ne jamais oublier les êtres et les choses avec qui l'on a été en contact, ne fût-ce qu'une seule fois » (Abhidharma).

La Méditation

Les Bouddhistes sont unanimes pour définir la méditation parfaite comme étant la concentration de la pensée sur un unique objet. Toutefois, cette définition

1. En sanscrit, *tathâtâ*, un terme qui revient constamment dans les ouvrages mahâyânistes. En tibétain, *téjingni*, écrit *dé bjin gnid*.

initiale nous ayant été donnée, l'unanimité cesse. Les Bouddhistes ont inventé d'innombrables pratiques auxquelles ils donnent le nom de « méditation ». Malgré le nombre de celles-ci, il n'est pas impossible d'en opérer le classement et, d'une façon générale, nous pouvons les diviser en deux catégories :

1 – Les pratiques qui ont pour but d'agir sur l'esprit, de faire naître, en lui, des tendances qui n'y existaient point auparavant, de fortifier certaines tendances déjà existantes ou d'en détruire d'autres.

Dans la même catégorie peuvent être rangées les pratiques tendant à produire des états de conscience différents de celui qui nous est habituel afin de percevoir, par ce moyen, des faits ou des objets qui nous demeurent inconnaissables dans notre état de conscience ordinaire. L'on peut encore dire que ces pratiques visent à provoquer l'intuition.

Sur un plan plus humble, peuvent encore être englobés dans cette catégorie les exercices destinés à produire le calme de l'esprit et la sérénité, préludes indispensables à la vigilance, à l'analyse, à l'investigation et à tout ce qui constitue l'*attention parfaite*.

2 – Les pratiques dont le but est d'apaiser, puis de faire cesser l'agitation de l'esprit, d'arrêter l'activité de la « folle du logis » et la production des idées spontanées, « non voulues », qui surgissent, puis sombrent dans l'esprit, continuellement remplacées par de nouvelles venues. Les exercices de ce genre tendent à discipliner la pensée, à l'obliger à se tourner vers l'objet qui lui est désigné et à demeurer fixée sur lui, sans s'en écarter. Un autre de leurs buts est la suppression complète de toutes les pensées appartenant à notre

état de conscience habituel, afin de découvrir le tréfonds de l'esprit qu'elles masquent. Nous dirions, en langage occidental, que l'objectif poursuivi est de prendre contact avec le subconscient.

Cette suppression de l'activité de l'esprit est mentionnée par les anciens Maîtres du Yoga hindou. Patanjali définissait la méditation comme la « suppression des mouvements, ou opérations de l'esprit » *(citta vritti nirodha)* et nous trouvons dans le commentaire du Lamdon[1] la définition suivante : « La méditation est la source secrète du pouvoir d'abandonner les ratiocinations en même temps que leur semence. »

Il ne faut pas se méprendre sur le sens de ces déclarations. Leur véritable signification est très imparfaitement rendue, quelquefois, même, complètement déformée par les traductions. On a fait dire à Patanjali que la méditation était « la suppression du principe pensant ». Il n'est point question de cela. Il ne s'agit nullement d'attenter à l'intelligence de l'individu, de l'engager à demeurer inerte, « sans penser », bien que certains soi-disant « maîtres spirituels » aient prescrit, à leurs disciples, cet impossible exercice. La suppression qui est enjointe est, comme il a déjà été dit, celle des opérations (*vritti*) de l'esprit qui confectionnent des idées, la suppression des fantaisies de l'imagination. Le précepte répété à satiété dans la *Prajnâ Pâramitâ* et dans tous les ouvrages philosophiques appartenant à cette école, est : « N'imaginez pas. »

Voyons, maintenant, quelques exercices se rattachant à la première des catégories mentionnées ci-dessus. Nous lisons dans le *Majjhima Nikâya* :

1. Écrit *lam sgrom* — la « lampe du chemin », ouvrage tibétain.

« Le disciple vit une vie sainte, une vie vertueuse, il est maître de ses sens et clairement conscient. Il cherche un endroit solitaire où il puisse s'établir, dans la forêt, au pied d'un arbre ou dans une caverne sur la montagne.

« A midi, quand le disciple a fini de manger les aliments qu'il a mendiés, il s'assoit les jambes croisées, le buste droit, l'esprit présent et concentré.

« Il rejette la convoitise, ses pensées sont libérées de la convoitise, son cœur est débarrassé de la convoitise.

« Il rejette la colère, ses pensées sont libérées de la colère. Entretenant des sentiments d'amour envers tous les êtres vivants, il débarrasse son cœur de la colère.

« Il rejette la nonchalance. Aimant la lumière, avec un esprit vigilant, avec une conscience clairvoyante, il débarrasse son cœur de la nonchalance.

« Il rejette l'agitation, le vagabondage de l'esprit, son cœur demeure plein de paix ; il débarrasse son esprit de l'agitation.

« Il rejette le doute. Plein de confiance dans le bien, il débarrasse son cœur du doute.

« Il a rejeté les cinq obstacles[1] et appris à connaître les entraves qui paralysent l'esprit. »

Et maintenant, ayant purifié son esprit, le disciple peut aborder les quatre *jhânas* du degré inférieur.

Le terme pâli *jhâna* équivaut au mot sanscrit *dhyâna* ; il a été préféré, ici, parce que ce sont spécialement les Écritures du Hinayâna, rédigées en pâli, qui traitent des *jhânas*. *Jhâna* est ordinairement traduit par « extase » ou par « transe ». Je me permettrai de suggérer « états de conscience » comme une traduction approximative. Elle est loin d'être parfaite, mais

1. Sensualité, colère, nonchalance, agitation, doute.

« extase », qui évoque les ravissements des mystiques communiant avec l'objet de leur adoration, et, plus encore, « transe ». qui fait penser aux médiums des séances spirites, sont, tous deux, complètement inadéquats. Le lecteur pourra, du reste, se rendre compte lui-même de ce que sont les *jhânas*, par la description suivante.

1 – Éloigné des impressions qui leurrent les sens, éloigné des choses mauvaises, raisonnant et réfléchissant, le disciple entre dans le premier *jhâna*, un état d'enthousiasme et de bonheur né de la concentration.

Le premier *jhâna* est exempt de convoitise, de colère, de nonchalance, d'agitation d'esprit et de doute. Sont présents en lui le raisonnement, la réflexion, l'enthousiasme et le bonheur.

2 – Ayant supprimé la ratiocination et la réflexion mais retenant l'enthousiasme et le bonheur, le disciple obtient la paix intérieure et l'unité d'esprit qui constituent le second *jhâna*.

3 – Après que l'enthousiasme s'est dissipé, le disciple demeure dans la sérénité, ayant les sens et la perception alertes, avec une conscience clairvoyante. Il éprouve, alors, dans son cœur, ce sentiment dont les sages disent : « Heureux est l'homme qui possède la sérénité et un esprit réfléchi. » Il entre ainsi dans le troisième *jhâna*.

4 – Enfin, quand le disciple a rejeté le plaisir et la souffrance, qu'il a renoncé à la joie et à la douleur passées, il entre dans l'état de sérénité affranchie de plaisir et de souffrance, dans l'état neutre de clairvoyance d'esprit qui constitue le quatrième *jhâna*.

Par une progression graduelle, ces quatre *jhânas* conduisent donc le disciple à des attitudes d'esprit de plus en plus rapprochées de l'attitude parfaite, telle que le Bouddhisme la conçoit. Au-delà de ces quatre *jhânas* que j'ai dénommés inférieurs, les Bouddhistes en mentionnent quatre autres d'un caractère tout différent. Nous les étudierons à leur tour.

Considérons, maintenant, un genre de méditation, inclus dans notre première catégorie, qui vise à exciter certains sentiments en celui qui la pratique.

Il existe un type classique de ces méditations, c'est celle dite des « quatre sentiments infinis » ou des « quatre sentiments sublimes ». Elle est décrite dans le Mahâ Sudassana Sutta, un ouvrage présentant une certaine analogie de forme littéraire avec l'Apocalypse.

Le Bouddha est censé raconter à son disciple et cousin Ananda les événements qui constituent le sujet du livre. Faits et personnages sont imaginaires et l'action se passe dans un monde fantastique. Voici le passage qui se rapporte à la méditation du héros : le Grand Roi glorieux.

« Le Grand Roi glorieux, ô Ananda, monta à la chambre de la Grande Collection[1] [cette expression imagée est parfois tenue pour signifier que le héros est rentré en lui-même, la « collection » étant comprise comme les éléments constituant la « personne ». D'autres considèrent la « Grande Collection » comme étant les trois mondes — du désir, de la forme et sans forme — avec tous les êtres qu'ils renferment. Il existe nombre d'autres interprétations], et s'arrêtant sur le seuil, il s'écria avec une émotion intense :

1. Ou bien « assemblage » ou « groupe ».

« — Arrière ! n'avancez plus, pensées de convoitise ! Arrière ! n'avancez plus, pensées de mauvais vouloir ! Arrière ! n'avancez plus, pensées de haine ! »

Puis il pénétra dans la chambre et s'assit sur un siège d'or. Alors, ayant rejeté toutes passions, tous sentiments contraires à la droiture, il atteignit le premier *jhâna*, un état de bien-être et de joie, produit par la solitude, un état de réflexion et de recherche.

Écartant la réflexion et la recherche, il atteignit le second *jhâna*, un état de joie et de bien-être produit par la sérénité, un état d'où la réflexion et la recherche sont absentes, un état de quiétude et d'élévation d'esprit.

Cessant de se complaire dans la joie, il demeura conscient, maître de soi, et atteignit le troisième *jhâna*, éprouvant ce confort intime que les sages proclament, disant : « Celui qui, maître de soi, demeure dans l'indifférence éprouve un intime bien-être. »

Écartant ce bien-être, rejetant la douleur, étant mort à la joie comme à la souffrance, il atteignit cet état de parfaite et très pure maîtrise de soi-même et de sérénité constituant le quatrième *jhâna*.

Ce sont là, avec quelques différences de rédaction, les quatre attitudes d'esprit qui nous ont déjà été décrites. Elles sont classiques dans toutes les sectes bouddhistes. Mais, ici, l'exercice continue. Le Mahâ Sudassana Sutta est d'inspiration mahâyâniste, il nous présente le Roi Glorieux comme étant le Bouddha lui-même dans une de ses vies précédentes et, pour être fidèle à l'esprit du Mahâyâna, le héros ne demeurera pas absorbé en lui-même, il va sortir de la « chambre » pour s'intéresser au monde.

« Le Grand Roi glorieux, ô Ananda, sortit alors de la chambre de la Grande Collection et, entrant dans la chambre d'or, il s'assit sur un siège d'argent.

« Dans une pensée d'amour il considéra le monde et son amour s'étendit, tour à tour, sur les quatre régions. Puis, le cœur plein d'amour, avec un amour croissant sans cesse et sans mesure, il enveloppa le monde tout entier, jusqu'à ses confins.

« Dans une pensée de sympathique pitié il considéra le monde et sa sympathique pitié s'étendit, tour à tour, sur les quatre régions. Puis, le cœur plein de sympathique pitié avec une sympathique pitié croissant sans cesse et sans mesure, il enveloppa le monde tout entier, jusqu'à ses confins.

« Dans une pensée de joie il considéra le monde et sa joie s'étendit, tour à tour, sur les quatre régions. Puis, le cœur plein de joie, avec une joie croissant sans cesse et sans mesure, il enveloppa le monde tout entier, jusqu'à ses confins.

« Dans une pensée de sérénité, il considéra le monde et sa sérénité s'étendit, tour à tour, sur les quatre régions. Puis, le cœur plein de sérénité, avec une sérénité croissant sans cesse et sans mesure, il enveloppa le vaste monde, tout entier, jusqu'à ses confins. »

Tous les Bouddhistes sont engagés à pratiquer ces méditations en suivant l'exemple du Roi Glorieux. Leur utilité et leurs résultats sont envisagés de différentes manières.

Les uns pensent — et non sans raison — que chez celui qui, chaque jour, s'entraîne à exciter, en lui, certaines tendances, certains sentiments, ceux-ci finissent par lui devenir habituels. Cette façon de les provoquer soulève, toutefois, des objections parmi les partisans de l'entraînement purement intellectuel que l'on est fondé à tenir pour le plus conforme à l'esprit du Bouddhisme originel.

Ils ne contestent pas que la conduite et les sentiments d'un homme puissent être modifiés par des pratiques de ce genre mais ils voient là un effet de ce que, dans nos pays, l'on dénomme autosuggestion. Les pratiques de ce genre sont néfastes, disent-ils, parce qu'elles créent des habitudes machinales au lieu de porter à des actes conscients et raisonnés. De plus, celui qui s'est accoutumé à obéir à des suggestions de ce genre est susceptible de tomber, à un autre moment, sous l'influence d'une suggestion d'un ordre opposé et de considérer le monde avec haine tout comme il l'avait considéré avec amour, sa haine étant aussi peu motivée que l'était son amour.

Une autre objection se rapporte au caractère émotif de la méditation des « quatre sentiments infinis », lorsqu'elle est pratiquée sans être accompagnée par le raisonnement. Le disciple qui se met temporairement dans des états d'esprit qui ne lui sont pas naturels, est apte à concevoir une fausse opinion de lui-même et à tenir pour acquis des sentiments fictifs qui ne se traduiront jamais par des actes. De toute façon, du reste, l'émotion est proscrite par le Bouddhisme comme s'apparentant à l'ivresse et contraire au sobre équilibre mental indispensable pour atteindre aux *Vues justes*.

La méditation sur les « sentiments infinis » est aussi envisagée d'un point de vue purement altruiste. Il ne s'agit plus, alors, de cultiver les « sentiments infinis » afin de les faire siens. L'effet recherché est de projeter sur tous les êtres, par la force de la concentration de pensée de celui qui médite, chacun des quatre « sentiments infinis ». Au monde qui souffre à cause de la haine, de la colère et de tous les sentiments funestes qui s'y manifestent, le disciple, en méditation, envoie une pensée-force qui est amour. Celle-ci doit agir sur le monde, influencer les esprits, les incliner à la bienveillance, à l'amitié. Il envoie une pensée de sympathique pitié qui adoucira la douleur de ceux qui souffrent, de ceux que personne ne plaint. Il envoie de la joie qui accroîtra la joie de ceux qui sont heureux, et qui en apportera à ceux qui en sont dénués. Il envoie, enfin, une pensée de sérénité qui apaisera les inquiétudes, les angoisses, les désirs exaspérés.

Ceux qui conçoivent de cette manière l'action de la méditation des « quatre sentiments infinis » tiennent la pensée pour une énergie capable de produire des effets dont l'ampleur dépend de la force avec laquelle elle a été émise.

D'après une autre façon, encore, de pratiquer la méditation des « quatre sentiments infinis », le disciple commence à adresser ses pensées d'amour à ceux qui lui sont naturellement les plus chers. Il dirige ensuite ses pensées vers ceux qui tiennent une place moindre dans son affection et continuant ainsi, en progression descendante, il arrive aux simples indifférents à qui, simplement, il ne souhaite pas de mal et il transforme en affection l'indifférence qu'il éprouvait pour eux.

Arrivé à ce point, le disciple se tourne vers ceux pour qui il éprouve de l'antipathie, vers ceux qui lui sont hostiles : antipathie et hostilité légères, d'abord ; gens dont les opinions ou la façon d'être l'irritent puis, par ordre, gens qui l'ont offensé, légèrement, gravement ; gens qui lui ont nui, légèrement, gravement, etc., pour terminer par ceux qu'il considère comme ses pires ennemis, ceux qui lui inspirent une haine mortelle, si, toutefois, il a de tels ennemis.

Lorsqu'il a passé cette revue, domptant ses impulsions de mauvais vouloir, de colère, de haine, et qu'il est parvenu — peut-être après des efforts réitérés et une longue période de temps — à considérer avec sympathie, en lui souhaitant du bien et se sentant prêt à s'employer pour son bonheur, celui pour qui il éprouvait le plus d'aversion, il peut élargir le cercle de ses pensées d'amour et les répandre sur toutes les régions du monde, respectivement celles situées à l'est, à l'ouest, au sud et au nord du point qu'il occupe, finalement embrassant, dans une pensée d'amour, l'univers entier, avec tous les êtres humains et autres qu'il contient.

Il est à noter que, selon cette méthode, le disciple n'est jugé capable de répandre une pensée *efficace* d'amour sur le monde, que lorsque son esprit et son cœur sont absolument débarrassés de tout sentiment d'hostilité et de malveillance, donc quand il est parvenu à aimer, effectivement, ceux qu'il haïssait ou qui le haïssent.

La méditation des « sentiments sublimes », comprise de cette façon, s'accompagne de réflexions. Le disciple doit examiner les raisons qu'il peut avoir d'aimer certains de ceux qu'il évoque dans sa pensée et examiner également les raisons pour lesquelles il n'aime pas, ou il hait, certains autres. Ayant découvert ces raisons, il lui faut en peser la valeur et chercher, aussi, à découvrir les causes profondes et lointaines de ses sympathies et de ses antipathies. Répondre à la première interrogation qu'il s'est posée : « J'aime cet homme parce qu'il est mon père » ou bien : « J'aime cet autre homme parce qu'il m'a rendu service » ne doit pas être considéré, par lui, comme une réponse définitive. Il peut arriver qu'en s'examinant, il s'aperçoive qu'entre lui et son père, il n'existe qu'un lien créé par l'habitude, ou bien que l'obéissance à la suggestion produite par l'opinion universelle concernant l'affection filiale, a causé le sentiment qu'il croit être de l'amour. Il peut arriver qu'il découvre qu'un homme s'est montré plus dévoué, plus généreux envers lui que celui qu'il aime à cause d'un service qu'il lui a rendu. Pourquoi son affection va-t-elle au second de ceux-ci et ignore-t-elle le premier ?

Aucune des raisons que nous donnons n'est finale. Derrière elles existent des causes et des causes de ces causes, à l'infini. Les « sentiments infinis », pour être ce qu'ils doivent être : énergiques, puissants, actifs, doivent être fondés sur des bases solides ; un élan d'émotion passagère ne doit pas être pris pour l'un ou l'autre d'entre eux.

Les Maîtres spirituels tibétains, dont les méthodes sont rudes, renversent l'ordre dans lequel le disciple doit se représenter ceux vers qui il dirige ses pensées d'amour. Le premier appelé est l'individu pour lequel le disciple se sent le plus d'aversion, ou même celui qu'il hait à mort, s'il lui arrive d'avoir un ennemi mortel.

Nous dirions, en termes familiers, que c'est là « prendre le taureau par les cornes » et nous croirions volontiers que lorsque quelqu'un a réussi à se convaincre qu'il a des raisons d'aimer son ennemi, il doit forcément envelopper de pensées affectueuses ceux envers qui il n'a pas nourri de mauvais sentiments : les indifférents et, encore bien davantage, ceux qui lui témoignent de l'amitié, qui lui sont dévoués. Les Maîtres tibétains, qui sont souvent de perspicaces psychologues, affirment que tel n'est pas toujours le cas et qu'il est souvent plus facile de transformer la haine en amour que de faire éclore de l'amour dans une indifférence neutre, ou même, quelquefois, dans l'affection routinière que se portent des parents.

« Les sentiments s'appuyant sur le raisonnement sont seuls durables », me disait le lama chef du monastère d'Enché, « durables, du moins, tant que d'autres réflexions n'en sapent pas les bases, car rien n'est permanent dans le monde. » Quant à l'amour obtenu en maîtrisant les sentiments opposés qui existent en soi, en se contraignant, le même lama le déclarait inexistant. « Si l'homme qui se fait ainsi violence procure, par ses actes, du bien-être à son ennemi », disait-il, « cela signifie seulement qu'il *fait semblant* de l'aimer, mais au fond de son cœur, le véritable amour n'existe pas. Après tout », ajoutait philosophiquement le lama, « ce *semblant* est peut-être tout ce qu'il faut pour que les hommes vivent en paix et soient heureux ensemble. » Cette boutade ne devait, cependant, pas être son mot final. « Avoir les apparences, même si celles-ci contribuent au bonheur d'autrui n'augmente pas la valeur spirituelle d'un homme », concluait-il, « c'est notre véritable caractère qui compte et non pas la personnalité fictive que nous superposons sur lui. »

Il va de soi que les trois autres « sentiments infinis », la sympathique pitié, la joie et la sérénité, sont traités de façon analogue, au cours des méditations, et qu'ils donnent lieu aux mêmes divergences de vues et de méthodes.

Les sectes mahâyânistes, surtout celles qui dérivent leurs méthodes du Tantrisme, ont imaginé de nombreuses formes de méditation qui, souvent, tendent ou bien à amener le disciple à se défier de ses sens, à ne pas tenir le monde, tel qu'ils nous le montrent, pour la réalité, ou bien à lui faire saisir que ce que nous percevons est une projection de notre esprit.

Le programme d'entraînement spirituel, chez les Tibétains, est énoncé comme suit : 1 – regarder, examiner ; 2 – réfléchir, méditer ; 3 – pratiquer. Ou bien : 1 – rechercher la signification, la raison d'être des choses ; 2 – étudier celles-ci dans leurs détails ; 3 – réfléchir, méditer sur ce que l'on a découvert ; 4 – comprendre.

Je me permettrai de renvoyer à deux de mes livres : *Parmi les mystiques et les magiciens du Tibet*[1] et *Initiations lamaïques*[2], ceux de mes lecteurs que les méthodes tibétaines d'entraînement spirituel intéressent. Bien que sous une forme bizarre, ces méthodes tendent, souvent, à un but véritablement conforme à l'idéal bouddhique ; j'omettrai de les exposer ici, parce qu'elles sortent du cadre du présent ouvrage.

Au Tibet, la réclusion dans un ermitage ou, tout au moins, dans une pièce séparée, est considérée comme étant indispensable pour les périodes prolongées de méditation. Dans les autres pays bouddhistes, les religieux n'insistent pas aussi fortement sur ce point ; cependant, même s'ils s'en abstiennent personnellement, tous préconisent les retraites consacrées à la méditation.

Quant aux laïques, on se borne, généralement, à leur conseiller la méditation quotidienne, faite toujours à la même heure et au même endroit.

1. Plon, Paris (rééd. Pocket, n° 1921).
2. Éditions Adyar, Paris (nouvelle édition augmentée).

Un religieux bouddhiste, d'origine écossaise, justifiait comme suit ces conseils :

« Nous savons combien se prend rapidement l'habitude d'exécuter un même acte à la même heure. Celui qui s'est accoutumé à se promener ou à manger à une heure déterminée, éprouve, automatiquement, le désir de sortir ou le besoin de manger à ce moment précis. Cette tendance, très puissante, est susceptible de nous aider dans la pratique de la méditation. Après avoir consacré, régulièrement, un certain temps à la méditation, à une heure donnée, l'habitude s'en établira et la concentration d'esprit s'opérera plus aisément.

« Un effet du même ordre est obtenu par l'usage d'une place particulière, toujours la même.

« Un marchand peut avoir l'esprit plein de préoccupations ; cependant, quand il se retrouve dans son magasin ou dans ses bureaux, les idées inhérentes à son négoce reprennent aisément le dessus. Il en est de même d'un médecin qui, brusquement arraché à son sommeil, retrouve toute sa lucidité professionnelle dès qu'il est devant le lit du malade. Il en est de même du commandant de vaisseau sur sa passerelle, du chimiste dans son laboratoire, etc. : l'habitude d'une attitude spéciale, dans un lieu, agit mécaniquement sur eux. En dehors même de tout pli professionnel, notre maintien, le cours de nos idées se modifient suivant l'endroit où nous nous trouvons. Cette modification n'est pas due uniquement à l'impression causée par l'apparence extérieure de cet endroit, mais aussi à l'idée que nous sommes accoutumés à y attacher, à l'idée générale que s'en fait notre entourage, aux sentiments qu'un nombre de fois plus ou moins grand, nous avons nous-mêmes ressentis dans ce lieu et que d'autres y ont également éprouvés. Un temple, un monastère, un théâtre, un café, le pont d'un paquebot sollicitent, en nous, des tendances différentes, provoquent la manifestation d'aspects différents de notre personnalité. C'est ainsi qu'un endroit spécial où l'on ne se rend que pour se livrer à la méditation, disposera plus aisément l'esprit au recueillement par l'effet de l'habitude contractée et de l'ordre de pensées que sa vue, son atmosphère propre, ramèneront en nous[1]. »

Ici encore, les puritains du Bouddhisme élèvent des objections. Les observations de l'auteur sont parfaitement exactes, mais les influences auxquelles il s'en remet, pour produire un certain état d'esprit, ne constituent-elles pas un genre de suggestion et les sentiments qu'elles font naître ne sont-ils pas artificiels ? — Qu'un homme entrant dans sa chambre de méditation et s'y asseyant sur son siège habituel se sente subitement enveloppé de calme, de sérénité, ne signifie pas que, sorti de sa chambre de méditation et rencontrant des gens occupés à lui nuire, il conservera ce même calme, cette même sérénité. Cependant, c'est cela seul qui importe.

Tous les Bouddhistes qui pratiquent habituellement la méditation connaissent cette sensation de paix, de délicieux détachement qui est ressentie lorsque l'on se prépare à méditer. Les Tibétains la dénomment d'un nom expressif : *niamparjagpa*[2], c'est-à-dire « laisser égal » ou « mettre égal » et elle est expliquée par l'image de l'océan dont toutes les vagues sont aplanies et qui devient uni comme un miroir.

Bien que les sentiments qui peuvent naître dans un

1. *On the culture of mind*, par ANANDA MAITRIYA (Allan Benett).
2. Écrit : *mnam par bchag pa.*

tel état d'esprit, si celui-ci est produit artificiellement, risquent d'être eux-mêmes artificiels, un grand nombre de Bouddhistes estiment, pourtant, que ce calme, ce détachement temporaire n'est pas sans résultats. L'un de ces résultats est de produire une détente salutaire, non seulement de l'esprit, mais de tout l'organisme. Après ces périodes de repos, le disciple se retrouve plus alerte et plus robuste spirituellement.

Il est à remarquer que les *jhânas*, comme toutes les méditations tendant à faire naître certains sentiments dans l'esprit des disciples, sont considérés comme étant d'une valeur bien inférieure à l'exercice de l'*attention*. Seule, cette dernière est tenue pour conduire au *nirvâna*. Les méditations ne servent, au mieux, qu'à purifier l'esprit et à créer des dispositions favorables à la pratique de l'*attention parfaite*.

En plus des *jhânas* qui ont été décrits précédemment, les Bouddhistes en mentionnent encore quatre, d'un plan plus élevé, qu'ils dénomment *arûpa jhânas*, « contemplations sans forme », pour les distinguer des autres qui sont des *rûpa jhânas*, c'est-à-dire qui ont rapport au monde de la « forme ».

Lorsque le disciple a atteint la sérénité parfaite, qu'il a mis un terme aux sensations de plaisir et de peine et a rejeté la joie et la douleur qu'il a éprouvées dans le passé (ce qui s'effectue en détachant, complètement, son esprit des sentiments que provoque le souvenir qu'elles lui ont laissé), il est qualifié pour s'avancer au-delà du monde des phénomènes (le monde de la forme).

« Il a supprimé les idées qui ont trait aux formes. Il a supprimé la perception des objets des sens tels que formes, sons, odeurs, goût et toucher par le contact avec le corps ; de cette façon, il a supprimé les idées concernant toutes espèces de contacts. Il a supprimé les idées de classification, de distinction et de multiplicité. Il pense : "L'espace est infini." Pensant ainsi, le disciple atteint la région de l'espace infini et y demeure. Ceci est la *première des contemplations sans forme.*

« Après la suppression de la région de l'espace infini, le disciple pense : "La conscience est infinie." Pensant ainsi, il atteint la région de la conscience infinie et y demeure. Ceci est la *deuxième des contemplations sans forme.*

« Après la suppression de la région de la conscience infinie, le disciple pense : "Il n'y a rien, là." Pensant ainsi, il atteint la région du vide (la région où rien n'existe) et y demeure. Ceci est la *troisième contemplation sans forme.*

« Après la suppression de la région du vide, le disciple atteint la région où il n'y a ni idées, ni absence d'idées. Ceci est la *quatrième contemplation sans forme.* »

Cette description, passablement obscure pour nous, l'est beaucoup moins pour les Orientaux qui la lisent dans les textes sanscrits, pâlis ou tibétains et à qui sont familiers des termes dont nous ne possédons pas d'équivalents exacts. « Région » est un médiocre à-peu-près pour rendre *âyatana* qui signifie « la demeure », « le siège interne » : le professeur Stcherbatsky traduit par « entrée » ; toutes expressions qu'il faut interpréter. En fait, les *arûpa jhânas* correspondent à une succession d'états d'esprit, à une progression de la pensée au-delà du monde de la forme et des phénomènes.

L'*infinité de l'espace* est perçue lorsque l'on a cessé de morceler celui-ci en distinguant, en lui, des choses séparées, lorsque l'on a banni de son esprit l'idée de multiplicité.

L'*infini de la conscience* est perçu lorsque l'on cesse d'emprisonner celle-ci dans le cadre des sensations et des perceptions qui lui sont communiquées par les sens prenant contact avec les objets extérieurs. D'après les Dzogstcénpas (une secte tibétaine), l'idée de l'infinité de la conscience succède à celle de l'infinité de l'espace, parce que celui-ci est reconnu comme existant *dans* la conscience et non en dehors d'elle.

Le *vide*, la *non-existence* sont perçus lorsque après avoir minutieusement examiné et analysé tous les *dharmas* (éléments de l'existence, phénomènes), on les a reconnus comme étant impermanents et dépourvus de « soi ». La non-existence est, aussi, l'absence de tout ce qui constitue le monde tel qu'il apparaît à ceux dont la perception est obscurcie par les entraves[1] et par les obstacles[2].

Ce qui succède à la suppression de toutes les idées engendrées par le contact des sens avec les objets qui constituent le monde de la forme (ces objets ayant été expulsés du champ de la conscience) ne peut être défini que comme « région » où il n'y a pas d'idées. Mais de ce que ce *genre* d'idées est supprimé, doit-on conclure à une absence totale d'idées qui seraient d'un *autre genre* ? Les rédacteurs des définitions des *arûpa jhânas* ne l'ont, évidemment, pas voulu puisqu'ils ont déclaré que, dans cette quatrième contemplation, il n'y avait

1. Les entraves ou liens sont : la croyance au « moi » (*ego* permanent) — le doute — la croyance en l'efficacité des rites religieux — le désir d'une vie future, soit dans notre monde (monde de la sensualité), soit dans le monde de la forme pure, soit dans le monde sans forme — l'orgueil — la présomption — l'ignorance.

2. Les obstacles sont : la sensualité, la colère, la nonchalance, l'agitation d'esprit, le doute.

ni idées, ni absence d'idées. Ce que nous pouvons entendre comme décrivant un état transcendant qui ne correspond à rien de ce que les mots peuvent exprimer.

Il est dit que le disciple passe graduellement de l'une à l'autre de ces contemplations, mais le progrès peut être lent. Ce n'est pas dans l'espace d'une heure ou d'une journée que l'on voyage de la « région de l'espace infini » à celle « où l'on cesse d'avoir des idées et où, pourtant, l'on n'en est pas dépourvu ». Ceci pourra arriver à des individus très entraînés, mais les commençants mettront parfois des années à accomplir ce pèlerinage philosophique. Ceux qui se vantent de l'effectuer à grande vitessc se leurrent et n'ont rien compris à la nature des *jhânas.* Telle est, du moins, l'opinion des Bouddhistes qui pratiquent sérieusement ces contemplations.

Tous les Bouddhistes ne considèrent pas les *arûpa jhânas* comme quatre étapes successives. Il en est qui croient que l'on peut atteindre, directement, n'importe laquelle d'entre elles et qu'il est, aussi, possible de parvenir à l'état d'esprit représenté par l'une ou l'autre des *jhânas* sans être capable d'en atteindre une autre.

Il va sans dire que ces contemplations ont fait l'objet de nombreux commentaires. Elles n'ont rien de spécifiquement bouddhique et ont été, partiellement, empruntées à l'école du Yoga. Il est à remarquer qu'elles sont considérées, en Bouddhisme, comme pratiques accessoires qui peuvent être utiles, mais ne sont nullement indispensables au salut qui est d'ordre intellectuel et dépend de l'acquisition de la Connaissance. Je dois répéter, à leur sujet, ce que j'ai dit à propos des *jhânas* inférieurs : ils ne peuvent, en aucun cas, remplacer la pratique de l'*attention.*

Le genre de méditation suivant, qui est pratiqué au Tibet, dérive d'une conception que partagent les adeptes de la secte dite, par excellence, « Secte de méditation » : *Ts'an* en Chine, *Zen* au Japon, la plus singulière et, en bien des points, la plus remarquable des sectes bouddhistes. D'après cette conception, l'esprit « dans son état naturel » perçoit la Réalité. Ce qui l'en empêche, c'est le jaillissement continuel des idées qui le troublent et le rendent pareil à l'eau agitée par le vent, dans laquelle les objets ne peuvent se refléter ou ne produisent que des images déformées. Cette comparaison est classique.

« Lorsque l'on médite », est-il dit, « l'on s'aperçoit que les idées surgissent l'une de l'autre, en foule et avec une rapidité extrême. Il faut donc, aussitôt qu'une pensée commence à poindre, la couper dans sa racine et continuer sa méditation.

« En continuant celle-ci et en prolongeant graduellement la durée des périodes où la formation d'idées ne se produit pas, on finit par se rendre compte que, par le fait de cette formation involontaire d'idées, celles-ci se succèdent, marchent sur les pas les unes des autres et constituent une interminable procession.

« Cette découverte de la formation *involontaire* d'idées égale la découverte d'ennemis.

« La condition où l'on parvient alors, ressemble à celle d'un homme qui, placé sur le bord d'une rivière, regarde couler l'eau. L'esprit, observateur et tranquille, regarde ainsi passer le flot ininterrompu des idées qui se pressent à la suite les unes des autres.

« Si l'esprit atteint cet état, ne fût-ce que pour un moment, il comprend la naissance et la création des formations mentales » *(Tchag tchén gyi zindi*[1]*)*.

1. Écrit : *phyag tchem gyi zin bris* ; ouvrage tibétain.

« Ce qui est en dehors de la naissance des formations mentales *(samskâras)* et ce qui met instantanément un terme à celles-ci, est la Réalité. »

Cette dernière déclaration peut être rapprochée d'une autre que nous trouvons dans le Dhammapada : « Quand tu auras compris la dissolution de toutes les formations *(samskâras)*, tu comprendras *cela* qui n'est pas formé. »

Tout ceci veut-il dire que le disciple deviendra omniscient, qu'il découvrira le secret de l'éternité et de l'infini ? Nous ne devons pas le croire. Il est plutôt question de constater l'irréalité du monde imaginaire que créent, autour de nous, les idées que nous entretenons ou qui surgissent spontanément en nous sans le concours de notre volonté et même contre celle-ci.

Effort et volonté

Les Écritures bouddhiques mentionnent quatre sortes d'efforts.

I – *Effort pour éviter.* — S'efforcer d'empêcher que les idées malsaines ou fausses que l'on n'a jamais eues ne pénètrent dans son esprit. S'efforcer de ne pas commettre les actes mauvais que l'on n'a encore jamais commis.

II – *Effort pour dominer.* — S'efforcer de rejeter, d'annihiler les tendances néfastes que l'on sent en soi. Ne pas les laisser s'enraciner. Combattre la convoitise, la colère, l'illusion ; les vaincre, les rejeter.

Il y a cinq façons de se débarrasser des pensées néfastes :

1 – Opposer une idée salutaire à l'idée néfaste ;
2 – Considérer les effets pernicieux de l'idée néfaste ;
3 – Ne lui accorder aucune attention ;
4 – L'analyser, découvrir les éléments qui la constituent et les causes qui l'ont engendrée ;
5 – S'armer d'une forte volonté et se faire violence.

III – *L'effort pour acquérir.* — S'efforcer de faire surgir, en soi, toutes les tendances salutaires que l'on ne possède pas encore. Acquérir les qualités requises pour parvenir à la Connaissance, savoir : l'attention, la pénétration, l'énergie, l'intérêt, la tranquillité, la concentration d'esprit et l'égalité d'esprit.

IV – *L'effort pour maintenir.* — S'efforcer de conserver les tendances et les notions salutaires que l'on possède, ne pas les laisser s'affaiblir ou disparaître, travailler à les développer et à les amener à leur perfection.

En somme, l'effort, dans quelque sens qu'il s'exerce, vise à préparer le terrain pour que la Connaissance puisse s'y implanter. D'après les Écritures bouddhiques, il semble que l'indolence soit la plus sérieuse ennemie de la sagesse et de la connaissance et il est spécialement enjoint au disciple de la combattre.

« Au moyen d'efforts la sagesse est acquise ; elle est perdue par la nonchalance. Considère attentivement ce double chemin de l'accroissement et de la perte et choisis la voie sur laquelle la sagesse croît et augmente » (Dhammapada).

« Le vrai disciple a rejeté l'apathie et la paresse, il s'en est délivré. Aimant la lumière, intelligent, l'esprit clair, il se purifie de toute apathie, de toute paresse » (Majjhima Sutta).

« Nous combattons et, pour cela, nous nous appelons guerriers. Nous combattons pour la haute vertu, pour un but élevé, pour la sublime sagesse » (Anguttara Nikâya).

« L'homme sage ne doit pas s'arrêter après un premier pas ; il doit marcher sans cesse de l'avant vers une connaissance plus complète » (Fo-sho-hing-tsan-king).

L'effort, dont nous venons de nous occuper, supposait déjà l'existence de la volonté. Celle-ci nous est pourtant présentée comme une « branche » particulière du Sentier parce qu'elle comprend non seulement la perfection du vouloir devenant inébranlable et persévérant, mais, aussi, la perfection du but que vise la volonté.

La volonté parfaite doit être affranchie de trois catégories de pensées : les pensées dirigées vers la sensualité, les pensées de mauvais vouloir, les pensées de cruauté.

La volonté parfaite s'exerce dans un double but : but personnel et but altruiste.

But personnel : acquérir la Connaissance.

« Vigoureux et alerte, tel est le disciple, ses énergies sont également équilibrées, il n'est ni ardent sans mesure, ni adonné à la mollesse. Et il est plein de cette pensée : "Que ma peau, mes muscles, mes nerfs, mes os et mon sang se dessèchent plutôt que je renonce à mes efforts avant d'avoir atteint tout ce qui peut être atteint par la persévérance et l'énergie humaines" » (Majjhima Nikâya). D'après la tradition, le Bouddha a prononcé ces paroles avant de s'asseoir sous l'arbre Bô, au pied duquel il atteignit l'illumination spirituelle.

« Ne vous détournez pas de ce que vous avez décidé. Quand vous aurez vu votre but, attachez-vous-y fermement » (Dhammapada).

Et le but du Bouddhiste, c'est la délivrance de l'erreur, de l'ignorance, cause de la convoitise et de la colère ; c'est l'inébranlable délivrance de l'esprit parvenu à la paix par la Connaissance.

But altruiste : Dans l'esprit du disciple, une immense compassion est née. Il a contemplé et compris le sort lamentable des êtres que la ronde des renaissances entraîne, depuis des éternités, de douleur en douleur, et la volonté d'alléger leurs souffrances et de les en libérer, s'impose à lui.

Est-on sûr, demandera-t-on, que l'enchaînement soit rigoureusement logique et forcé entre la constatation de la souffrance d'autrui et le désir de l'en délivrer ? Certes, rien n'est moins certain si nous raisonnons avec notre conception égoïste de la personnalité comprise comme une unité complètement distincte et séparée des autres personnalités. Mais de ce point de vue différent où la compréhension de l'universelle impermanence et de la non-existence du « moi » place le disciple, les Bouddhistes déclarent l'enchaînement normal.

Sans discuter du bien-fondé d'une telle affirmation, on peut, sans doute, penser que cette compassion d'origine cérébrale, spéciale au Bouddhisme, est le signe marquant ceux qui sont aptes à devenir les disciples du Bouddha. Un jour, la détresse lamentable de tout ce qui vit leur est apparue. Sans être dominés par l'émotion irraisonnée que le Bouddhisme proscrit, gardant leur sang-froid, ils ont clairement vu la mêlée des foules se ruant vers la jouissance, tendant les bras à l'ironique mirage d'un bonheur fuyant sans cesse vers les lointains de l'avenir d'où ne doit surgir que le spectre hideux de la mort. Ils ont contemplé l'effet de la stupidité et des passions qui dressent les hommes les uns contre les autres, tels des fauves prisonniers qui s'entre-tuent entre les barreaux de leur cage. Devant cette misère, cette douleur, se perpétuant depuis l'aurore des âges, sous le ciel impassible, une immense pitié les a envahis.

Ainsi, la lutte intelligente contre toutes les formes de la souffrance et pour le bien-être de tous les êtres est le second aspect de la Volonté parfaite appliquée au But parfait...

« Tous les êtres aspirent au bonheur ; que ta compassion s'étende donc sur tous » (Mahâvamsa).

Sur le pilier que l'empereur Açoka avait fait élever pour l'édification de ses sujets, on lisait : « Je considère le bien-être des êtres comme un but pour lequel je dois lutter. »

Les Mahâyânistes ont fortement insisté sur le précepte de la charité et de l'amour des êtres ; ils en ont fait la base de leur enseignement populaire, tombant malheureusement, parfois, dans des exagérations absurdes. Il serait, toutefois, injuste de réserver notre sévérité pour les seuls Mahâyânistes ; les Hinayânistes ne se font pas faute d'admirer les hauts faits saugrenus de héros imaginaires empruntés aux contes hindous.

Voici Vessantara, un jeune prince qui a fait vœu de pratiquer la charité parfaite en donnant tout ce qui lui sera demandé. Étant régent du royaume de son père, en l'absence de celui-ci, non seulement il vide, par ses dons continuels, le trésor du pays, mais il donne, à un prince ennemi, les éléphants de bataille et un joyau magique qui assurait la victoire à celui qui le possédait.

Ayant emporté ce merveilleux talisman, le prince ennemi attaque le pays du trop charitable héros, le pille, le ravage et en massacre les habitants.

Lorsque nous apprenons que ce malencontreux saint est banni en punition de ses actes, nous applaudissons à ce juste jugement. Il n'en est pas de même des auditeurs asiatiques de cette histoire, à qui il apparaît comme une victime infiniment touchante et admirable.

Or donc, le prince Vessantara est exilé et vit dans la forêt avec sa femme et leurs deux enfants[1]. Et voici qu'un jour où il se trouve seul avec les enfants — leur mère étant partie à la recherche de fruits sauvages — un vieux brahmane survient. Il expose à l'exilé que l'âge l'ayant privé de ses forces, il a besoin de serviteurs pour prendre soin de lui. Ces serviteurs pourraient être le fils et la fille de Vessantara ; qu'il les lui donne comme esclaves. Le charitable prince n'hésite pas un instant et, joyeux de pouvoir accomplir un sacrifice si méritoire, il donne ses enfants au vieillard.

Cependant, ceux-ci, ayant réussi à s'échapper, retournent chez leurs parents. Cette fois, leur mère est présente, mais, sans écouter ses supplications, Vessantara n'hésite pas à restituer son fils et sa fille au vieux brahmane qui vient les réclamer, les ligote et les bat devant le père absorbé dans son rêve de parfaite charité.

Plus tard, il donne, de même, sa femme. Puis, couronnant le tout, il s'arrache les yeux pour les donner à un aveugle qui, dès lors, peut voir.

J'ai vainement essayé, en plusieurs occasions, de démontrer le caractère immoral de cette histoire à des

1. C'est là un thème favori des histoires hindoues, Râma vit dans la forêt avec son épouse Sîta ; Kounala erre en mendiant, avec sa femme,

Orientaux qui en nourrissaient leur étrange piété. Comment la charité peut-elle s'accommoder de souffrances infligées à ceux que le plus sacré des devoirs nous ordonne de protéger ? Ceci nous semble incompréhensible, mais le point de vue des auteurs de ces contes est aux antipodes du nôtre. Pour eux, épouse et enfants sont la propriété du chef de famille, au même titre que son chien ou ses bijoux. « Donner ce que l'on a de plus précieux », ainsi qu'il m'a été répliqué, « est le fait de la plus grande charité. » Encore faudrait-il que ce que l'on donne vous appartienne et nous avons, depuis longtemps, dépassé les conceptions barbares qui font des enfants et de la femme la propriété du mari. Des idées plus humaines ayant pourtant pénétré dans les pays où de telles fables ont cours, beaucoup en découvrent le côté choquant et apaisent leurs sentiments de révolte en disant que les victimes, enfants et femme, consentaient au sacrifice. Il reste pourtant encore le fait d'avoir facilité l'envahissement de son pays et le meurtre de ses habitants.

Abaissé à ce degré par les masses ignorantes et superstitieuses qui, il y a des siècles, l'ont embrassé et qui continuent, de nos jours, à se réclamer de lui sans avoir saisi son enseignement, le Bouddhisme prend un aspect inattendu. Cette exubérance de sentiments charitables devient volontiers de l'égoïsme. Si Vessantara et ses pareils pratiquent le don, sans égard pour les souffrances qu'ils causent, c'est avec l'espoir que cette discipline, continuée au cours de nombreuses vies successives, les conduira à devenir un Bouddha capable de montrer aux êtres la voie qui conduit à la délivrance de la souffrance. Idée bizarre que celle qui commence par créer de la souffrance pour atteindre un tel but.

Mais, je l'ai dit, les Orientaux envisagent ces récits d'un autre point de vue que le nôtre et il leur serait d'ailleurs facile de trouver, en Occident, le pendant de ces imaginations déraisonnables.

Il faut encore remarquer que le bon sens ou les sentiments équitables des bonnes gens parmi lesquels ces histoires sont en honneur, les induisent à y apporter quelques rectifications. Le méchant vieux brahmane est alors tenu pour être un dieu qui a pris cette apparence pour éprouver la fermeté de la résolution de Vessantara. A la fin du conte, il lui rend ses enfants, sa femme, et même ses yeux. Vessantara est rappelé dans son pays, le prince ennemi restitue le joyau magique, rebâtit les villes qu'il a détruites, les deux pays deviennent alliés. Il en est ainsi pour toutes les histoires de ce genre.

Un plus joli conte concernant l'aumône est celui du lièvre.

C'est le jour de la pleine lune (jour de fête pour les Bouddhistes[1]) ; le sage lièvre pense : il convient, en ce jour, de faire l'aumône, mais si quelqu'un se présente à moi, que pourrai-je lui donner ? Je n'ai ni fèves, ni riz, ni beurre, je ne mange que de l'herbe ; on ne peut pas donner de l'herbe. Mais je sais ce que je ferai, je me donnerai moi-même en aumône.

Il arrive, comme d'habitude dans ces fables, qu'un dieu veut éprouver le sage lièvre. Il se présente à lui sous l'aspect d'un brahmane. Quand le lièvre l'aperçoit, il lui dit, avec joie :

« Tu fais bien, ô brahmane, de venir me demander

1. Non pas à cause de la lune, mais parce que la date du 15 du mois lunaire a été choisie pour être un jour consacré aux exercices pieux, comme le dimanche chez les Chrétiens.

de la nourriture. Je te donnerai un don tel qu'il n'en a encore jamais été donné. Tu mènes une vie pure et tu ne voudrais pas faire de mal à un être vivant ; mais ramasse du bois et allume un grand feu, je veux me rôtir moi-même afin que tu puisses me manger. »

Le brahmane répondit : « C'est bien, qu'il en soit ainsi. » Avec joie, il rassemble du bois et l'entasse en un grand monceau au milieu duquel il place de la braise ardente. Bientôt, un grand feu flambe et le brahmane s'assoit près de lui. Alors, le sage lièvre, d'un bond, saute au milieu des flammes. Peau et cuir, chair et nerfs, ses os et son cœur, son corps tout entier, il l'avait donné.

A côté de contes invraisemblables destinés à exalter la charité sans mesure, on en rencontre quelques-uns d'une beauté dramatique supérieure. Voici, à mon avis, le plus saisissant d'entre eux.

Un jeune prince (dit être le Bouddha historique dans une de ses existences antérieures) traverse une forêt. Une sécheresse anormale a tari les sources, les lits des cours d'eau ne sont que sable et pierres ; les feuilles, calcinées par un soleil torride, tombent en poussière, les animaux ont fui vers d'autres régions. Et voici qu'au milieu de cette désolation, le prince aperçoit, dans un fourré, non loin de lui, une tigresse amaigrie et mourante, entourée de ses petits. La bête le voit aussi. Dans ses yeux se lit la convoitise, l'ardent désir de se jeter sur cette proie si proche, d'en nourrir ses petits qu'elle ne peut plus allaiter et qui vont mourir de faim comme elle. Mais la force lui manque pour se dresser et pour bondir... Elle demeure étendue, pitoyable en sa détresse maternelle et sa soif de vivre.

Alors, le jeune prince, avec une très calme compassion, se détourne de son chemin et allant vers la tigresse, qui ne pouvait pas l'atteindre, il se donne en pâture à elle.

Le conte a cela de beau qu'il dédaigne le miracle final habituel. Nul dieu n'intervient, le prince est dévoré et le rideau tombe sur le mystère de ce qui peut suivre.

Il s'agit, probablement, d'une simple légende sans fondement historique, pourtant je crois — non pas tout à fait sans raison — qu'une action de ce genre pourrait être réellement accomplie. Il est difficile de sonder la profondeur de la charité et du détachement auxquels parviennent certains mystiques bouddhistes.

Des contes tels que ce dernier étant mis à part parce qu'ils reflètent des sentiments tout à fait spéciaux, l'on constate dans les exemples illustrant l'enseignement populaire, tant hinayâniste que mahâyâniste. un singulier oubli des principes fondamentaux du Bouddhisme. D'après ceux-ci, les Vues justes sont un guide indispensable à quiconque veut travailler efficacement au bien-être matériel ou spirituel de son prochain.

Un dicton hindou nous enseigne que « pour tirer un homme hors d'un bourbier où il s'est enlisé, il faut avoir soi-même les pieds sur la terre ferme ». Comment l'aveugle qui ne voit pas le précipice vers lequel un voyageur se dirige. pourrait-il le lui signaler afin de l'empêcher d'y tomber ?

Ainsi, la volonté parfaite est-elle toujours, en premier lieu, celle d'acquérir des Vues justes, ce qui est le but auquel tend tout le programme bouddhique d'entraînement mental.

D'après une tradition unanimement acceptée par toutes les sectes bouddhistes, Siddhârtha Gautama, après avoir atteint l'illumination spirituelle, se rendit à Bénarès. Il savait qu'à quelques kilomètres de la ville, dans un parc dit « Parc des Gazelles » (Mrigadava) demeuraient cinq ascètes, ses anciens condisciples, qui poursuivaient les recherches philosophiques auxquelles il s'était adonné lui-même et dont il croyait, maintenant, avoir atteint le but. Nul, pensait-il, n'était, mieux que ces hommes, capable de comprendre *cela* qu'il avait découvert : la « Voie du Milieu » qui conduit à l'affranchissement de la souffrance[1].

Le discours qu'il leur tint figure dans les plus anciens textes bouddhiques et nous avons tout lieu de croire qu'il a été réellement prononcé par le Bouddha, sinon textuellement tel qu'il nous est rapporté, du moins identique quant à sa signification. En voici l'abrégé :

« Écoutez », dit le Bouddha, « l'Éternel est trouvé [éternel, par opposition à l'impermanence ; plus littéralement, « sans mort[2] »]. Je vous enseigne la Doctrine. Si vous suivez la voie que je vous indique, en peu de temps vous atteindrez ce haut but pour lequel les jeunes gens de nobles familles abandonnent leur demeure et mènent la vie errante des ascètes. En cette vie, vous posséderez la vérité, la connaissant et la voyant face à face.

« Il existe deux extrêmes dont celui qui mène une vie spirituelle doit s'écarter. L'un est une vie tout

1. Voir chap. Ier.
2. *Amrita.*

abandonnée à la sensualité, à la jouissance ; cela est vil, grossier, contraire à l'esprit et vain. L'autre est une vie de macérations ; cela est pénible, indigne et vain. Le Tathagâ (le Bouddha) s'est tenu éloigné de ces deux extrêmes, il a trouvé le sentier du milieu qui dessille les yeux et l'esprit, qui conduit à la sagesse, à la tranquillité, à l'illumination, au nirvâna.

« C'est le noble sentier aux huit embranchements qui s'appellent : vues justes, volonté parfaite, parole parfaite, action parfaite, moyens d'existence parfaits, effort parfait, attention parfaite, méditation parfaite[1]. »

Ensuite, le Bouddha exposa aux cinq ascètes les douze origines interdépendantes (*pratîtyasamûtpâda*) qui ont fait l'objet du chapitre précédent.

Dès sa première prédication, le Bouddha a donc proposé à ses auditeurs une méthode d'entraînement mental, leur assurant que la pratique de celle-ci les rendrait capables de *voir* la vérité, donc de posséder des vues justes.

Le Bouddha a-t-il indiqué à ses disciples en quoi consistaient les « vues justes » ? — Le faire pouvait paraître superflu puisque le Maître avait affirmé à ceux-ci que s'ils « suivaient la voie qu'il leur indiquait (l'octuple sentier), ils verraient, « eux-mêmes, la vérité face à face ». Toutefois, il est certain qu'au cours de cinquante années d'enseignement, le Bouddha n'a pu manquer d'exposer des « vues » qu'il tenait pour correctes. L'écho de déclarations de ce genre nous est rapporté par les *sûtras* les plus anciens, mais l'impression qui se dégage de ceux-ci est que le Bouddha a

1. Voir chap. Ier. A cause de l'importance capitale que les Bouddhistes attachent à ce discours, je me suis permis de le répéter ici.

surtout enjoint à ses disciples de s'efforcer d'acquérir des vues justes et, sauf en quelques points essentiels, s'est abstenu de leur indiquer, de façon précise, les « vues » qu'il tenait lui-même comme étant « justes ».

Peut-être craignait-il qu'une insistance trop pressante sur ses propres convictions n'amenât certains de ses disciples à *croire* ce qu'il avait cru, en se fiant à sa parole vénérée, au lieu de *voir* parce que, selon l'expression du Mahâvagga, « la poussière qui couvrait leur œil spirituel » avait été enlevée. Une autre raison pouvait encore incliner Gautama à ne pas confier à ses disciples la totalité de ses croyances personnelles. Il jugeait, sans doute, que beaucoup de celles-ci, basées sur ses propres perceptions, ne pouvaient avoir ni valeur, ni utilité véritables pour ceux à qui la même raison de croire faisait défaut. Un passage du Samyutta Nikâya confirme cette opinion. Voici le fait qu'il rapporte :

« Un jour, Bhagavad (le vénérable) séjournait à Kausambi dans le bois de sinsapâs et le Vénérable prit dans sa main quelques feuilles de sinsapâ et dit aux disciples : "Lesquelles, pensez-vous, ô disciples, sont les plus nombreuses, ces quelques feuilles de sinsapâ que je tiens en main ou les autres feuilles qui sont au-dessus de nous, dans le bois de sinsapâs ?"

« — Ces quelques feuilles que le Vénérable tient en main sont peu nombreuses et beaucoup plus grand est le nombre de celles qui sont au-dessus de nous, dans le bois.

« — De même, disciples, les choses que j'ai découvertes et ne vous ai pas communiquées sont-elles plus nombreuses que celles que je vous ai communiquées. Et pourquoi ne vous les ai-je pas communiquées ? —

Parce que ces choses ne vous seraient d'aucun profit. Elles ne vous conduiraient pas au détachement des choses terrestres, à l'extinction du désir, à la cessation du périssable, à la paix, à la Connaissance, au nirvâna." »

Ce que le Bouddha tait, ce ne sont donc pas des connaissances supérieures à celles qu'il expose publiquement, ce sont des détails, en marge des « vues justes » ou, peut-être, d'incommunicables aperceptions inutilisables par autrui. L'idée d'une doctrine ésotérique, réservée à une élite, est complètement inconnue au Bouddhisme primitif. L'on ne peut trop insister sur ce point, car une quantité d'erreurs ont été répandues à ce sujet, en Occident.

C'est à l'immixtion des doctrines tantriques dans certaines branches du Mahâyâna, qu'est dû l'ésotérisme que l'on y rencontre. Encore faut-il savoir que celui-ci se rapporte à l'enseignement de méthodes particulières, relevant de la physiologie, de la psychologie et de la magie, et nullement à des vérités transcendantes. Une doctrine ésotérique serait en opposition avec la déclaration déjà citée : « Si vous suivez la voie que je vous indique, vous percevrez la vérité, la connaissant et la voyant face à face. » Du moment qu'il existe un moyen de parvenir à *connaître* et à *voir* par soi-même, le secret est vain et l'initiateur superflu.

Nous avons vu en quoi consiste, pour les Bouddhistes, la vue juste initiale. C'est celle qui incline à croire aux effets bienfaisants de la discipline du Sentier et à la pratiquer, tout au moins à titre d'expérience. Ensuite, la nature des vues justes diffère selon les capacités intellectuelles du voyageur sur le Sentier. Notons que les vues justes ne sont point des dogmes et qu'au début de l'entraînement spirituel du Bouddhiste, « voir juste » n'est pas nécessairement saisir la vérité absolue (d'ailleurs toujours insaisissable) ; voir juste, dans ce cas, c'est se diriger raisonnablement, c'est poursuivre, par l'étude, l'attention et l'investigation assidue, la conquête de la Connaissance.

Les Bouddhistes conçoivent les vues justes, et tout le Sentier basé sur elles, comme étant étagés sur deux plans : celui qui « appartient au monde » (*lokya*) et celui qui est « au-delà du monde » (*lokuttara*). Nous pouvons nous représenter le premier de ceux-ci comme un chemin à l'usage des fidèles d'une vertu et d'une intelligence ordinaires, qui visent simplement à obtenir des renaissances heureuses, sur cette terre ou dans les multiples paradis. Le second est la voie où marchent les disciples doués de facultés intellectuelles déjà très développées, qui tendent, avec une ferme volonté, à acquérir l'illumination. En fait, ces derniers seuls doivent être considérés comme étant véritablement des Bouddhistes. Symboliquement, ils sont dits « être entrés dans le courant », parce que, de même que l'eau d'une rivière ne remonte jamais vers sa source et se dirige, infailliblement, vers l'océan, ainsi, plus ou moins rapidement, mais certainement, ces disciples parviendront à la Connaissance.

Entre dans le courant celui qui s'est délivré :

1 – De l'illusion qui fait croire à l'existence en nous d'un « moi » permanent et non composé ;

2 – Du doute concernant les Causes de la Souffrance et la Voie qui conduit à sa destruction ;

3 – De la foi en l'efficacité des rites religieux.

Mais il doit être bien entendu que cette triple délivrance est le fruit des investigations et des réflexions du disciple lui-même ; une adhésion de « foi » serait sans valeur.

Nombre de passages des Écritures bouddhiques attribuent au Bouddha des déclarations enjoignant à ses disciples de fonder leurs croyances sur la recherche et l'examen personnels et de n'adhérer aux théories qu'il leur propose, qu'après avoir reconnu, par eux-mêmes, qu'elles correspondent à des faits réels.

Un jour, le Bouddha, parcourant le pays des princes de Kâlâma, fut interrogé par eux : « Seigneur, lui dirent-ils, les Brahmines et les chefs de sectes viennent chez nous et chacun d'eux affirme solennellement que cela qu'il enseigne est seul vrai et que le reste n'est qu'erreur. Il s'ensuit, Seigneur, que le doute est en nous et que nous ne savons plus quelle doctrine accepter. »

Le Bouddha répondit : « Il est dans la nature des choses que le doute naisse. »

Et il leur conseilla de ne rien croire en se basant sur les dires d'autrui.

« Ne croyez pas sur la foi des traditions alors même qu'elles sont en honneur depuis de longues générations et en beaucoup d'endroits. Ne croyez pas une chose parce que beaucoup en parlent. Ne croyez pas sur la foi des sages des temps passés. Ne croyez pas ce que vous vous êtes imaginé, pensant qu'un Dieu vous l'a inspiré. Ne croyez rien sur la seule autorité de vos maîtres ou des prêtres. Après examen, croyez ce que vous aurez expérimenté vous-mêmes et reconnu raisonnable, ce qui est conforme à votre bien et à celui des autres » (Kâlâma Sutta).

Ailleurs, après s'être entretenu avec ses disciples de la loi de Causalité, le Bouddha conclut :

« ... Si, maintenant, vous connaissez ainsi et voyez ainsi, irez-vous dire : "Nous vénérons le Maître et, par respect pour lui, nous parlons ainsi ?" — Nous ne le ferons pas, Seigneur. — Ce que vous dites, ô disciples, n'est-ce pas seulement ce que vous avez vous-mêmes vu, vous-mêmes reconnu, vous-mêmes saisi ? — C'est cela même, Seigneur. » (Majjhima Nikâya).

Dans notre recherche, nous pouvons, comme le fit le Bouddha, nous adresser à des Maîtres, écouter leur enseignement, étudier diverses doctrines. Cela est bon ; certains Mahâyânistes, longtemps après le temps du Bouddha, le déclarèrent même indispensable, mais, en fin de compte, la lumière capable d'éclairer vraiment notre route doit jaillir de nous-mêmes.

« Brille pour toi-même, comme ta propre lumière » (Dhammapada).

« Soyez votre propre flambeau. Soyez votre propre refuge. Ne vous confiez à aucun refuge en dehors de vous. Attachez-vous fortement à la vérité, qu'elle soit votre flambeau. Attachez-vous fortement à la vérité, qu'elle soit votre refuge. Ne cherchez la sécurité en nul autre qu'en vous-même... Ceux-là, ô Ananda, qui dès ce jour, ou après ma mort, seront à eux-mêmes leur flambeau et leur refuge, qui ne se confieront à aucun refuge extérieur, qui, attachés à la vérité, la tiendront pour leur flambeau et leur refuge, ceux-là seront les premiers parmi mes disciples ; ils atteindront le but suprême » (Mahâ Parinibbâna Sutta).

D'après le Mahâ Parinibbâna Sutta, ces paroles font partie des exhortations que le Bouddha adressa à ses disciples dans les derniers jours de sa vie[1].

1. Voir chap. Ier.

Souvent aussi, les Écritures canoniques nous montrent le Bouddha comme un ennemi des théories métaphysiques. Les recherches de l'homme, pense-t-il, doivent s'exercer dans le domaine que ses perceptions peuvent atteindre ; vouloir dépasser ce terrain solide est tomber dans les divagations néfastes. A tout le moins, c'est perdre un temps qui pourrait être employé à acquérir des connaissances propres à être utilisées pour combattre et détruire la souffrance.

« N'ayez pas, ô disciples, des pensées de ce genre : le monde est éternel. Le monde n'est pas éternel. Le monde est limité. Le monde est infini. Que le monde soit ou non éternel, qu'il soit limité ou infini, ce qu'il y a de certain c'est que la naissance, la décrépitude, la mort et la souffrance existent » (Samyutta Nikâya et Majjhima Nikâya).

Inutiles, aussi, sont les discussions concernant l'être et le non-être.

« Le monde a coutume de s'en tenir à une dualité : être et non-être. Mais pour celui qui aperçoit, en vérité et en sagesse, comment les choses se produisent et périssent dans le monde, il n'y a ni être ni non-être » (Samyutta Nikâya).

Les Écritures bouddhiques des Théravadins donnent au Bouddha l'attitude d'un Maître qui appuie sa doctrine uniquement sur des faits dont la réalité lui est apparue. Il se déclare affranchi de toutes théories. Si l'on demande à l'un de ses disciples : « Le Maître Gautama professe-t-il une opinion quelconque ? » Il faut lui répondre : « Le Maître est affranchi de toutes théories... Il a conquis la délivrance complète par le rejet de toutes les opinions et de toutes les hypothèses... » (Majjhima Nikâya.)

Le Bouddha se défend, du reste, de vouloir donner à son enseignement le caractère d'une révélation. Il n'a été qu'un homme qui sait voir et indique à d'autres ce qu'il a aperçu afin qu'ils le voient à leur tour. L'existence d'un Bouddha n'est pas indispensable, elle ne change rien aux faits.

« Que des Bouddhas paraissent dans le monde ou qu'il n'en paraisse pas, le fait demeure que toutes choses sont impermanentes, sont sujettes à la souffrance et qu'aucune d'elles (aucun phénomène) ne constitue un "moi" » (Anguttara Nikâya).

Cette déclaration nous conduit au cœur même des « vues justes » selon le Bouddhisme.

« Tous les agrégats sont impermanents.

« Tous les agrégats sont "souffrance".

« Tous les éléments constitutifs de l'existence sont dépourvus de "moi". »

Tel est le *credo* du Bouddhisme et, à ces trois affirmations, adhèrent unanimement les adeptes de toutes les sectes hinayânistes et mahâyânistes. Rappelons-nous, toutefois, que ce *credo* est proposé non point à la *foi*, mais à l'*examen* des Bouddhistes. Ceux-ci ayant été mis en garde contre le danger de s'abandonner à leur imagination en s'attaquant à des problèmes dont la solution dépasse le pouvoir de leurs moyens de perception, le terrain de recherche qui leur est proposé consiste en leur propre personne et en les phénomènes qui surgissent autour d'eux.

Comment les Bouddhistes voient-ils la personne[1] ? Ils la voient comme étant composée de cinq parties qu'ils dénomment *skandhas :* forme matérielle (le

1. Voir le chapitre II.

corps), sensations, perceptions, confections mentales (idées, volitions, etc.) et conscience.

« Au sens absolu, il n'existe point d'individu, de personne. Ce qui se produit, ce sont des combinaisons, changeant continuellement, des conditions physiques, des sensations, des perceptions, des volitions et des phases de conscience. De même que cela que nous désignons par le nom de chariot n'a aucune existence propre en dehors du timon, des essieux, des roues, du coffre, etc., ou comme le mot maison n'est qu'une désignation commode pour des pierres, de la chaux, du fer, assemblés d'une certaine manière pour enclore une portion d'espace et qu'il n'existe aucune entité « maison » en dehors de cet assemblage, de la même façon, cela que nous appelons un être, un individu, une personne ou que nous désignons comme "Moi" n'est rien d'autre qu'une combinaison changeante de phénomènes physiques et psychiques et n'a pas d'existence en elle-même.

« Individu, personne, homme, Moi, ne sont que des termes commodes à employer en langage courant mais auxquels rien ne correspond dans la réalité. Car aucun des phénomènes physiques et mentaux qui forment un être ne constitue une entité "Moi" absolue, et, en dehors de ces phénomènes, il n'existe aucune entité "Moi" qui est le maître, le possesseur de ces phénomènes.

« Ainsi lorsque, fréquemment, dans les textes bouddhiques, il est question de "personne", ou même de la re-naissance d'une personne, c'est là, simplement, une manière de s'exprimer plus facilement. Toutefois, la réalité absolue est que ce qui est dénommé un *être* n'est qu'un processus continuellement changeant des cinq agrégats de l'existence » (Nyanâtiloka)[1].

A son tour, chacune des cinq parties constituant la personne est elle-même composée. La forme physique emprunte sa substance aux éléments dénommés, dans les traités bouddhiques, le solide, le fluide, le chaud, le mouvant, et symbolisés comme terre, eau, feu et vent. Ils sont aussi considérés comme quatre forces élémentaires : inertie, cohésion, radiation et vibration.

Des Bouddhistes contemporains s'exprimant d'une manière plus familière disent : le corps est formé d'un premier apport de matière par les parents, puis, lorsque l'enfant est né, il accroît sa forme physique en assimilant les aliments qu'il mange. Et, continuellement, ainsi, pendant tout le cours de la vie, l'existence du corps dépend de la nourriture. Ce corps n'a donc aucune existence personnelle réelle, il n'est qu'un produit de la transformation des aliments.

Il a été suggéré que la doctrine concernant l'*anatta* (sanscrit *anatma*), la négation de l'existence d'un *ego* qui constitue l'article fondamental de la doctrine du Bouddha, n'est pas d'inspiration aryenne. L'on peut objecter que cette doctrine est exposée dans un ouvrage appartenant au canon du Védanta indien : le Chandogya Oupanishad. Si l'on se refuse à considérer cet Oupanishad comme datant d'une époque antérieure au Bouddhisme, son texte n'en prouve pas moins que la négation de l'*ego* était acceptable à la pensée indienne.

Nous lisons dans le Chandogya Oupanishad :

« La rougeur dans Agni (le feu) est due à la chaleur, sa blancheur à l'eau, son aspect sombre à la terre. Ainsi Agni n'est pas Agni. Il

1. NYANATILOKA, *The Word of the Buddha*.

n'est qu'un nom ; il n'est qu'un effet. Seuls ses trois aspects sont réels[1]. »

La même chose est répétée au sujet du soleil, de la lune, de l'éclair. Ils ne sont que des noms donnés à un ensemble d'effets que nous percevons, ils sont des noms qui désignent un agrégat d'éléments.

Le Maître poursuit sa leçon en disant :

« En vérité, connaissant cela, les grands chefs de famille de jadis et ceux qui connaissent les Védas disaient : "A partir d'aujourd'hui nul de nous ne parlera de cela qu'il n'a pas examiné, qu'il ne connaît pas."

« Tout ce qui lui apparaît comme rouge, il sait que cela est causé par la chaleur ; il sait que tout ce qui lui apparaît comme blanc est un aspect de l'eau et ce qui lui apparaît comme obscur, il l'attribuera à la terre.

« Quand les aliments sont ingérés, ils deviennent triples. Les particules grossières deviennent excréments, les particules moyennes deviennent chair et les particules fines deviennent esprit.

« L'esprit, mon enfant, est aliment. »

Cette déclaration du Rishi est d'une importance capitale. La « vue[2] » qu'elle exprime a pu paraître révolutionnaire en son temps ; elle le paraîtra, sans doute, encore à nombre de nos contemporains.

Il va sans dire que les Bouddhistes n'adoptent pas la théorie concernant les particules grossières, moyennes et fines des aliments.

1. Le commentaire du célèbre philosophe indien Sankarâchariya dit : « De même qu'une étoffe est un agrégat de fils et que si vous enlevez les fils, l'étoffe cesse d'exister, ainsi Agni est un agrégat de ces trois qualités. Si l'on élimine celles-ci, le feu cesse d'exister. » — C'est absolument la comparaison, classique en Bouddhisme, de la maison qui n'est qu'un assemblage de matériaux divers. Otez les matériaux, il n'y a plus de maison. Sankara a pu s'inspirer de cette comparaison.

2. Les Indiens dénomment les théories philosophiques des « vues » *(darshana)*. Les Tibétains usent du même terme « vue » *(tawa)*.

La citation du Chandogya Oupanishad n'a d'autre but que de supporter le fait que des penseurs indiens, non bouddhistes, ont soutenu l'idée que rien de ce qui existe n'est complètement autogène et homogène, et que nous ne rencontrons que des groupes d'éléments, l'ensemble de chaque groupe étant désigné par un nom unique.

Le « Moi » ne peut pas davantage être placé dans l'un ou l'autre des quatre éléments de la « personne » qui en forment la partie mentale : sensations — perceptions — confections mentales — conscience ; aucun d'eux n'existe par lui-même. Sensations et perceptions dépendent des sens et de leurs objets respectifs. Les idées, les volitions, tout le travail de l'esprit dépendent des perceptions, des sensations, qui fournissent, à celui-ci, les matériaux qui alimentent son activité. La conscience[1] dépend de causes ; de quoi aurait-on conscience si les sensations, les perceptions, les idées faisaient défaut ? — Et, de même que le corps n'est que de la substance empruntée au-dehors et n'a point d'existence propre, à part le premier apport de matière fourni par ses parents et les aliments qui ont conservé et accru sa chair, son sang, ses os, etc., de même aussi la partie mentale de l'individu est constituée par des apports extérieurs qui lui parviennent par l'entremise des cinq sens et de l'esprit, tenu comme sixième sens dont l'objet est les idées. Ainsi l'on cherche en vain, dans la partie physique comme dans la partie mentale de l'individu, un élément qui ne soit pas le produit d'autre chose, qui ne dépende pas d'autre chose, qui existe par lui-même, indépendant, autogène, sans lien

1. Le terme « conscience » est toujours entendu par les Bouddhistes comme le « fait d'être conscient » de quelque chose.

avec quoi que ce soit, ainsi que devrait être un « Moi » véritable.

Est-il possible d'imaginer une « personne » qui n'aurait ni forme physique, ni sensations, ni perceptions, ni idées, ni états de conscience ? — Où serait la « personne » en dehors de tout cela ? Lorsque les fidèles des différentes religions parlent d'une âme, celle-ci est représentée comme formée de tout ce qui constitue la partie mentale de l'homme : sensations, perceptions, idées, états de conscience. Et tous ces éléments d'une « personne » proviennent de causes, dérivent leur existence d'éléments étrangers, ne sont que la forme momentanée d'une combinaison de causes et d'éléments, donc ne sont pas un « Moi » et la « personne », immatérielle aussi bien que matérielle, constituée par la réunion de ces éléments ne peut, en aucune façon, être tenue pour un « Moi ».

« Au sens absolu (*paramartha-vasena*), il n'existe que d'innombrables processus, une infinité de vagues dans la mer perpétuellement agitée, des formes, des sensations, des perceptions, des tendances, des états de conscience ; aucun de ces phénomènes, changeant continuellement, ne constitue une entité permanente qui puisse être appelée "*je*" ou un "*moi*" et il n'existe aucun *ego*-entité en dehors d'eux » (Nyanâtiloka)[1].

Existe-t-il, chez les Bouddhistes, en ce qui concerne la nature du monde, une unanimité d'opinion semblable à celle qui se manifeste au sujet de la nature de la personne ? — Il est impossible de répondre *oui* et, malgré les apparences, il serait imprudent de répondre

1. Voir dans les Appendices une parabole tibétaine concernant la « personne ».

par un *non* catégorique. L'esprit des Orientaux est désespérément subtil. Nous risquons toujours de nous méprendre sur leur pensée lorsque nous n'avons que des livres pour guides. A ceux-ci, il est souvent utile de joindre des commentaires fournis par des Bouddhistes lettrés, vivants, qu'une longue hérédité intellectuelle et, sans doute, aussi, certaines dispositions spéciales aux Asiatiques, rendent, mieux que nous, capables de découvrir le sens exact de déclarations dont les termes n'ont aucun équivalent dans nos langages et ne correspondent à aucune de nos conceptions.

Le Bouddhisme, disent les mieux informés des orientalistes, a commencé par être « pluraliste » ; il a fini, avec le Mahâyâna, par devenir « moniste ». Il n'est pas difficile de trouver des textes qui favorisent, séparément, chacune de ces deux conceptions ; mais un texte ne représente jamais que les vues de son auteur. Dix textes contemporains peuvent représenter les vues de dix auteurs ; il n'en découle pas nécessairement que, parmi les Bouddhistes de leur époque, d'autres opinions n'étaient point professées. En Orient, il a existé, de tout temps, un enseignement oral, une « littérature non écrite » si je puis me permettre cette expression singulière, dont l'influence est aussi grande, sinon plus grande, que celle des ouvrages écrits, et qui représente une plus grande diversité de nuances.

Il est évident que nous ne pouvons fonder nos recherches que sur les documents palpables que nous possédons et ceux-ci constituent, vraisemblablement, une fraction minime des ouvrages bouddhiques qui ont existé, beaucoup de ceux-ci ayant été perdus au cours des siècles. Quant aux doctrines qui furent enseignées oralement, dans ces temps reculés, elles nous échappent complètement et nous n'avons aucun droit d'affirmer que, parmi elles, il s'en trouvait qui différaient de celles que les textes nous ont transmises. Toutefois, un séjour prolongé dans les pays bouddhistes permet de constater que les divergences d'opinion entre le Hinayâna et le Mahâyâna et, dans leurs cadres respectifs, entre les diverses sectes de l'un et de l'autre, ne sont pas aussi tranchées qu'il y paraît si l'on se borne à lire les traités des chefs d'écoles philosophiques bouddhistes. Dans la pratique, les diverses doctrines se mélangent à leurs extrémités et s'entre-pénètrent en maints points.

L'état de choses présent nous induit à supposer qu'un état semblable existait dans le passé et, sous toutes réserves, l'on peut donc croire que des germes de monisme existaient chez les anciens Hinayânistes pluralistes et que le monisme des Mahâyânistes n'a jamais été absolu.

Plusieurs siècles avant Jésus-Christ, les Bouddhistes ont dénié l'existence d'une matière ou d'une substance spirituelle, base et essence des phénomènes d'où ceux-ci surgissent comme, selon une comparaison hindoue, « les vagues s'élèvent de l'océan pour retomber en lui ». Le monde, enseignaient-ils, est constitué par le jeu de forces multiples. Les éléments qui, en se groupant, donnent lieu aux phénomènes que nous percevons, sont dénués de substance propre et durable : nous pouvons nous les représenter comme des décharges instantanées d'énergie. D'où surgissent ces forces, quand et par quelles causes a commencé leur activité, sont des questions qui demeurent sans réponse étant considérées comme dépassant les limites où les facultés humaines peuvent s'exercer avec succès. —

Les docteurs du Bouddhisme paraissent avoir pensé que la recherche de ces causes peut se prolonger indéfiniment, conquérant toujours de plus en plus de connaissances, sans jamais atteindre un point final, ne prêtant plus à aucune question.

D'après cette théorie, les éléments constituant les choses que nous percevons ne durent pas même pendant une fraction de seconde. L'objet que nous contemplons et qui nous apparaît comme un tout permanent — au moins pendant un laps de temps plus ou moins long — n'est qu'une succession continue d'événements momentanés. Suivant l'expression, très juste, de plusieurs orientalistes, dont le professeur Stcherbatsky, pour les Bouddhistes, le monde est un *cinéma*. L'illusion de durée y est causée, comme au cinéma, par la rapidité avec laquelle ces multiples événements se succèdent.

L'existence est mouvement et énergie. Ce qui n'agit pas n'existe pas. Cependant, on commettrait une erreur en concevant cette production comme s'opérant après un temps de repos de l'élément producteur ; les Bouddhistes croient, au contraire, que l'élément disparaît aussitôt après avoir surgi, le temps de son existence pouvant être comparé à la durée d'un éclair. C'est sa disparition même qui est cause ou production d'un effet. S'il n'y avait pas disparition, il n'y aurait pas production et c'est ainsi que, de même qu'il a été déclaré que ce qui n'agit pas n'existe pas, on a pu dire que ce qui ne disparaît pas n'existe pas.

C'est sur cette théorie du caractère momentané de toutes les formations (phénomènes, êtres, faits, quel que soit le nom que nous leur donnons) que reposent la chaîne des douze origines interdépendantes (*pratîtya-*

samûtpâda) et, spécialement, la conception de l'existence comme « devenir » qui en fait partie, ainsi que nous l'avons vu au chapitre traitant des douze origines.

Si, obéissant au conseil du Bouddha, nous voulons examiner nous-mêmes le bien-fondé de la théorie de l'instantanéité et de la brièveté, nous ne pourrons manquer de reconnaître que nous ne connaissons le monde et la vie que sous la forme de changement, d'apparitions et disparitions.

La nuit cesse quand le jour pointe, les saisons se succèdent avec tous les aspects différents de la nature qu'elles entraînent. Les dispositions internes et les signes extérieurs qui constituent la jeunesse cessent d'exister lorsque vient l'âge mûr et la vieillesse fait, à son tour, disparaître les marques caractéristiques de l'âge mûr. Le bouton n'est plus quand la fleur s'épanouit et la fleur a disparu quand le fruit existe.

La constatation de ces changements bien tranchés est à la portée de tous, mais un examen plus attentif fait percevoir que le changement total, qui seul nous frappe, est amené par une succession de changements qui s'opèrent de moment en moment. On ne devient pas vieux soudainement ; chez l'enfant qui naît, commence le processus d'apparitions et de disparitions qui le modifient incessamment, physiquement et mentalement, et qui amène, graduellement, la vieillesse. Il en est de même pour le bouton, la fleur et le fruit et pour toutes autres séries d'événements.

Le Bouddha a-t-il, lui-même, enseigné l'instantanéité de tous les éléments et la pluralité des causes originelles ? Nul ne peut l'affirmer en toute certitude. Il doit nous suffire de savoir que cette doctrine a été professée par les Bouddhistes à une époque relativement proche de celle où il prêchait.

Tout en ne reconnaissant aux éléments constitutifs des phénomènes qu'une durée tellement éphémère qu'on peut la tenir pour nulle — leur disparition succédant immédiatement à leur apparition — les anciennes sectes hinayânistes leur accordaient, pourtant, une sorte de réalité. Réalité précaire qui ne manqua pas d'être déniée par ceux des Bouddhistes qui professaient ce qu'un lama contemporain me déclara sous une forme imagée : que « chaque atome est un univers comprenant des myriades d'êtres et de Bouddhas et que la loi de production par interdépendance *(pratîtyasamûtpâda)* est à l'œuvre dans chacun des innombrables grains de sable qui forment le lit du Gange ».

Il convient de nous arrêter ici pour noter les significations, très différentes l'une de l'autre, qui sont généralement attachées, par les Bouddhistes, aux expressions « exister » et « être réel » dont l'usage courant, en Occident, fait à peu près des synonymes.

D'après les Bouddhistes, seul peut être considéré comme réel, cela qui est autogène et homogène, cela qui est un « soi » dont l'existence ne dépend d'aucune cause étrangère, que rien n'a engendré et qui n'est pas constitué par le groupement de parties de natures différentes.

Naturellement, cela — être ou chose — qui répondrait à ces conditions, serait, aussi, éternel, car s'il surgissait à un moment particulier dans le temps, cela signifierait que des causes l'ont *produit* ; de même, s'il disparaissait à un moment particulier dans le temps, ce fait prouverait que son existence *dépendait* de certaines conditions et que, ces conditions venant à cesser, l'existence de l'être ou de la chose devait cesser aussi.

Bref, pour les Mahâyânistes, et spécialement pour

ceux du Tibet, réalité signifie « *existence en soi* », « *être en soi* ». Voilà pourquoi ils dénient le caractère de réalité au monde que nous percevons car, partout et en tout, ne nous apparaissent que des objets produits par des causes, dépendant de conditions particulières et constitués par le groupement instable d'éléments hétérogènes.

Mais lorsque les Mahâyânistes déclarent qu'une chose n'est pas *réelle*, entendent-ils, par là, que cette chose *n'existe pas* ? — Nullement. La chose *existe*, personne ne le nie, seulement elle n'a qu'une existence relative, subordonnée et il n'y a pas un point, en elle, qui possède le caractère d'*existence en soi*. C'est ce fait que les disciples de Tsong Khapa ont en vue lorsqu'ils déclarent : « Le monde existe, mais il n'est pas réel. »

Une autre déclaration, rapportée ci-dessus, appelle aussi une explication. « Chaque atome est un univers », a-t-il été dit. La doctrine dont il s'agit est plus spécialement mise en relief dans certains *damngags* tibétains.

Le terme *damngag (gtams ngag)* signifie conseil, avis, précepte, mais il a pris l'acception d'enseignement traditionnel, de doctrine secrète transmise, oralement, de maître à disciple. La plupart des *damngags* consistent en un mélange de doctrines appartenant à différentes écoles philosophiques bouddhistes ; parfois, ils comprennent, même, des théories qui paraissent se contredire mutuellement. La liaison entre les vues éparses et la conciliation des idées opposées sont effectuées par un commentaire original incorporé dans le *damngag* au même titre que les doctrines empruntées aux anciens docteurs du Bouddhisme.

Les *damngags* tibétains n'ont pas le monopole des théories concernant les atomes. L'école philosophique hindoue (non bouddhiste), dénommée Vaiseshika[1], enseignait que tous les objets sont constitués par des groupes d'atomes. D'après les Vaiseshikas, l'atome est la plus infime des particules de matière ; il est indivisible, éternel et invisible. Il faut que deux ou trois d'entre eux soient groupés pour que la masse qu'ils forment soit perceptible. Quant aux groupes d'atomes, les Vaiseshikas les tenaient pour impermanents.

Ceux des *damngags* qui s'occupent des atomes s'écartent des Vaiseshikas en ce qu'ils ne fixent pas de limite à la possibilité de division des particules de matière : une division continuée à l'infini et un terme à la division sont, l'un et l'autre, inconcevables, est-il dit. De même, il n'est pas admis que des atomes, pas plus qu'aucune autre chose, puissent être éternels. Les maîtres spirituels considèrent, d'ailleurs, toutes les spéculations sur ce sujet comme vaines et improfitables.

Ce qui est enseigné, par certains de ceux-ci, c'est que tous les objets que nous percevons — un arbre, une pierre, un animal — sont composés d'atomes non point immobiles, mais se mouvant et tourbillonnant avec une rapidité vertigineuse. Le maître tibétain illustre par des claquements de doigts successifs, rapidement exécutés, le fait que la constitution de n'importe quel groupe ne demeure pas la même pendant deux fractions de seconde successives. Chaque claquement de doigts marque un changement dans la composition du groupe.

Comment les Tibétains, ou ceux dont ils tiennent ces

1. La date des Vaiseshika Sûtras est fort incertaine. Peut-être existaient-ils déjà au Ier siècle après Jésus-Christ ; peut-être n'ont-ils été rédigés que vers le Ve ou le VIe siècle. Ce qui, dans les deux cas, n'exclut pas la possibilité de l'existence de la doctrine des Vaiseshikas et de sa transmission orale, avant l'époque où elle a été exposée de façon systématique dans les sûtras.

idées, sont-ils arrivés à les concevoir ? — Ceux qui enseignent cette doctrine croient que les maîtres qui l'ont énoncée ont formulé le résultat de leurs propres observations. Ne devons-nous pas, plutôt, comprendre qu'il s'agit là d'un cas de connaissance intuitive ? — Quoi qu'il en soit, j'ai rencontré des gens qui affirmaient qu'ils *voyaient* les objets qui les environnaient, sous l'aspect de « tourbillons » de particules qui « ne se touchaient pas » mais « dansaient les unes en face des autres » ou « les unes autour des autres »[1].

Parmi les Mahâyânistes, un grand nombre considère le monde comme étant subjectif, une simple projection de notre esprit. « Comme des images vues en rêve, ainsi faut-il considérer tous les agrégats » est le précepte de la *Prajnâ Pâramitâ.* Et, pensent les Bouddhistes, de cela qu'il nous est possible de percevoir et de connaître, il n'est rien qui ne soit « confection », « agrégat ».

Au Tibet, les adeptes philosophes de la secte Dzogstchén (secte du « Grand Accomplissement ») tiennent le monde pour un pur mirage que nous produisons nous-mêmes et qui n'a aucune espèce d'existence en dehors de nous. Tout ce que nous voyons, tout ce que nous ressentons est identique à ce que nous voyons et ressentons dans nos rêves, disent les Dzogstchénpas. Dans ces rêves, nous souffrons, nous sommes heureux, nous nous voyons vivre dans l'opulence ou vêtus de haillons ; nous rencontrons toutes sortes de gens, nous nous entretenons avec eux, des passions s'élèvent en nous, nous aimons, nous haïssons, nous accomplissons

1. Il est dit que la pratique assidue de l'observation contemplative conduit à cette perception.

des actions diverses et, à notre réveil, toute cette fantasmagorie s'évanouit, ne nous laissant, souvent, aucun souvenir. Or, quand nous nous éveillons, c'est qu'une phase du rêve est achevée, mais une autre phase — celle que nous appelons l'état de veille — lui succède et nous rêvons encore.

Il est inutile de chercher à embarrasser un Dzogstchénpa lettré en lui disant que le fait que d'autres voient les mêmes choses que nous est une preuve de leur réalité. Il a une réponse toute prête. Comment, dira-t-il, pouvez-vous prouver que d'autres gens existent ? — Vous êtes le seul témoin de leur existence et c'est à vous-même que vous l'affirmez. Ces gens ne sont peut-être rien autre que des images subjectives créées par vos propres pensées. Si ces « autres gens » déclarent voir ce que vous voyez, c'est que c'est vous-même qui parlez par leur bouche. Ils ressemblent aux personnages avec qui vous conversez dans vos rêves.

Les Dzogstchénpas n'ont pas inventé cette théorie. Elle existait, bien avant eux, dans l'Inde et en Chine. Le célèbre philosophe taoïste Tchouang-tse a, de façon pittoresque, exprimé une opinion analogue dans un de ses ouvrages.

« La nuit dernière, dit-il, j'ai rêvé que j'étais un papillon et, maintenant, je me demande : Suis-je un homme qui a rêvé qu'il était un papillon, ou suis-je un papillon qui rêve, pour le moment, qu'il est un homme ? »

Existe-t-il un moyen, absolument certain, de découvrir la vérité ?...

On sera évidemment porté à invoquer le témoignage de la mémoire en disant : « Je suis certain que je ne suis pas un papillon parce que je me souviens parfaitement que, hier, j'étais un homme et que j'ai accompli des actes propres à l'homme et je me rappelle la même chose concernant l'année dernière et beaucoup d'autres années qui ont précédé celle-là. »

A ce raisonnement, certains lamas tibétains répondront comme suit :

« Dites-moi, je vous prie, *quand* vous *savez* que vous avez accompli telles actions ou été témoin de tels événements à une époque quelconque dans le passé ? »

La question est bizarre et propre à étonner celui à qui elle est posée. Cependant, après avoir réfléchi un moment, on doit avouer que c'est *au moment présent* que l'on est conscient d'avoir accompli ces actions ou contemplé ces événements. Alors, après quelques explications préalables, le lama conclura que, puisque c'est *au moment présent* que vous êtes conscient de ces faits, il est possible qu'il s'agisse simplement d'*idées* qui ont surgi, *maintenant*, dans votre esprit. Vous avez *l'idée* d'avoir vu ou fait certaines choses, mais l'*idée* seule existe.

Des preuves matérielles n'ébranleront pas l'opinion de ces idéalistes obstinés. Dites-leur : « Comme preuve de ce que j'ai été un tailleur, voici un vêtement que j'ai coupé et cousu. Comme preuve de ce que j'ai été un architecte, voici un plan que j'ai dessiné et une maison qui a été bâtie sur ce plan. Comme preuve de ce que j'ai été marié, voici mon fils âgé de vingt ans. »

Votre imperturbable interlocuteur répondra en souriant : « Mon ami, dans vos rêves vous avez été, souvent, un tailleur, un architecte, un père de famille ou d'autres individus et vous avez vu les résultats de leurs actes. Ce ne sont, je vous le répète, que des idées projetées par votre esprit qui est plein d'idées. Vous-même, vous n'êtes qu'une idée qui, présentement, existe dans mon esprit. Je n'ai aucune preuve infaillible de votre existence. Je puis seulement savoir que j'ai l'idée, la sensation, qu'un homme est devant moi et parle avec moi. Cette idée, cette sensation proviennent d'une cause, mais il n'est pas absolument certain que cette cause soit, *réellement*, l'existence d'un homme qui discute avec moi comme je me l'imagine. »

Un rêve, comme tous autres phénomènes, doit en effet avoir des causes : le Bouddhisme est la doctrine de la causalité. Les causes nommées, ici, sont l'ignorance et les « origines interdépendantes » qui, à la fois, sont engendrées par l'ignorance et l'engendrent. Dans ce cas, le *pratîtyasamûtpâda* (origines interdépendantes) est entendu selon sa signification en Mahâyâna, comme loi générale de la production, par interdépendance, de tous les éléments qui constituent le monde.

Ce qui fait surgir le mirage du monde, est-il encore dit, c'est la fausse distinction qui, dans l'identité, imagine des différences, dote cela qu'il a arbitrairement séparé d'un nom particulier, de qualités particulières et le conçoit comme accomplissant des actes particuliers. Aux adeptes de la secte Zen, il est recommandé, de façon pressante, de se défaire de la tendance qui porte à distinguer, à séparer à tort et empêche de parvenir à la perception de l'« identité ». De façon plus nette, la *Prajnâ Pâramitâ* nous donne le sage conseil de ne pas nous abandonner à l'imagination, celle-ci étant considérée comme créatrice de multiples illusions et de la grande illusion qu'est le mirage du monde.

Plusieurs termes dont le Mahâyâna fait usage ont souvent été interprétés, par les étrangers, comme désignant l'Absolu, la Réalité, le Principe originel de toutes choses ou même, comme l'ont cru certains, un Dieu, ou le Bouddha considéré comme Dieu. Il s'en faut de beaucoup que ces interprétations correspondent à celles des Bouddhistes.

Alâya Vijñâna[1] (l'entrepôt de conscience) représente, pour les Mahâyânistes, une sorte d'entrepôt où s'emmagasinent les forces subtiles produites par toutes les pensées et tous les actes qui ont existé, et, si les Bouddhistes qui admettent l'existence de cet *Alâya Vijñâna* disent que cet « entrepôt » contient aussi les germes qui produiront des pensées et des actes dans l'avenir, c'est qu'ils considèrent que ces germes *sont* les pensées et les actes anciens.

Les Tibétains ont une expression particulière : *kunji*, qui signifie la « base de tout ». Ce n'est point, on le voit, une traduction littérale de « entrepôt de conscience » ; cependant les Orientalistes considèrent généralement *kunji* comme l'équivalent tibétain de *alâya vijñâna*.

Il résulte des explications que j'ai obtenues de Tibétains érudits que *kunji* désigne l'esprit, celui-ci étant la « base » des idées imaginaires qui créent le mirage du monde. Nous retrouvons dans les *damngags* tibétains (corps de doctrines traditionnelles ésotériques transmises oralement) les conceptions mahâyânistes indiquées ci-dessus. Il y est dit que les innombrables moments de conscience, les représentations mentales, les idées en nombre infini qui ont existé — sans qu'aucun début ou aucune origine de cette activité puissent être perçus — constituent la « base » *(kunji)* d'où ils émanent de nouveau comme causes de tous les moments de conscience, de toutes les sensations, les perceptions, de tous les phénomènes qui surgissent.

1. Voir aussi p. 274.

De l'énergie s'échappe continuellement de cette « base » ou de cet « entrepôt », et de l'énergie s'y emmagasine continuellement. Cependant, « base » ou « entrepôt » ne sont situés nulle part en dehors du monde. Ils *sont* le *samsâra* (*korwa*, en tibétain), la « ronde » telle que la conçoivent les initiés lamaïstes.

Cette « ronde » tourne par l'effet de l'activité mentale qui déclenche l'activité physique et, en même temps, dépend de cette dernière pour être entretenue.

Dans ces doctrines, *kunji nampar chéspa* devient la conscience fondamentale ou la « conscience base de tout » et se confond avec *lo (blo)*, l'esprit envisagé comme une collection d'opérations mentales qui se répètent par la force de l'habitude. Cette théorie n'est pas spéciale aux écoles philosophiques tibétaines. Le Lankavatara Sûtra insiste fortement sur elle en déclarant que le monde est « mémoire » *(vâsanâ)*[1] dans le sens de recommencement amené par l'énergie qu'engendre l'habitude, c'est-à-dire la répétition des mêmes opérations mentales.

Savoir cela, le voir, le comprendre, c'est rompre les liens de l'habitude, c'est la Délivrance : le nirvâna.

Un autre terme employé par les Mahâyânistes est *dharma kâya* auquel s'attachent plusieurs significations. Il est compris comme la source spirituelle, impersonnelle d'où émanent les Bouddhas qui se manifestent *(nirmâna kâya)*. Suivant une théorie entièrement opposée à celle des Hinayânistes, les Bouddhas qui paraissent sur la terre : Siddhârtha Gautama, le Bouddha historique, et d'autres, pareils à lui qui, d'après les Bouddhistes, ont paru à des époques anté-

1. *Vâsanâ* signifie, surtout, la mémoire existant dans le subconscient comme conséquence des impressions causées par les actes passés.

rieures, ne sont pas des êtres réels, au sens ordinaire de ce terme. Ils sont semblables à des fantômes créés par un magicien et les instruments visibles dont se sert le *dharma kâya*. Les Tibétains expriment clairement cette idée en les dénommant *tulpaï kous (sprulpai skus)*. c'est-à-dire « corps illusoires ».

Considéré d'une autre manière, *dharma kâya* est le corps des *dharmas* (éléments constitutifs des choses) et, dans ce sens, il est le Tout du monde. Toutefois, cette conception d'ordre cosmique ne s'applique pas à l'Absolu, à la Réalité car, pour les Bouddhistes, le monde n'est ni l'un ni l'autre.

Une autre expression rencontrée dans les Écritures mahâyânistes est *tathâtâ*. De nos jours, elle est particulièrement en faveur dans la secte japonaise Zen. *Tathâtâ* signifie « identité » ; d'après les zénistes, cette identité est reconnue lorsque l'esprit cesse d'imaginer des distinctions arbitraires.

Ces termes, et d'autres encore, ont été étudiés sous leurs différentes significations avec le désir d'y découvrir les diverses conceptions de l'Absolu qui ont surgi parmi les Bouddhistes. C'est là une vaine recherche. Bien que mis en garde, par leur Maître, contre l'inutilité des spéculations métaphysiques, les Bouddhistes n'ont pu résister entièrement au penchant de leur race ; ils ont élaboré de nombreuses théories concernant la matière, l'esprit et les phénomènes ; toutefois, ils ne se sont jamais laissé entraîner à tenter de décrire l'Absolu, la Réalité.

La Réalité, pensent-ils, exclut à la fois la dualité et la non-dualité ; elle ne peut pas être définie par des mots, pas plus qu'elle ne peut se concevoir. Tous les Bouddhistes reconnaissent que les connaissances, quelles qu'elles soient, que nous pouvons acquérir, sont limitées et conditionnées par nos facultés de perception. Toutes nos connaissances sont donc relatives, et, par conséquent, tous les objets qu'elles atteignent sont, aussi, relatifs. Inconnaissable est l'Absolu ; connu, il deviendrait relatif.

Le terme « Vide » *(sûnya)* que l'on rencontre dans les textes mahâyânistes y sert, généralement, à marquer l'absence de tout ce que pourrait concevoir notre esprit se mouvant dans le cercle de la relativité. Le Vide, chez les Bouddhistes, n'a jamais la signification de néant absolu que les Occidentaux ont, parfois, voulu lui donner. D'une part, il indique le défaut de substance autogène et propre, dans tous les éléments constitutifs des phénomènes, leur interdépendance, leur caractère relatif et, d'autre part, il est un nom pour la Réalité, l'Absolu que la limitation de nos facultés de perception nous rend inaccessible et inconcevable.

Nous voici ainsi ramenés, après de multiples détours, aux sages conseils du Bouddha.

« Ne pensez pas : le monde est éternel, il n'est pas éternel ; il est infini, il est limité » (Samyutta Nikâya).

« Le monde a coutume de s'en tenir à une dualité : tout est, ou rien n'est ; mais pour celui qui aperçoit, en vérité et en sagesse, comment les choses se produisent et périssent dans le monde, pour celui-là, il n'y a ni être ni non-être. » (Samyutta Nikâya).

ÉTHIQUE

Le disciple ayant acquis des vues justes ou, tout au moins, ayant rejeté les vues les plus fausses, et pris l'habitude de scruter les motifs de ses actions et de discerner la portée probable de celles-ci, est devenu capable de se conduire d'une façon meilleure pour lui et pour autrui.

C'est ici qu'intervient, plus spécialement, la distinction des deux « sentiers », celui des gens qui demeurent « dans le monde » et celui des *aryas*, c'est-à-dire des nobles disciples qui se sont élevés au-dessus de la routine des hommes plongés dans les choses du monde.

L'*arya*, surtout d'après la conception tibétaine, analogue sur ce point à celle des Hindous, n'est soumis à aucun code moral rigide. Il *sait* comment il convient qu'il agisse, suivant les circonstances dans lesquelles son acte doit être accompli, pour que le résultat de celui-ci soit utile, qu'il supprime de la souffrance, de l'ignorance, procure du bonheur et instruise.

Cette voie de la liberté complète, où l'on marche sans autre guide que son propre savoir, est évidemment périlleuse et les maîtres spirituels de l'Inde comme ceux du Tibet n'ont jamais manqué de mettre leurs disciples en garde contre ses dangers. La présomption est, là, funeste et, d'une façon imagée, il est dit que celui qui use de sa liberté pour donner cours à ses passions, au lieu de s'en servir pour travailler plus efficacement au bien d'autrui et à son propre perfectionnement, devient un démon.

Des règles ont donc été édictées pour les simples fidèles, laïques ou religieux.

Les premières de celles-ci, comme toutes les lois morales du monde, ont un caractère purement social et n'offrent rien de particulier. Que l'on appartienne à n'importe quelle religion, que l'on professe n'importe quelle doctrine philosophique, ou que l'on soit complètement incroyant, le fait d'être membre d'un groupement humain oblige à les observer, afin que les autres membres de ce groupement puissent vivre en sécurité.

Ce sont les « Cinq Préceptes » enjoints à tous les Bouddhistes :

Ne pas tuer,

Ne pas prendre ce qui ne vous a pas été donné,

Ne pas avoir de rapports sexuels illégaux,

Ne pas mentir,

Ne pas boire de boissons enivrantes.

Cinq autres « préceptes » s'ajoutent à ceux-ci et doivent, en plus, être observés par les religieux ; ce sont :

Ne pas manger en dehors du temps permis,

Ne pas danser, chanter ou assister à des fêtes, à des représentations théâtrales,

Ne pas embellir ou parer sa personne en faisant usage de guirlandes de fleurs, de parfums et d'onguents,

Ne pas se servir de lits ou de sièges larges ou élevés,

Ne recevoir ni or, ni argent.

Le troisième précepte qui prescrit aux laïques de s'abstenir de rapports sexuels illégaux est remplacé, pour les religieux, par l'injonction de garder une chasteté complète.

Ces mêmes « préceptes » sont énoncés sous une forme plus développée et dénommés, alors, les « Dix Actes méritoires » (méritoires dans le sens que leurs résultats sont bienfaisants) :

S'abstenir de tuer est bien,

S'abstenir de voler est bien,

S'abstenir de relations sexuelles illégales est bien,

S'abstenir de mentir est bien,

S'abstenir de calomnier est bien,

S'abstenir de paroles dures et méchantes est bien,
S'abstenir de conversations inutiles est bien,
S'abstenir de convoitise est bien,
S'abstenir de cruauté est bien,
Comprendre correctement est bien. (Majjhima Nikâya.)

Il existe une énumération des dix actes « non méritoires » qui reproduit celle-ci à l'inverse : « Tuer est mal, Voler est mal », etc.

Et voici une paraphrase contemporaine de ces dix préceptes, basée sur des commandements recueillis dans des discours attribués au Bouddha :

« Ne pas tuer, avoir égard à toute vie humaine, animale ou végétale, ne pas détruire inconsidérément.

« Ne pas dérober ni voler. Aider chacun à posséder les fruits de son travail.

« Ne pas commettre d'adultère. Vivre chastement.

« Ne pas mentir. Dire la vérité avec discrétion, non pour blesser autrui, mais avec bienveillance, charité et sagesse.

« Ne faire usage ni de boissons fermentées, ni d'aucune drogue enivrante.

« Ne pas proférer de serment. Ne pas se laisser aller à des conversations vaines, futiles ou mauvaises. Parler avec retenue et dignité lorsqu'on a un motif de le faire, ou bien garder le silence.

« Ne pas calomnier, ni médire ; ne pas se faire l'écho des calomnies et des médisances. Ne pas critiquer et blâmer, mais chercher les côtés favorables à trouver en notre prochain, afin de défendre avec sincérité ceux qui sont attaqués.

« Ne pas convoiter jalousement les avantages dont jouissent ceux qui nous entourent. Se réjouir du bonheur qui leur advient.

« Rejeter la méchanceté, la colère, le dédain, le mauvais vouloir. Ne pas nourrir de haine, même contre ceux qui nous font du mal. Avoir, pour tous les êtres vivants, des sentiments de bonté, de bienveillance et d'amour.

« Combattre l'ignorance en soi et autour de soi. Être vigilant dans la recherche de la vérité, de crainte d'en arriver à l'acceptation passive du doute et à l'indifférence, ou de tomber dans l'erreur qui éloigne du Sentier conduisant à la paix. »

Bien que ce programme d'une conduite vertueuse, selon la conception bouddhique, soit clair en lui-même, quelques renseignements supplémentaires sur les diverses interprétations qui lui sont données peuvent être intéressants.

La défense de tuer n'est pas comprise par les Bouddhistes de la même manière que par les Juifs et par les Chrétiens qui la tiennent du Décalogue de Moïse. Ceux-ci admettent tant d'infractions à ce commandement qu'il devient à peu près inexistant. D'abord, d'après eux, la prohibition ne s'applique qu'aux hommes ; il est licite de tuer les animaux pour s'en nourrir ou même simplement par plaisir, comme dans les chasses où l'on tue des bêtes que l'on ne mange pas : renards ou autres. La peine de mort infligée aux criminels leur paraît aussi tout à fait légitime. Il ne leur vient pas à la pensée que leur acte est plus odieux que celui de l'assassin lui-même, car celui-ci peut avoir été poussé au crime par des raisons qu'eux n'ont point et, dans tous les cas, l'homme qui a tué illégalement, l'a fait en jouant sa vie, tandis que ceux qui le font assassiner légalement, ne courent aucun risque, ce qui entache leur acte d'une certaine lâcheté. Plus encore, l'exécution d'un criminel s'accompagne de sentiments bassement vindicatifs et d'une cruauté sadique qui ne lui laisse guère d'excuse. Si l'on estime qu'un individu est un danger permanent pour les autres hommes et que l'on croie — une opinion très contestable — qu'il ne suffit pas de l'enfermer pour la vie, comme on le fait pour les fous dangereux, afin de l'empêcher de nuire, l'on pourrait, du moins, le supprimer, à son insu, par des méthodes qui lui épargneraient l'agonie prolongée de l'attente de l'exécution et celle-ci elle-même, effectuée alors qu'il est pleinement lucide.

Les précautions prises pour empêcher un condamné à mort de se suicider, ou le fait de le soigner s'il devient malade et de s'obstiner à l'empêcher de mourir pour avoir la satisfaction de le tuer quand il sera guéri, sont des aberrations que l'on considérera, dans les siècles futurs, avec une horreur semblable à celle que nous inspire le souvenir des chambres de torture d'autrefois.

En dehors de l'exécution des criminels, le meurtre est encore considéré comme légitime à la guerre et dans le cas où l'on est soi-même menacé d'être tué. Il est difficile de contester que l'homme qui vit en société avec d'autres hommes et qui jouit des avantages que leur collaboration lui procure, ait le devoir de défendre cette société si elle est attaquée — il faut pourtant qu'elle lui ait, *véritablement*, procuré des avantages. Quant à la défense personnelle, quiconque n'est ni un saint, ni un sage, a le droit de tenir à la vie.

Où de nouvelles aberrations se font jour, en Occident, c'est dans l'excuse des crimes dits passionnels. Un assassin que guide le désir de s'approprier de l'argent pourrait, peut-être, devenir un « honnête homme » s'il se trouvait dans l'aisance, mais le crime passionnel dénote, chez celui qui le commet, l'existence de tendances pernicieuses capables de se réveiller à n'importe quel moment et de le porter à de nouveaux crimes. C'est un fou de l'espèce la plus dangereuse qui ne devrait jamais être conduit devant un tribunal, mais être, immédiatement après son crime, interné, pour la vie, dans un asile d'aliénés.

Les idées que je viens d'énoncer ne sont pas nouvelles et je n'ai garde d'en revendiquer la paternité ; je tenais seulement, en les rappelant à la mémoire du lecteur, à mettre en évidence la grande différence qui existe entre l'interprétation sémitique (juive ou chrétienne) de la défense de tuer et celle que lui donnent les Bouddhistes.

Unanimement, tous les Bouddhistes admettent que le commandement est formel : l'on ne doit pas tuer, l'on ne doit *rien* tuer, ni êtres humains, ni animaux ; l'on ne doit *jamais* tuer, quelles que soient les circonstances où l'on se trouve, les dangers que l'on court, ou les causes qui vous incitent au meurtre.

Le commandement n'est d'ailleurs pas arbitraire, il dérive de raisons que les Bouddhistes trouvent convaincantes. Leur propre amour de la vie permet aux laïques de mesurer l'attachement que les autres êtres éprouvent pour elle et, comme l'on n'est véritablement un Bouddhiste que si l'on a un cœur compatissant, les fidèles laïques considèrent, avec horreur, l'acte d'infliger à autrui la douleur physique et mentale que cause la perte de la vie.

Quant à ceux, membres de l'Ordre religieux ou disciples laïques qui marchent dans le Sentier supérieur « hors du monde », la lumière spirituelle qu'ils ont acquise a produit en eux un tel détachement de la vie et des intérêts qui s'y rapportent, une si profonde pitié pour les êtres que la soif d'existence et de bonheur possède, que loin de jamais songer à les détruire, ils se laisseront dépouiller et tuer par eux sans résistance. La légende du jeune prince qui se donne en pâture à une tigresse est un exemple de cette attitude[1].

Tel est l'idéal bouddhique. Il s'élève très au-dessus de nos considérations utilitaires ; il dérive, nous l'avons vu, d'une conception du monde et de la nature de notre personne totalement différente de celle qui est courante en Occident.

Cependant, lorsqu'une doctrine compte plusieurs centaines de millions d'adhérents nominaux, il est inévitable que la grande majorité de ceux-ci soient très imparfaitement pénétrés de ses principes philosophiques et des vertus qui en découlent.

Parmi les Bouddhistes, il en est, donc, qui ont trouvé des arguments spécieux pour justifier l'acte de manger de la viande.

En premier lieu, vient l'histoire du Bouddha dont le dernier repas, d'après certains, a consisté en un plat de sanglier que lui aurait offert un forgeron chez qui il avait pris son repas. Cette nourriture indigeste ingérée, alors qu'il souffrait déjà de dysenterie, aurait aggravé son état et causé sa mort à l'âge de quatre-vingt-un ans.

Puisque nous avons été dûment avertis, par le Bouddha lui-même, que sa doctrine ne tient pas sa valeur d'avoir été prêchée par lui et que, seule, sa conformité aux faits réels doit nous incliner à nous y rallier après l'avoir minutieusement examinée, il est tout à fait

1. Voir pp. 133-134.

indifférent que le Bouddha ait ou non mangé de la viande. Pendant quelque temps, j'ai admis l'idée que le dîner où Kunda, le forgeron, avait offert du sanglier au Bouddha, pouvait être historiquement exact, mais de nouveaux séjours prolongés dans l'Inde ont modifié mon opinion à ce sujet. Ceux des Bouddhistes qui affirment que le terme « délices du sanglier » qui figure dans les textes, se rapporte à une sorte de champignon dont les sangliers sont friands, me paraissent dans la vérité. Le Bouddha n'appartenait pas à cette classe d'ascètes tantriques qui affectent de violer toutes les règles établies quant à la pureté des aliments et que l'on voit parfois s'installer auprès d'un égout et manger les ordures qu'il charrie. Ce genre de « saints » n'a surgi qu'après l'époque où il vivait et, dans tous les cas, s'il en existait alors quelques échantillons, ni le Bouddha, ni les maîtres qu'il avait eus, ni ses propres disciples n'avaient rien de commun avec eux. Or, jamais, dans l'Inde, les ascètes respectables n'ont mangé de viande et personne ne songe à leur en offrir.

De plus, nous lisons dans les textes canoniques (Mahâ Parinibbâna Sutta) que le Bouddha défendit à ceux de ses disciples qui dînaient avec lui chez le forgeron, de manger de cette nourriture funeste, qu'il la déclara impropre à être consommée et ordonna qu'elle fût enterrée, ce qui se rapporterait bien à des champignons vénéneux, ou, comme le suggère le professeur Narasu, à la racine d'une plante bulbeuse dénommée *sukara kanda*[1] qui est comestible mais à laquelle la racine d'une plante vénéneuse aurait pu être substituée ou mêlée par erreur.

1. L'expression employée dans les récits canoniques est : *sukara maddava* que les uns entendent comme « un délicieux morceau de sanglier » et les autres, ainsi qu'il a été dit ci-dessus, comme « les délices du sanglier ».

Quoi qu'il en soit, les religieux bouddhistes ont tellement compris la défense de tuer comme s'appliquant à tous les êtres humains et animaux, qu'un des articles de leur trousseau monastique est un filtre à travers lequel ils doivent passer l'eau qu'ils boivent, afin d'éviter d'absorber et, par là, de tuer les animaux microscopiques contenus dans l'eau.

Ce beau zèle fléchit souvent lorsqu'il s'agit du régime végétarien. Il n'y a guère que les Bouddhistes chinois qui, généralement, laïques aussi bien que religieux, y soient fidèles.

Au Tibet, les conditions climatériques, la difficulté d'obtenir des légumes à de hautes altitudes ne facilitent pas le régime végétarien. Tous les Tibétains aiment la viande, mais, seuls, les gens riches habitants les villes en consomment quotidiennement. Les paysans et même les pasteurs vivant parmi les troupeaux, en mangent rarement ; j'ai pu le constater pendant les nombreuses années que j'ai passées parmi eux. Il ne manque pas de lamas qui, par principe, s'abstiennent entièrement de nourriture animale. Mais qu'ils mangent de la viande ou qu'ils y aient renoncé, tous les Tibétains — sauf quelques magiciens adeptes des doctrines tantriques — déclarent que c'est là un acte mauvais qui entraîne des suites funestes pour celui qui le commet et crée une atmosphère psychique délétère dans les milieux où il est habituel.

J'ai pourtant entendu des lamas magiciens et des ermites exprimer des opinions originales à ce sujet.

« La plupart des hommes », me dit l'un de ceux-ci, « mangent comme les bêtes, pour se rassasier, sans réfléchir à l'acte qu'ils accomplissent et à ses suites. Ces ignorants font bien de s'abstenir de viande et de poisson. D'autres, au contraire, se rendent compte de ce que deviennent les éléments matériels qu'ils ingèrent en mangeant un animal. Ils savent que leur assimilation entraîne celle d'autres éléments psychiques qui leur sont unis. Celui qui a acquis cette connaissance peut, à ses risques et périls, contracter ces associations et s'efforcer d'en tirer des résultats utiles à la victime du sacrifice. La question est de savoir si les éléments, d'origine animale, qu'il absorbe donneront une nouvelle force aux instincts animaux qu'il porte en lui ou s'il sera capable de transmuer, en force intelligente et spirituelle, la substance qui passera de l'animal en lui et y renaîtra sous la forme de sa propre activité[1]. »

Il existe quelques passages des suttas pâlis dont les Bouddhistes pourraient peut-être, à la rigueur, s'autoriser pour manger de la viande sans crainte de transgresser le premier précepte.

On lit, dans l'Amagandha Sutta du Sutta Nipâta :

« Ce qui rend impur, ce n'est pas manger de la viande, mais être brutal, dur, calomniateur, sans pitié, arrogant, avare.

« Ce qui rend impur, ce n'est pas manger de la viande, c'est la haine, l'intempérance, l'entêtement, la bigoterie, la fourberie, l'envie, l'orgueil, la suffisance, la complaisance envers ceux qui commettent l'injustice. »

Il ne semble pas, cependant, que les *bhikkhous* (religieux) des pays bouddhistes du sud cherchent, là, un appui pour absoudre leur gourmandise en ce qui concerne la viande. De telles déclarations, comme beaucoup d'autres analogues, sont dirigées contre le

1. Voir mon livre : *Parmi les mystiques et les magiciens du Tibet*, Plon, p. 57.

pharisaïsme des brahmines se glorifiant d'une pureté qui ne consistait qu'en actes extérieurs et en pratiques rituelles. Ces passages abondent dans les ouvrages pâlis.

« Ce n'est pas avoir les cheveux rasés qui fait un *çramana* (ascète) de l'homme qui manque à ses devoirs et qui ment. Si l'on est tout entier possédé par la convoitise et le désir, comment serait-on un *çramana* ? »

« On n'est pas un *bhikkhou* (religieux mendiant) parce que l'on mendie chez autrui. C'est parce que l'on a concentré toute la Doctrine en soi que l'on est un *bhikkhou* » (Dhammapada).

De même, il est dit que ce n'est pas parce que l'on demeure continuellement silencieux ou que l'on n'admet pas de femme dans sa couche que l'on est un *arcat* (le degré spirituel le plus élevé), on est un *arhat* si l'on est plein de compassion pour tous les êtres, si l'on agit avec réflexion, etc.

De cela, aucun Bouddhiste des pays du sud n'a jamais conclu que le *bhikkhou* ne devait pas se couper les cheveux, qu'il ne devait pas mendier sa nourriture et qu'il lui était loisible de prendre femme.

Pour justifier leur conduite, les *bhikkhous* de Ceylan, de la Birmanie et des autres pays du sud de l'Asie citent une déclaration, qu'ils attribuent au Bouddha, et qui, si elle est authentique, ressemble à une boutade légèrement ironique. D'après celle-ci, il est permis aux religieux — et à plus forte raison aux laïques — de manger de la viande lorsqu'ils n'ont pas tué l'animal eux-mêmes, lorsqu'ils n'ont pas donné l'ordre, à un autre, de le tuer, lorsque la bête n'a pas été tuée expressément pour leur consommation, ou, comme certains disent : « Lorsque l'on ne *sait* pas qu'elle a été tuée », c'est-à-dire que l'on n'a pas été averti qu'elle allait être tuée. Bienheureuse ignorance, très volontairement cultivée, qui permet à ces casuistes de satisfaire leur coupable gourmandise, donnant un exemple déplorable. Je m'empresse pourtant d'ajouter qu'il y a d'honorables exceptions parmi les *bhikkhous* ; j'ai connu, sur les monts Sagains, en Birmanie, des communautés entières de religieux qui étaient strictement végétariens, et il ne manque pas de laïques pieux qui les imitent.

Au Tibet où, comme je l'ai dit, les pécheurs ne se cherchent pas d'excuses, il est d'usage de s'abstenir de viande les jours de fêtes bouddhiques, trois fois par mois : le jour de la nouvelle lune, le dernier jour du mois et, plus particulièrement, le 15 du mois[1].

Les lamas et un grand nombre de laïques ne mangent pas de viande pendant toute la durée du premier mois de l'année et, pendant ce mois, il est strictement défendu de tuer des bêtes pour la boucherie. Cette défense s'étend aussi, chaque mois, aux dates mentionnées ci-dessus.

Je n'ai pas indiqué l'abstention de poisson, car les Tibétains n'en mangent pas, sauf dans les régions voisines de la Chine où l'exemple des Chinois leur a fait surmonter la répugnance que ce genre d'aliment leur inspire.

Au premier précepte se rattache, naturellement, la conduite que le Bouddhiste doit tenir en temps de guerre. Doit-il combattre ? — Les avis sont partagés. Si l'on pose cette question aux fidèles japonais de la

1. Ce sont des mois lunaires et les deux premières dates sont, respectivement, le 8 et le 30.

secte Zen, ils vous répondent sans hésiter qu'il faut combattre pour son pays. En fait, l'élite des *samuraïs* a appartenu à cette secte.

L'on raconte que Toki-mune (1264-1283), le *shogun* qui défit la flotte de Kubalaï Khan lorsqu'elle voulut conquérir le Japon, était un zélé fidèle de la secte Zen. A deux reprises il fit décapiter les envoyés du Khan qui demandaient la soumission du Japon. Puis, lorsque l'ennemi approcha, il se rendit auprès de son maître spirituel, Tsu Yuen, afin de recevoir de lui une dernière instruction : « Maître révéré », lui dit-il, « un péril imminent menace le pays. » — « Comment lui feras-tu face ? » demanda Tsu Yuen. Pour toute réponse, Toki-mune poussa une de ces exclamations bruyantes dont les zénistes sont coutumiers. « Oh ! le rugissement du lion », dit Tsu-Yuen. « Tu es un véritable lion. Va et ne bats jamais en retraite. » Toki-mune remporta la victoire.

Il n'était pas rare, au temps de la féodalité japonaise, que deux généraux, tous deux zénistes, combattissent l'un contre l'autre et que, se rencontrant au cours d'une bataille, ils échangeassent des coups de sabre, en même temps que des propos stoïques inspirés par l'enseignement de leurs Maîtres spirituels, comme le firent Shingen et Ken-Shin. Le héros national Masa-shige qui se suicida, avec ses officiers, après une défaite et le général Nogi, qui conquit Port-Arthur et se suicida, avec sa femme, en témoignage de fidélité à l'empereur, au moment où avaient lieu les funérailles de ce souverain, excitent l'enthousiasme de certains zénistes... peut-être de tous, bien que Zen ne manque pas d'autres idéals plus conformes à celui du Bouddhisme.

Aux antipodes de ce « Bouddhisme » belliqueux,

nous rencontrons celui qui exalte la non-résistance absolue.

D'après une tradition, dont le fond est presque certainement historique, la famille du Bouddha et le clan entier des Çakyas, auquel il appartenait, périrent victimes de leur inébranlable respect de la vie d'autrui.

Menacés par un chef voisin, ils prirent l'engagement solennel de ne pas tuer pour leur défense et, même, ils refusèrent de recevoir parmi eux un des leurs qui, absent au moment où cet engagement avait été pris, avait tué des ennemis. Ils se laissèrent tous massacrer sans se défendre. Les récits consacrés à ce drame rapportent que des ruisseaux de sang coulaient dans la ville et que le Bouddha, déjà vieux, s'est, un jour, assis au bord d'un puits dans lequel les siens avaient été précipités.

Ceux qui croient — ou qui savent — que des actes de cette espèce projettent, dans le monde, des forces tendant à faire échec à la violence, attribueront au sacrifice des Çakyas une valeur inestimable, mais la majorité des Bouddhistes n'a pu se résigner à ne pas accorder aux Çakyas eux-mêmes une récompense personnelle et matérielle de leur fidélité au précepte qui enjoint de ne jamais tuer. Ces héros du détachement et de la charité sont, disent les bonnes gens, nés de nouveau parmi les dieux.

La règle généralement admise, en ce qui concerne la défense personnelle, est qu'un Bouddhiste ne doit pas tuer, même pour sauver sa vie, et, certainement, celui qui y déroge n'a aucun droit à se dénommer Bouddhiste. Quant à savoir s'il est licite de tuer pour défendre autrui et plus spécialement ceux qui ont droit à notre protection : des enfants, un époux, des parents, des serviteurs, des compagnons de voyage, la question est discutée. Toutefois, il semble que l'attitude la plus approuvée est la défense, en s'efforçant, dans la mesure du possible, de mettre l'agresseur dans l'impossibilité de nuire sans lui ôter la vie.

Cette question nous ramène au problème de la conduite que le Bouddhiste doit tenir en temps de guerre. Les réponses que j'ai reçues, à ce sujet, diffèrent grandement. Abstention complète, ont dit les uns, plutôt se laisser exécuter par les autorités militaires que de tuer. D'autres ont répondu : ne jamais s'engager comme soldat et si l'on est contraint de faire partie d'une armée, solliciter les corvées les plus pénibles, les tâches les plus dangereuses, faire bon marché de sa vie, mais ne jamais tuer. Et d'autres encore ont répliqué qu'en refusant de tuer des ennemis, l'on augmente les risques courus par les combattants de son pays. Chaque ennemi que l'on ne supprime pas, alors qu'on aurait pu le faire, pourra causer la mort de plusieurs des compatriotes ou des parents de l'abstentionniste.

De semblables discussions ont-elles, vraiment, leur raison d'être en Bouddhisme ? — Oui, si, comme il est advenu, le Bouddhisme sert de « religion » à une masse considérable d'adhérents et si, par conséquent, sa doctrine a été abaissée à leur niveau. — Non, si le Bouddhisme reste ce qu'il semble que le Bouddha ait voulu qu'il soit : une poursuite de la Connaissance par des intellectuels déjà, en grande partie, détachés des passions et des intérêts qui agitent le monde.

Le second précepte : « Ne pas prendre ce qui n'a pas été donné » — volontairement donné, doit-il être entendu — comporte nombre d'applications dont beaucoup concernent les rapports sociaux. La définition du vol entraîne celle de la propriété légitime. Il ne manque pas de Bouddhistes qui pensent que le simple fait de posséder une chose n'implique pas nécessairement que l'on ait, moralement, droit à sa possession. Et certains adeptes du « Chemin direct » ajoutent que le fait de ne pas posséder une chose n'implique pas nécessairement que l'on n'ait pas, moralement, le droit de la posséder.

Au temps du Bouddha, l'antique société hindoue résolvait à sa façon ou, plutôt, ignorait cet ensemble de questions que nous appelons les « problèmes sociaux ». Les pauvres étaient nombreux, comme ils le sont toujours en Orient, mais, alors, comme de nos jours, sauf aux époques où sévissait la famine, nul n'avait à craindre de mourir de faim. La misère sous la forme où elle existe de nos jours, en Occident, n'était pas encore créée, les rapports entre le capital et le travail ne donnaient lieu à aucune complication.

Dans cette société aux mœurs simples, le vol ne se dissimulait sous aucun artifice, c'était, tout simplement, l'acte de prendre quelque chose « qui n'était pas donné ». La vieille formule se prêtait pourtant, déjà, à tous les développements que l'on pourrait lui demander, par la suite, en des sociétés où la vie serait devenue plus compliquée.

Au sujet du troisième précepte : l'abstention de relations sexuelles illégales, il faut d'abord remarquer que cette défense est d'ordre social. Il n'existe point de rite bouddhique destiné à consacrer, religieusement, l'union des époux. Ceux-ci la rendent légale en satisfaisant aux formalités en usage dans leurs pays respectifs. Le Bouddhisme ne prescrit rien, non plus, au sujet des modes d'union conjugale. La monogamie, la polygamie, la polyandrie existent parmi les Bouddhistes. Ce sont là choses qui ne concernent que la société civile et les convenances particulières des individus, elles n'ont aucun rapport avec les doctrines philosophiques et le but du Bouddhisme. Qu'un homme ait une seule épouse ou qu'il en ait plusieurs, qu'une femme ait plusieurs maris, comme il arrive au Tibet, la seule chose qui importe c'est qu'ils se conduisent loyalement les uns envers les autres, qu'ils agissent avec bonté et soient dévoués à leurs époux, leurs épouses et leurs enfants.

Par « rapports sexuels illégaux » il est entendu l'adultère et la séduction de jeunes filles vivant sous la protection de leur famille...

Les devoirs réciproques des époux sont énoncés comme suit dans le Sijâlovâda Sutta du Dîgha Nikâya :

Le mari doit aimer sa femme
En la traitant avec respect
En la traitant avec bonté
En lui étant fidèle
En s'employant à la faire honorer par autrui
En lui donnant les vêtements et les parures dont elle a besoin.
La femme doit témoigner son affection à son mari
En dirigeant sa maison avec ordre
En recevant convenablement ses parents et ses amis
En vivant chastement
En étant une ménagère économe
En montrant de l'habileté et du zèle dans tous les soins qui lui incombent.

Ce tableau nous montre une division bien nette des rôles des époux, d'après les mœurs anciennes, sans qu'il paraisse que l'un d'eux soit sacrifié à l'autre.

L'on remarquera aussi que, contrairement aux codes religieux ou civils de l'Occident, il n'est point question, ici, d'obéissance et de sujétion de la femme vis-à-vis de son mari.

Si le Bouddhisme condamne rigoureusement la débauche, la luxure, il ne glorifie pourtant pas la continence pour elle-même. La chasteté complète, qui est requise des religieux, apparaît comme devant être, chez eux, une conséquence de leur détachement des sensations physiques et de la concentration de leur esprit poursuivant des buts spirituels. Cette attitude est propre à réduire les passions au silence, qu'il s'agisse de l'appétit sensuel, de la soif des richesses ou de l'ambition tendant à la puissance et à la gloire. L'on peut se rappeler, ici, ce qui a été dit au chapitre Ier, concernant la renonciation des *sannyâsins* : ils rejettent ce qu'ils ont cessé de désirer ou qui leur inspire, même, de la répulsion.

Jamais le Bouddhisme n'a enseigné que le seul fait de garder un strict célibat puisse conduire le disciple à la Connaissance. Sans doute, le célibat peut-il procurer à celui-ci (homme ou femme) une indépendance plus grande, en l'affranchissant de liens moraux et de charges matérielles, et lui rendre plus aisés le calme d'esprit, l'impartialité des vues, la liberté de jugement et d'action nécessaires à quiconque aspire à la sagesse ; mais, pas plus que la pauvreté volontaire, ou qu'aucune pratique ascétique, la chasteté ne peut donner de l'esprit au sot, du savoir à l'ignorant.

Au même titre que le mensonge sont défendues toutes les « actions verbales », ainsi qu'elles sont désignées techniquement, qui peuvent nuire à autrui ou lui causer de la peine d'une façon quelconque. Les maîtres tibétains insistent aussi sur ce point, que l'on doit user de discernement dans l'application de ce précepte : l'obéissance à celui-ci doit servir au bien des êtres et non leur devenir une cause de souffrance. Il va de soi qu'un homme questionné par des brigands qui l'ont saisi, ne doit pas, sous prétexte de dire la vérité, leur apprendre qu'il a un compagnon de voyage et que celui-ci s'est caché à tel endroit, ou enfui dans telle direction. Il semble absurde de mentionner ceci, mais on rencontre des gens qui déclarent que la vérité doit être respectée pour elle-même et qu'en toutes circonstances, elle doit être dite, quelles que soient les catastrophes qui peuvent en résulter.

La défense de boire des boissons enivrantes et de se servir de drogues ayant une influence sur l'esprit est formelle, et s'explique facilement. La poursuite de la Connaissance au moyen de l'attention, de l'observation, de l'analyse et de la réflexion, exige la lucidité de l'esprit ; par conséquent, tout ce qui est capable de produire un dérangement, plus ou moins prononcé, des fonctions mentales, de diminuer la clarté des perceptions, de déterminer une excitation morbide des sens et de l'esprit ou de les plonger dans la torpeur est, pardessus tout, à éviter.

Les Tibétains, qui ne manquent pas d'humour, illustrent par une anecdote amusante l'importance de l'abstention des boissons alcooliques :

Un religieux se vit mis, par un démon, dans l'obligation d'enfreindre les préceptes bouddhiques en commettant, à son choix, l'un des trois actes suivants : tuer une chèvre, avoir des rapports avec une femme, boire de l'alcool.

Après réflexion, le pauvre homme conclut que la

moindre de ces fautes était, certainement, de boire la boisson défendue. Ainsi fit-il et, lorsqu'il fut ivre, la passion charnelle s'éveilla en lui, il coucha avec la femme, puis, pour régaler sa maîtresse avec un bon repas, il tua la chèvre.

Il est encore enjoint aux Bouddhistes de gagner leur subsistance par des moyens qui ne sont, ni directement, ni indirectement, susceptibles de causer de la souffrance à autrui.

Quatre sortes de commerce leur sont interdits :

1 – Le commerce des armes ;

2 – Celui des êtres vivants, non pas seulement la traite des esclaves, mais aussi la vente des animaux. Si, pour une raison valable, le maître d'un animal ne peut pas le conserver, il doit chercher à lui trouver un nouveau maître qui le traitera avec bonté.

Le Bouddhiste peut se servir d'animaux pour l'aider dans ses travaux, mais il doit avoir égard à leur qualité d'êtres doués de sentiments et ne jamais faire d'eux des objets de transaction dans un but de lucre, comme s'ils étaient des choses inanimées.

3 – Le commerce de la viande ;

4 – Le commerce des boissons enivrantes, des drogues qui y sont assimilées et des poisons. Ce dernier terme ne s'applique pas aux poisons employés dans les préparations pharmaceutiques.

Dans les modes licites de gagner sa subsistance, le

Bouddhiste doit, naturellement, s'abstenir des actions qui ont été condamnées par les autres préceptes. Il doit être un commerçant honnête, un employé ou un serviteur consciencieux, un professeur ayant à cœur les progrès de ses élèves, etc.

Le Sijâlovâda Sutta, dont on trouvera la traduction dans l'appendice, donnera au lecteur une idée du code moral en honneur parmi les anciens disciples laïques du Bouddha.

CHAPITRE VI

LE KARMAN[1]

La doctrine du karman, qui n'est autre que celle de la Causalité, est commune à toutes les philosophies hindoues. Avant l'époque du Bouddha, elle avait déjà suscité de longues et subtiles controverses parmi les brahmines et chacun des systèmes philosophiques nés dans l'Inde a élaboré des théories spéciales sur le thème du karman, sa nature et son activité.

Il semble qu'il fut un temps où la doctrine du karman faisait partie d'un enseignement ésotérique. Probablement se trouvait-elle, alors, en contradiction avec les croyances populaires qui attribuaient à la volonté des dieux les événements notables qui se produisaient dans le monde, comme, aussi, les faits plus menus intéressant chaque individu en particulier. On était né sourd, aveugle, chétif ou bien robuste et sans défauts physiques parce que, croyait-on, un dieu s'était complu à produire un être ainsi fait. Par la suite, prospérité ou misère, succès ou insuccès, incidents heureux ou malheureux, toutes les phases diverses de la vie individuelle dépendaient, d'après cette même croyance, de la

1. Les auteurs étrangers écrivent, généralement, *karma*. J'ai conservé *karman* qui est plus correct.

volonté divine. Cette volonté ne livrait pas les raisons qui l'engendraient, elle demeurait mystérieuse, inexplicable ; toutefois, elle n'était ni absolue, ni inébranlable. Le dieu pouvait se laisser attendrir par des supplications, plus souvent il pouvait être gagné par des louanges, des marques de respect, des offrandes ; de là, le culte, les rites et le clergé indispensable à leur célébration. Bref, il existait, croyaient les bonnes gens, des moyens de faire changer d'avis le dieu qui leur voulait du mal et d'éveiller, dans l'esprit du dieu indifférent, le désir de leur être agréable. Dans tous les âges et dans toutes les civilisations, le commun des hommes a pensé de la sorte et ce genre de transaction avec la Divinité forme la partie effective de toutes les religions.

Il en était donc ainsi, dans l'Inde, avant le temps du Bouddha. Cependant, parmi les penseurs, des doutes surgissaient ; les faits dont on était témoin, se demandaient-ils, étaient-ils, réellement, les résultats d'une volonté arbitraire surgissant *sans cause* ? Ceci paraissait inadmissible. La volonté, manifestation du désir, doit être provoquée par quelque chose et, dès lors, si elle a une cause, cette cause elle-même doit en avoir une... Une porte s'ouvrait, ainsi, sur l'infini.

Dans un passage, souvent cité, du *Brahmana des Cent Sentiers*, nous trouvons la confirmation du caractère ésotérique de la doctrine du karman chez les anciens brahmines. Comme il arrive maintes fois dans les discussions entre Orientaux, la réponse donnée à la question posée dans le dialogue qui nous est rapporté, semble ne pas s'appliquer à celle-ci, mais, ainsi que nous le verrons plus loin, elle écarte, peut-être volontairement, les notions sur lesquelles la question est basée, parce que celles-ci, de l'avis de celui qui répond, sont incorrectes et qu'il leur substitue une autre vue.

Artabhâga demande au sage de grand renom Yâjnavalkya : « Quand l'homme meurt, sa voix s'en va dans le feu, son souffle dans le vent, son œil au soleil, sa pensée à la lune, son oreille aux régions du ciel, son corps à la terre, son moi à l'éther, son poil aux plantes, sa chevelure aux arbres ; son sang et sa semence se déposent dans les eaux. Mais où demeure, alors, l'homme lui-même ? »

A cette question très directe, Yâjnavalkya répond :

« Artabhâga, cette connaissance n'est que pour nous deux. Pas un mot, à ce sujet, parmi le peuple. » Et Yâjnavalkya « ayant pris Artabhâga par la main, tous deux se retirèrent à l'écart et conversèrent ensemble. Et ils parlaient des œuvres (karman) ; par des œuvres pures l'homme devient pur ; par des œuvres mauvaises, il devient mauvais ».

Cette connaissance secrète, possession d'une élite de penseurs et que ceux-ci se retenaient de proclamer ouvertement, le Bouddhisme allait en faire la base de son enseignement en proclamant : *Ye dharmâ hetu prabhavâ*, toutes choses proviennent d'une cause.

Cette formule d'apparence très simple donne lieu, lorsqu'on l'étudie, à de nombreuses complications. Mais, avant de décrire, sommairement, quelques-uns des aspects du karman, disons que le Bouddhisme populaire ne considère guère celui-ci que sous forme de rétribution morale. Le désir instinctif de justice, qui anime la grande majorité des hommes, leur a fait imaginer, comme causes du malheur qui les afflige ou qui afflige autrui, des actes mauvais qui ont été commis soit dans cette vie, soit dans une vie précédente, par celui qui souffre actuellement. Selon cette conception naïve, de bonnes actions doivent, au contraire, forcément attirer le bonheur, soit dans cette vie, soit dans une vie future, sur celui qui les a accomplies.

Cette conception d'une justice automatique et impersonnelle paraît, à la masse des Bouddhistes, infiniment supérieure à celle qui attribue à la volonté arbitraire d'une déité le malheur ou le bonheur des êtres considérés comme ses jouets.

En effet, d'après cette théorie, nul n'est lésé. Si nous naissons sains de corps et d'esprit, entourés de circonstances favorables à un heureux développement, c'est que nous avons nous-mêmes produit, en des vies précédentes, les causes qui nous ont fait naître dans cette condition. A l'inverse, la cruauté, l'avarice, la luxure, l'intempérance et d'autres vices, nourris pendant des vies antérieures, détermineront une naissance en des conditions défavorables.

Dans un ouvrage jouissant d'une grande popularité parmi les Bouddhistes hinayânistes, les *Questions du roi Milinda*[1], nous lisons ce qui suit :

« Le roi demande à Nâgasêna : Pourquoi les hommes ne sont-ils pas tous semblables ? Pourquoi certains ont-ils une vie brève et d'autres une longue vie ; pourquoi certains sont-ils laids, d'autres beaux ; pourquoi certains sont-ils puissants, d'autres riches, d'autres pauvres ; pourquoi certains naissent-ils dans une basse condition sociale et d'autres parmi les hautes classes de la société ; pourquoi certains sont-ils stupides et d'autres intelligents ? »

1. Le roi dénommé ici Milinda est un personnage historique, un des rois grecs qui régnèrent sur la Bactriane, à l'est de l'Inde, après les conquêtes d'Alexandre le Grand, vers le IIe siècle avant Jésus-Christ. Son nom était Ménandrosa ou Ménandrou.

Nâgasêna répondit : « Pourquoi toutes les plantes ne sont-elles pas semblables ? Pourquoi certaines ont-elles une saveur aigre et d'autres sont-elles salées, ou âcres, ou acides, ou astringentes, ou douces au goût ? »

« — Il me paraît, dit le roi, que ces différences proviennent de la différence de la qualité des semences.

« — Ainsi en est-il, ô roi, des différences que vous avez remarquées parmi les hommes et dont vous me demandez la raison. Les êtres ont chacun leur karman propre, ils sont héritiers de leur karman. Ils ont leur karman pour ancêtre, pour famille et pour Seigneur suprême. C'est le karman qui les classe selon toutes espèces de catégories. »

Et ailleurs :

« Mes œuvres (karman) sont mon bien, mes œuvres sont mon héritage, mes œuvres sont la matrice qui m'a engendré. Mes œuvres sont la race à laquelle j'appartiens, mes œuvres sont mon refuge » (Anguttara Nikâya).

Nous reviendrons sur ces déclarations et examinerons les explications qui en ont été données.

Étant né dans les conditions déterminées par ses œuvres passées, il appartient à l'homme de surmonter les difficultés causées par ses fautes et de se préparer, pour sa vie présente, et pour celles qui la suivront, des circonstances meilleures. De même, aussi, il importe que celui qui goûte un bonheur qu'il doit à la conduite vertueuse qu'il a eue dans le passé, s'efforce de ne pas commettre des actes mauvais qui le conduiraient vers des souffrances prochaines ou lointaines.

Sur ce thème, de naïves, pieuses gens ont brodé à l'infini et, même, ont élaboré des codes classifiant et dépeignant la nature exacte des sanctions qu'entraîne chaque genre d'acte vertueux ou mauvais.

Cette tendance à assimiler le karman à la justice rétributive et à le voir à l'œuvre, comme tel, dans tous les événements de l'existence n'a point manqué de soulever des protestations. Il est absurde, pensaient nombre de Bouddhistes, d'établir une relation, directe, entre la névralgie ou le dérangement intestinal dont un homme souffre et une mauvaise action qu'il a commise.

Dans l'ouvrage déjà cité, Milinda interroge Nâgasêna au sujet des divers accidents et des maladies dont le Bouddha a souffert. C'est là — étant donné la croyance professée par Nâgasêna — saisir la question par son côté le plus difficile. En effet, celui-ci croit que, non seulement le Bouddha ne peut plus commettre le mal depuis qu'il a atteint l'illumination parfaite, mais, encore, que toutes les conséquences des actes mauvais qu'il a pu commettre dans le passé sont épuisées. Comment donc se fait-il, alors, qu'il soit malade, comment se peut-il qu'il soit blessé par un éclat du rocher que son envieux cousin a précipité sur lui avec l'intention de le tuer ?

Nâgasêna ne peut évidemment voir, dans ces faits, l'action du karman — justice rétributive — et, comme il semble qu'il ne conçoit le karman que sous cette forme, il nie que le karman soit une loi générale.

« Il n'est point exact », répond Nâgasêna, « que toute souffrance provienne du karman. La bile, les humeurs, leur combinaison, les variations de la température, l'action d'agents extérieurs, etc., peuvent produire la souffrance. Donc, ceux qui affirment que le karman est l'unique cause des souffrances des êtres, soutiennent une erreur. »

Le roi qui, au cours de ces dialogues, se montre souvent plus fin que son interlocuteur, n'est nullement satisfait par cette réponse. Nâgasêna a reculé la question, il n'y a pas répondu. Toutes ces particularités : bile, température, agents extérieurs, ont une cause ; leur présence, en l'organisme de l'individu, ou dans le milieu où celui-ci se trouve, ne doit-elle pas être attribuée au karman ?...

Nâgasêna ne sait que reculer encore d'un pas : « La bile peut être troublée par le froid, par la chaleur, par les aliments non appropriés. » Dans de tels cas, la souffrance sera le résultat de la chaleur, du froid ou de l'alimentation malsaine. « Le nombre des événements se produisant par le fait du karman est minime en comparaison de ceux que d'autres causes engendrent. »

Passant à l'accident dont le Bouddha a été victime, Nâgasêna continue en rappelant que Dévadatta souhaitait tuer son glorieux cousin dont il jalousait la célébrité. Le rocher qu'il fit rouler sur la pente de la montagne devait, selon ses prévisions, écraser le Bouddha, assis plus bas, mais, en roulant, le rocher en heurta deux autres, ce qui le fit dévier de sa course. Le choc détacha un éclat de pierre qui fut projeté vers le Bouddha et le blessa au pied. La douleur éprouvée par le Maître, à la suite de cette blessure, devait être un effet, soit de son propre karman, soit de causes étrangères à lui et à ses œuvres. En dehors de ces deux genres de causes, Nâgasêna n'en reconnaissait aucun autre. Et comme, d'après lui, la cause de l'accident douloureux ne pouvait pas être attribuée au karman du Bouddha, il déclare qu'elle était « extérieure ». Cette conclusion est faible et ne correspond pas à l'esprit dans lequel le roi a posé la question.

Peut-être devons-nous voir, dans ce dialogue, le désir de réagir contre l'idée qui, en tous les malades, les malchanceux, les victimes d'infortunes quelconques, faisait voir des coupables expiant leurs fautes passées.

Cette conception n'a pas disparu dans l'Inde. L'on y rencontre encore d'orthodoxes Hindous qui y demeurent attachés. Le plus gravement du monde, ceux-ci déclarent que construire des hôpitaux, faire la charité aux indigents et, de quelque façon que ce soit, soulager ceux qui souffrent, est aller à l'encontre de la loi du karman qui produit leurs souffrances. Certains vont même jusqu'à déclarer cette bienfaisance nuisible à ceux qu'elle soulage, parce que, en allégeant leurs maux ou en les en délivrant, on retarde les effets de leur expiation.

L'on peut objecter à ces sombres sectaires — et les Bouddhistes ne manquent pas de le faire — que si l'on admet que le malade, l'indigent, l'homme frappé par une infortune quelconque, subissent le châtiment automatique de fautes anciennes, il faut aussi admettre que les résultats automatiques de ce même karman (leurs œuvres passées) les ayant placés à proximité de médecins ou de personnes généreuses et capables de les secourir, c'est afin qu'ils puissent profiter de leur aide. Si, d'après cette théorie, leurs maux devaient demeurer sans allégement, la force de leur karman les aurait vraisemblablement conduits loin de tout secours possible.

Cette logique ne persuade guère les gens butés dans leurs croyances cruelles. Le plus étrange est que l'on rencontre des individus qui appliquent cette foi barbare à leur propre personne. Sans pouvoir deviner les crimes qu'ils ont pu commettre dans leurs vies passées, sans qu'il leur soit même possible d'être le moins du monde certains qu'ils en ont commis, ces victimes d'une doctrine déraisonnable s'entêtent à se croire coupables dès que la souffrance physique ou morale les atteint, et se complaisent dans leurs tourments, y voyant l'expiation de fautes qu'ils ignorent.

La façon dont le Bouddhisme envisage la personne ne cadre pas avec les notions de justice rétributive strictement individuelle telles qu'elles ont généralement cours en Occident. Mais les hommes, en tous pays, sont volontiers inconséquents. Les plus acharnés défenseurs de l'idée de la responsabilité personnelle doivent pourtant admettre les lois de l'hérédité qui « punissent les fautes des pères sur les enfants, jusqu'à la troisième et la quatrième génération[1] ». A l'opposé, bien que professant que la personne est un agrégat d'éléments instables, qu'aucune âme ou *ego* permanent ne transmigre d'une vie à la suivante et ne se réincarne dans un nouveau corps, un grand nombre de Bouddhistes continuent à être hantés par le désir de justice rétributive individuelle.

Revenons à Milinda. Ses dialogues avec Nâgasêna condensent la plus orthodoxe doctrine hinayâniste et semi-populaire sur le sujet du karman.

Milinda demanda à Nâgasêna :

« — Qu'est-ce cela qui renaît, Nâgasêna ?

« — Le Nom et Forme (la personnalité) renaît[2].

1. *Exode*, XX, 5.

2. Il est plus conforme à la signification du terme de mettre le verbe au singulier car le couple forme une unité inséparable. Rappelons que le *Nom* représente les manifestations qui constituent l'esprit : sensations, perceptions, confections mentales, conscience ; tandis que la *Forme* est la partie physique de la personne.

« — Est-ce le même Nom et Forme qui renaît ?

« — Non, mais par ce Nom et Forme des actes sont accomplis, des actes bons ou mauvais et, par l'effet de ceux-ci, un autre Nom et Forme naît.

« — S'il en était ainsi, le nouvel être ne serait-il pas libéré de son mauvais karman ? »

Nâgasêna répliqua : « Oui, s'il n'était pas le produit d'une renaissance, mais comme il est tel, il n'est pas libéré de son mauvais karman. »

Ensuite Nâgasêna s'attache à prouver que le nouvel être, bien que différent du second, en est la conséquence, la prolongation.

Un homme prenant son repas à l'étage supérieur de sa maison laisse sa lampe flamber trop haut et celle-ci met le feu au chaume du toit. La maison prend feu tout entière et le feu se communiquant de maison en maison, tout le village est incendié.

L'on s'empare de cet homme et on lui dit : « Vous avez brûlé le village. » Mais lui réplique : « Je n'ai pas brûlé le village. La flamme de la lampe qui m'éclairait, tandis que je mangeais, était une chose, le feu qui a brûlé le village en était une autre. »

Nâgasêna, d'accord avec Milinda, conclut que l'homme est coupable et doit être puni parce que le feu qui a détruit le village procédait de la flamme de la lampe.

Il apporte, encore, dans la discussion plusieurs comparaisons de même genre. Je citerai deux d'entre elles.

« Imaginez, ô roi, qu'un homme paie une dot aux parents d'une petite fille dans l'intention de la prendre, plus tard, pour femme et, après cela, qu'il s'en aille. En son absence, la petite fille grandit. Alors, un autre homme verse une dot aux parents et épouse la jeune fille. Cependant, le premier revient et dit : "Pourquoi as-tu épousé ma femme ?" Mais le nouveau mari répond : "Ce n'est pas ta femme que j'ai prise..." »

Le premier acquéreur avait choisi une fillette, le second a épousé une jeune fille en âge d'être mariée. De toutes façons, physiquement et mentalement, cette dernière était différente de celle dont le voyageur avait versé la dot. Cependant c'était toujours elle.

« Imaginez que quelqu'un achète un vase de lait à un gardeur de troupeaux et s'en aille en laissant le vase à ses soins, disant : "Je reviendrai demain." Et le jour suivant le lait se caille. Quand l'acheteur revient, on lui offre du lait caillé. Il le refuse, disant : "Ce n'est point du lait caillé que je vous ai acheté ; donnez-moi mon vase de lait." Mais le gardeur du troupeau réplique : "Sans que j'y sois pour rien, votre lait est devenu du lait caillé." »

Remarquons, en passant, que dans ces deux dernières comparaisons, Nâgasêna semble pencher vers les doctrines qui tiennent les changements survenus à la jeune fille ou au lait, comme représentant l'évolution naturelle et continue d'une chose qui conserve toujours une sorte d'identité foncière. Le lait caillé, le beurre, le fromage ne sont que des aspects différents du lait, comme la fillette et la jeune fille sont les aspects successifs d'une même femme.

Cette vue devait être combattue par ceux des Bouddhistes qui professaient que les éléments ne se transforment pas mais disparaissent. J'ai entendu affirmer que ces deux opinions ne sont pas irréconciliables. C'est, me disait-on, la succession en série *(santâna)* qui cause l'illusion de l'évolution d'une chose unique. La nature des éléments qui surgissent et disparaissent instantanément détermine la nature de ceux qui les suivent.

Quelle que puisse être leur valeur, toutes ces théories, et les comparaisons avec lesquelles on les illustre, ne touchent pas véritablement au fond de la question. Elles peuvent démontrer la succession des causes et des effets, mais elles n'expliquent point ce que les bonnes gens brûlent de connaître, le mécanisme d'une rétribution équitable donnant à nos actes une sanction morale par les fruits que nous en récolterons, en des existences futures. De même, elles ne prouvent nullement que les circonstances heureuses ou pénibles de notre vie actuelle représentent le résultat de notre activité *personnelle* dans le passé.

Cette dernière idée ne se trouve point dans le Bouddhisme. Lorsque nous l'y rencontrons, il nous faut l'attribuer à l'incompréhension de ceux qui l'expriment, quant à la doctrine bouddhique. Il ne peut y avoir place pour des rétributions, absolument individuelles, dans une philosophie qui dénie la permanence et la réalité de la personne.

La rétribution ne peut exister que sous forme collective dans le karman général, de même que l'acte qui la déclenche a, lui aussi, été accompli avec la coopération du karman général. Nâgasêna n'ignorait pas, d'ailleurs, l'entrelacement des courants de karman.

Une des questions posées par Milinda se rapporte à l'une de ces nombreuses légendes relatives aux existences antérieures du Bouddha (les *jâtakas*).

En ce temps-là, est-il dit, le futur Bouddha était un jeune brahmine nommé Gotipâla. Sous cette personnalité, il insulta le Bouddha Kasyapa, l'un de ses prédécesseurs. Invité à aller écouter sa prédication, il répondit à ceux qui l'y conviaient : « Quel bien peut-il résulter pour nous d'aller rendre visite à ce moine bon à rien ? »

D'où provenait la mauvaise disposition d'esprit qui lui inspirait ces paroles ? — Voici ce qu'en dit Nâgasêna :

« La conduite de Gotipâla était due à sa naissance et à son entourage familial. Il appartenait à une famille d'incroyants. Sa mère, son père, ses sœurs, ses frères, ses parentes et ses parents, ses serviteurs étaient des adorateurs de Brahmâ, des fidèles de Brahmâ. Convaincus que les brahmines étaient les plus nobles et les plus honorables des hommes, ils méprisaient ceux qui avaient adopté la vie religieuse sans appartenir à leur caste. C'est sous l'influence de ce qu'il avait entendu répéter autour de lui que, lorsque le potier Ghatikâra l'invita à rendre visite au Maître, il répondit : "Quel bien peut-il résulter pour nous d'aller rendre visite à ce moine, ce moine bon à rien ?" »

L'effet de l'éducation prime ici, selon Nâgasêna, les bonnes tendances que le futur Bouddha portait en lui, comme fruit des bonnes actions qu'il avait accomplies dans ses vies antérieures.

Des combinaisons plus compliquées apparaissent dans ce qui suit.

« De même que le meilleur breuvage s'aigrit lorsqu'il est mêlé au poison, de même que l'eau la plus froide devient chaude au contact du feu, de même que le brasier le plus ardent perd son éclat au contact de l'eau et se transforme en escarbilles froides et noirâtres, ainsi en fut-il de Gotipâla. Malgré la foi et la connaissance qui avaient été siennes (dans ses vies passées), lorsqu'il renaquit dans une famille d'incroyants, il devint comme s'il était aveugle. »

Toutefois, sous un aveuglement de cette sorte, les bonnes dispositions acquises au cours des vies passées, subsistent et n'attendent qu'une occasion pour se manifester. C'est ainsi que Gotipâla, ayant fini par se rendre auprès de Kasyapa et l'ayant entendu prêcher, saisit immédiatement la vérité de ce qu'il enseignait, devint son disciple et acquit des facultés supérieures de clairvoyance et de concentration de pensée.

Si nous en croyons les théories exposées dans le *Bardo thöstol*, un célèbre ouvrage tibétain, le fait que Gotipâla était né dans une famille hostile à la doctrine bouddhique dénotait, pourtant, que des tendances à l'incrédulité l'y avaient conduit par la force des affinités. La cause de sa conduite n'était donc pas, uniquement, l'incrédulité de sa famille. Une incrédulité antérieure se combinait avec elle pour amener ce résultat.

Laissons, maintenant, le karman envisagé comme loi de la rétribution morale directe, pour envisager d'autres de ses aspects.

Si le Bouddhisme déclare que toutes choses — objet, événement, phénomène, fait quelconque — provient d'une cause, il affirme aussi le caractère complexe des causes auxquelles est dû le résultat qui surgit et, de plus, il déclare que ces causes sont interdépendantes.

Étant donné que telles et telles choses existent, telle autre naît. C'est la formule de la « Chaîne des Origines interdépendantes » *(pratîtyasamûtpâda)* que nous retrouvons ici comme fondation de la doctrine du karman. En fait, les « origines interdépendantes » ne sont qu'une face du karman.

D'une façon générale, l'on distingue, en Bouddhisme, trois sortes de karman ou d'enchaînement de l'œuvre avec son résultat.

En premier lieu, existe le karman général, celui qui perpétue la ronde de l'existence *(samsâra)*. L'illusion-ignorance, le désir dans ses deux manifestations : attraction et répulsion, la soif de l'existence que le professeur Stcherbatsky dénomme de façon expressive « élan vital », telles sont les causes auxquelles cette ronde est due. Encore une fois nous rejoignons, ici, la doctrine des « origines interdépendantes ». Le commencement absolu de l'illusion, du désir, de l'élan vital est déclaré impossible à connaître.

« Impossible à connaître est le commencement des êtres enveloppés par l'ignorance qui, à cause de leur désir de l'existence, sont conduits à des naissances toujours renouvelées et poursuivent, ainsi, la ronde des renaissances » (Samyutta Nikâya).

Le Samyutta Nikâya, texte hinayâniste, n'envisage que les êtres animés, mais, d'après des conceptions plus étendues, la soif de l'existence, l'élan vital est présent en tout ce qui existe et est la cause de l'existence d'une pierre[1] aussi bien que de celle d'un homme ou d'un dieu.

Plongés dans ce tourbillon des causes et des effets, les êtres contribuent à le perpétuer par leurs œuvres et par leur existence même qui n'est qu'une série d'activités. Rappelons ce qui a été dit précédemment : existence = activité. Et l'activité, nécessairement, produit des effets.

L'on peut, ensuite, distinguer le karman des objets dits inanimés qui, en tant que karman propre à l'objet,

1. L'énergie tendant à la perpétuation de l'existence n'est pas nécessairement consciente, disent les Tibétains.

se déroule mécaniquement : apparition, croissance, désintégration, disparition. Cependant, ce karman propre, dû à la nature particulière de l'objet, ne laisse pas que d'être dépendant d'autres karmans. La durée normalement assignée à une pierre par sa constitution naturelle et le milieu où elle se trouve placée peut être accrue ou diminuée, si le pied d'un passant l'envoie rouler dans la rivière, si elle est transportée en un endroit où les conditions climatériques sont différentes, si elle entre dans la construction d'un mur, ou bien, encore, si elle est mise en contact habituel avec le feu d'un foyer.

La troisième espèce de karman, le karman moral et intellectuel, est propre aux êtres animés et s'ajoute, chez eux, au karman général et au karman de la matière considérée comme inanimée.

Nous avons vu que le Bouddhisme populaire concentre son attention sur cette troisième sorte de karman sans paraître distinguer bien clairement que les deux autres formes de karman exercent une influence constante sur les actions morales ou intellectuelles de l'individu et les tiennent sous leur dépendance, comme aussi ces actions réagissent sur le karman général et sur celui de la matière et les modifient.

Les actes volontaires, accomplis par un individu, produisent des effets capables d'opérer des transformations dans le milieu où il vit, tandis que la volonté, qui est née en lui, d'accomplir ces actes particuliers est, en partie, un effet de son milieu (karman général, contenant les actes accomplis dans le passé et leurs fruits) et, en partie, un effet de la constitution physique de son être (karman de la matière).

Ce qui est à remarquer dans ces théories, c'est que

l'acte volontaire — et, d'après certains, tout acte quel qu'il soit, même involontaire — produit un changement dans la composition des éléments qui constituent l'individu qui l'accomplit.

Nous pouvons nous rappeler ici la réponse, en apparence incohérente, que Yajñavalkya fait à Artabhâga qui lui demande : Où demeure l'homme quand il meurt ; où va-t-il[1] ?

Yajñavalkya, ayant emmené le questionneur à l'écart afin que nul n'entende sa réponse, s'entretient avec lui du karman et déclare : « Par des œuvres pures, l'homme devient pur ; par des œuvres mauvaises, il devient mauvais. »

Où est l'homme ? — L'homme n'est qu'un faisceau d'activités et ces activités engendrent d'autres groupes d'activités qui sont des êtres. Des œuvres pures produisent de nouvelles œuvres pures ; des œuvres mauvaises produisent de nouvelles œuvres mauvaises. Respectivement, elles emmagasinent, dans le karman général, des germes de bonheur ou de souffrance ; elles préparent, dans ce karman général, cause de la ronde des renaissances, des groupes d'énergie tendant aux œuvres bonnes et des groupes d'énergie tendant aux œuvres mauvaises et ces groupes sont ce que nous dénommons des êtres, ce qui nous apparaît comme des individus.

Yajñavalkya, figure légendaire, prototype du Sage, dans l'Inde, sans donner, sans doute, à ses paroles une portée qui rejoint les théories bouddhiques de la négation du « moi », déclarait pourtant que l'acte transformait celui qui l'accomplit. Sans attacher plus d'importance qu'il n'est raisonnable à cette déclaration d'un personnage quasi mythique reflétant les vues de

1. Voir p. 187.

philosophies appartenant à une époque peu déterminée, il nous est, toutefois, permis de penser que, très anciennement, il existait, dans l'Inde, une doctrine ésotérique du karman très différente de celle qui a cours dans l'Hindouisme et dans le Bouddhisme populaires. L'idée de récompense et de châtiment, même automatiques, sans qu'intervienne la volonté d'un Juge divin, en est exclue et remplacée par celle de la transformation de la substance mentale et même physique.

J'ai déjà signalé, dans deux livres précédents[1], que ces théories ont cours au Tibet, et que le but de l'entraînement mystique y est, précisément, d'amener cette transmutation.

De ce point de vue, la loi du karman prend un aspect moral élevé. Celui qui accomplit des œuvres bonnes n'en est point payé par une récompense qui satisfait ses aspirations plus ou moins sensuelles : richesse, célébrité, pouvoir, santé, beauté physique, etc. Le fruit de ses œuvres pures, généreuses, altruistes, c'est sa propre amélioration. Parce qu'il a agi avec bonté, il devient meilleur qu'il n'était auparavant, ses tendances généreuses se fortifient, se manifestent avec plus d'autorité, deviennent habituelles. De même, aussi, chez celui qui poursuit le savoir, le goût de la recherche croîtra, l'intelligence se développera. L'homme bienveillant et généreux, l'homme probe, l'homme à la conduite pure jouiront de l'état d'esprit que leur conduite produira, ils se féliciteront de devenir plus enclins au bien et, moralement, plus puissants pour l'accomplir plus fréquemment et avec plus d'efficacité.

1. *Parmi les mystiques et les magiciens du Tibet* (Plon) et *Initiations lamaïques* (éditions Adyar).

En sens inverse, les actes cruels, malveillants, stupides, ceux qui sont inspirés par la sensualité, la nonchalance, etc., déterminent, en celui qui les commet, un affaiblissement graduel de la bonté, de l'intelligence, de l'énergie, etc. La conséquence en est une tendance à accomplir de plus en plus fréquemment des actes mauvais. Si l'homme qui s'est abandonné sur cette pente ne réagit pas, il pourra devenir un démon, c'est-à-dire, d'après la conception tibétaine, non pas un habitant d'un lieu spécial, dénommé enfer, mais un être particulièrement mauvais et malfaisant qui peut exister, comme homme, dans notre monde ou, sous n'importe quelle autre forme, en n'importe quel monde, sauf les mondes des dieux où le mal ne pénètre pas.

Plus sont puissantes la concentration de pensée et la force de volonté avec lesquelles l'acte est, d'abord, désiré, décidé, puis, enfin, accompli, plus aussi sont profonds et étendus les changements qui surviennent dans la composition de l'être qui a agi. D'autre part, plus la concentration de pensée et la volonté sont fortes, plus les effets de l'acte sont importants et durables dans la série des conséquences qu'ils entraînent.

C'est là une des raisons pour lesquelles le développement de la concentration de pensée et du vouloir occupe une place si importante dans les méthodes d'entraînement spirituel des Bouddhistes.

Certains considèrent l'acte involontaire se produisant automatiquement, comme *résultat* d'un acte volontaire, comme étant dénué de résultats karmiques pour son auteur.

D'autres rejettent cette opinion. D'après eux, l'acte

involontaire et ses *résultats* sont producteurs de karman, tout comme ceux de l'acte volontaire qui les a engendrés.

Il n'est aucune manifestation d'activité qui ne soit suivie d'effets.

Dans tous les cas, le fait d'ordre matériel ou mental, déclenché automatiquement par l'acte volontaire, se classera dans le karman général et exercera, ainsi, une action indirecte sur celui qui l'a déclenché.

La volonté qui conduit à accomplir un acte n'a, d'ailleurs, en Bouddhisme, aucun caractère initial. Elle se place, comme effet, devenant cause à son tour, dans une série d'activités. Cette volonté a des antécédents (des causes), appartenant au karman général ou tenant aux actes qui ont été accomplis par celui en qui elle naît. Presque toujours elle procède de ces deux facteurs auxquels il faut ajouter les tendances dues à la composition physique et psychique de l'individu.

Quant à la composition de son être, l'individu la doit — nous venons de le dire — aux actes qu'il a accomplis, elle a aussi été influencée par ses associations avec d'autres individus. Ceci se rapporte plus spécialement aux parents. Généralement, les Bouddhistes croient que l'on naît (ou plutôt *renaît*) de parents dont le caractère présente des ressemblances avec celui que l'on avait soi-même, soit dans sa vie immédiatement précédente, soit dans l'une ou dans plusieurs de ses vies précédentes plus lointaines. D'après cette théorie, c'est la similarité des tendances qui produit l'attraction et le fait de l'hérédité est, ainsi, expliqué en sens inverse.

Au sujet de la multiplicité des causes de la volonté, l'on trouvera, à la fin de ce livre, une pittoresque parabole dans laquelle la « personne » est dépeinte sous la forme d'une assemblée dont les membres sont venus de tous les coins de l'espace.

En somme, l'individu qui, en aucun cas, ne peut être isolé et indépendant, est un résultat du karman général : du karman cosmique formé par la totalité des actes (karman) qui ont été accomplis dans un passé sans limite perceptible, et de ceux qui s'accomplissent au moment même. Le karman restreint, envisagé comme étant constitué par les actes volontaires accomplis par l'individu, dans sa présente vie ou dans celles qui l'ont précédée, est intimement mêlé au karman général et n'a aucune existence propre en dehors de lui.

Une comparaison imagée, faite par un lama, décrivait l'interdépendance des karmans individuels en comparant ceux-ci à une multitude de foyers flambants. Des étincelles jaillissant de chacun d'eux volent à travers l'espace et retombent en d'autres foyers, contribuant à y entretenir le feu. Certains de ces foyers émettent de nombreuses étincelles, des étincelles puissantes, d'autres ne produisent que de pâles étincelles, en nombre très réduit. Certaines étincelles voyagent au loin, vont y ranimer des feux languissants ou causer un embrasement terrible en s'incorporant à des foyers déjà ardents, tandis que d'autres tombent dans des foyers voisins de celui dont elles sont parties. Entre ces types extrêmes, toutes espèces de combinaisons peuvent être imaginées, elles n'atteindront jamais la complexité de celles qui existent véritablement.

De même en est-il de nos paroles, de nos actions, de nos pensées, des enseignements que nous répandons, des exemples que nous donnons. Ce sont là des étincelles qui s'échappent de nous et vont se mêler à autrui, quelquefois à notre voisin, quelquefois à un homme dont nous ignorons l'existence et qui les recevra à l'autre bout du monde, par l'intermédiaire d'un récit qu'on lui fera, ou d'un livre qu'il lira, ou bien encore, disent les Tibétains, par l'effet des « vagues que nos actes et nos pensées » créent dans l'éther. Et nous aussi, que nous le voulions ou non, que nous en soyons conscients ou non, nous recevons, à chaque instant, en nous, les « étincelles » parties d'autres foyers vivants.

Il n'est pas un acte matériel ou mental qu'un individu puisse revendiquer comme étant *entièrement* son œuvre, de même qu'il n'existe aucun individu qui ne soit pas, mentalement et physiquement, construit avec la substance d'autrui.

Et quel est le combustible qui alimente les foyers et dont les étincelles entretiennent un état de combustion ? — Nous retournerons, une fois de plus, à la doctrine fondamentale des « origines interdépendantes ». Le combustible est l'ignorance-illusion sans commencement connu, qui engendre le désir au sein du foyer, et l'étincelle est l'acte (karman) qui perpétue le feu des foyers.

Allant au-devant d'une question, bien que ce ne soit peut-être pas le moment de la traiter, demandons : Pourquoi le commencement de l'ignorance, en fait, le commencement de la ronde de l'existence est-il déclaré inconnu et impossible à connaître ? — Le Bouddhisme répond : Les idées que nous pourrions concevoir au sujet d'un tel commencement seraient le fruit de raisonnements influencés par l'ignorance. Toutes nos idées, même celles que l'on dénomme abstraites, ont leur racine en des perceptions et des sensations dues à l'activité des sens (l'esprit comptant, chez les Bouddhistes, pour sixième sens). Le pouvoir des sens, comme moyen de connaissance, est limité ; il ne s'étend pas au-delà du domaine de la relativité et, par conséquent, les sens ne peuvent fournir que des données d'une exactitude toute relative. Les faits qu'ils saisissent ne sont exacts que pour l'homme immergé dans la « ronde des existences » constituée par l'ignorance, le désir et l'action. Toutes les spéculations auxquelles les hommes se sont livrés au sujet d'une cause initiale du monde dont ils font partie, n'ont jamais été que des produits de leur esprit, nourri de ce qui existe dans ce monde. Elles se sont exercées, comme en un vase clos, dans le cercle de notre monde particulier dont les frontières infranchissables sont constituées par la limitation de nos moyens de perception physiques et intellectuels.

Dans le Lankavatara Sûtra, un ouvrage mahâyâniste, est rapporté un dialogue imaginaire entre le Bouddha et un Bodhisatva nommé Mahâmati. Au cours de ce dialogue, Mahâmati interroge le Bouddha :

« Je vous en prie, Vénérable, veuillez m'expliquer ce qui cause toutes choses (comment les choses sont causées, c'est-à-dire viennent à exister).

Le Bouddha répond :

« Mahâmati, il existe deux facteurs-causes par le moyen desquels toutes choses viennent à exister : la cause interne et la cause externe.

« Les facteurs externes, ce sont (par exemple) une boule d'argile, un bâton, une roue, une corde, de l'eau, un ouvrier et son travail. La combinaison de toutes ces choses produit un pot.

« De même que pour un pot qui est fait d'argile ou une pièce d'étoffe faite de fils ou une natte faite d'herbe ou le germe surgissant d'une graine ou le beurre produit par du lait baratté par un homme qui actionne la baratte, ainsi en est-il pour toutes les choses qui, étant gouvernées par des causes externes, surgissent les unes après les autres dans une succession continue. Quant aux facteurs internes qui causent leur apparition, ce sont : l'ignorance, le désir et l'action qui produisent l'idée de causation. »

Cette dernière déclaration se rapporte à la pensée mahâyâniste qui considère toutes les doctrines du point de vue de la relativité. Excellente est la théorie de la causalité, déclarent les Mahâyânistes ; rien n'est mieux capable qu'elle de faire distinguer aux hommes les causes productrices de souffrance et de les induire à les combattre. Rien n'est plus vrai, non plus, pour l'homme, que l'enseignement qui lui explique la succession rigoureuse des causes et des effets, en même temps qu'il en indique l'interdépendance et les innombrables entrelacements mais cette connaissance, suprêmement profitable à l'homme, doit, cependant, être considérée, par lui, comme relative. La vérité absolue ne peut être incorporée en aucune théorie. Elle est au-delà de notre faculté de perception, au-delà de notre faculté d'expression.

Ainsi que je l'ai indiqué dans le chapitre traitant des « Douze Origines interdépendantes », les Tibétains ont deux mots pour signifier « cause » et, généralement, ils les accouplent ; le premier est *rgyu*, désignant une cause principale, le second est *rkyén*, désignant une cause secondaire. La doctrine lamaïste affirme la multiplicité des causes à l'œuvre dans la production de chaque effet.

L'exemple suivant est souvent donné au Tibet : De

la graine d'un abricotier jamais un sapin ne naîtra. La graine est le *rgyu*, cause principale. Cependant, le développement des effets, dont l'aboutissement normal est l'apparition d'un abricotier, dépend du karman externe, c'est-à-dire des causes secondaires, *rkyen*. Parmi ces dernières, la nature du sol dans lequel la graine sera enterrée, la quantité de pluie qui tombera cette année-là (karman général) et arrosera la graine ou la jeune pousse, l'exposition ombragée ou ensoleillée où celles-ci se trouveront, les soins qu'un jardinier pourra, ensuite, donner au jeune arbre, etc., feront que l'abricotier deviendra robuste ou chétif. La graine provenant d'un arbre vigoureux, ayant en elle tous les éléments requis pour produire un autre arbre pareillement vigoureux, pourra donner un sujet qui demeurera malingre ou même qui périra au début de sa croissance, si les causes secondaires contrarient le développement des éléments qui constituaient la graine et la pousse qui en a surgi. Pour les mêmes raisons, une graine médiocre peut engendrer un arbre qui deviendra vigoureux s'il est entouré de circonstances favorables. D'autre part, le karman externe général peut faire obstacle à la succession normale des effets de la cause principale. La graine saine, propre à donner un arbre, peut se dessécher dans une terre trop chaude, dénuée d'humidité ; la jeune pousse peut être écrasée sous le pied d'un passant ou broutée par une chèvre et, ainsi, l'arbre, qu'une cause principale destinait à naître et à grandir, n'existera jamais.

Cette comparaison est applicable aux êtres animés, elle est applicable à tout dans le domaine du mental comme dans celui de la matière ; toujours, une cause principale se heurte à l'activité d'autres facteurs dont les uns s'harmonisent avec elle et concourent à ses fins tandis que les autres s'y opposent.

La croyance au libre arbitre peut-elle être conciliée avec la doctrine du karman ? — Si l'on entend le libre arbitre comme le pouvoir d'agir absolument comme on le veut et de *vouloir* absolument comme on le *veut*, il faut répondre par un non catégorique. Mais, seuls, les gens qui évitent de réfléchir croient encore à ce genre de libre arbitre.

Un Chinois me disait en riant : « Je ne suis certainement pas libre de toucher le plafond. Mon bras n'est pas assez long pour me le permettre. Toutefois, je puis user de certains moyens, monter sur une échelle ou bien allonger artificiellement mon bras en tenant un bâton à la main. »

Il existe des moyens de modifier une suite déterminée d'effets en combinant cette suite avec une autre série d'effets. Ainsi le fatalisme est exclu de cette doctrine du karman. Bien véritablement, tout effet provient de causes et tout acte physique ou mental est une cause qui, infailliblement, sera suivie d'effets ; mais, entre l'instant où la cause surgit et celui où apparaît cela que nous considérons comme son effet direct, de multiples associations, avec d'autres courants de causes et d'effets, ont lieu, sans que nous en soyons conscients et le résultat exact de ces amalgames peut difficilement être prévu, car, quoiqu'il y ait déterminisme, les combinaisons que celui-ci peut entraîner sont en nombre infini.

L'homme est dépendant du karman général de l'humanité et il est, en plus, dépendant du karman cosmique. Qu'un homme se trouve pris au milieu d'une guerre, d'une épidémie de peste, qu'un cataclysme se produise dans l'endroit où il vit, la suite de ses propres actes, et, peut-être, son caractère, seront modifiés par ces circonstances. Un Bouddhiste dira que des actes antérieurs l'ont conduit à naître dans l'endroit où ces calamités allaient se produire, ou bien à s'y transporter, alors que le lieu de sa naissance demeurait exempt de troubles. On peut l'admettre, mais il n'en reste pas moins que le karman propre de l'individu (s'il pouvait exister un karman particulier) est intimement lié au karman général.

Voyons ce que des Bouddhistes contemporains écrivent à ce sujet. Voici un extrait d'un ouvrage[1] par le professeur Narasu de Madras :

« Toutes les créatures sont ce qu'elles sont, par l'effet des *samskâras* (formations mentales, activités) et lorsqu'elles meurent, leur vie forme de nouveaux êtres. Ce que nous appelons une personne n'est que l'incarnation vivante d'activités passées d'ordre physique ou psychique. C'est la forme actuelle de l'activité passée qui s'imprime dans les êtres et se manifeste par eux. Telle est la loi du karman, comme elle est entendue par le Bouddhisme. Aucune autre interprétation de cette doctrine ne peut s'accorder avec l'enseignement du Bouddha touchant la momentanéité et la non-réalité de toutes choses (non-réalité parce qu'elles n'existent qu'en dépendance d'autres choses).

« Que, dans le développement personnel de chaque individu, toute pensée, tout sentiment, toute volition compte pour quelque chose, ceci n'est point difficile à comprendre, mais qu'il y ait une rétribution après la mort, quand on n'admet pas d'*atman* (ego) qui transmigre, ceci ne peut avoir de signification en dehors de la relation de l'individu avec l'humanité comme un tout.

« Considéré physiologiquement, un homme se réincarne dans ses enfants et dans ses descendants et leur transmet son karman physique. Considéré du point de vue éthique, la vie psychique d'un individu ne peut être séparée de celle du groupement auquel il appartient. Le devoir, la responsabilité n'ont aucune signification

1. *The Essence of Buddhism* (L'essence du Bouddhisme).

en dehors de la société. Comment donc, alors, un homme pourrait-il avoir un karman distinct de celui des autres êtres humains ? — Les joies et les souffrances d'un individu ne sont pas toujours le résultat de son karman personnel (des actes qu'il a accomplis lui-même). Le *Milindapañha* (Questions du roi Milinda) nous dit que c'est par une extension erronée de la vérité que l'ignorant déclare que « chaque douleur est le fruit du karman (individuel) ». Cependant, nul Bouddhiste ne conteste que toutes choses sont soumises à la loi de causalité. C'est donc seulement en considérant toute l'humanité comme reliée ensemble, ainsi que les parties d'un universel tout, que nous pouvons saisir la pleine signification de la doctrine du karman. Ce ne sont pas le meurtrier et le voleur qui sont, seuls, responsables envers la société, mais la société est également responsable d'engendrer de tels caractères...

« ... La doctrine bouddhique du karman diffère totalement de la théorie brahmanique de la transmigration. Le Brahmanisme enseigne la transmigration d'une âme réelle, *un atman*, tandis que le Bouddhisme parle d'une simple succession de karmans (en enchaînement d'actes et d'effets se poursuivant à l'infini). Selon la conception brahmanique, une âme émigre d'un homme à l'un des plans d'existence dénommés les « six royaumes » (hommes, animaux, génies, titans, dieux, habitants des enfers) absolument comme un homme se transporte d'une maison dans une autre, selon ses besoins. Il est vrai que dans les sûtras bouddhiques, l'on trouve des passages se rapportant à la transmigration de l'un à l'autre des « mondes », mais cela ne signifie pas qu'un être quelconque passe d'un monde dans un autre. Pour le vrai Bouddhiste, les paradis et les enfers ne sont point des lieux réels, mais des créations imaginaires d'esprits ignorants.

« Dans le sens bouddhique, la transmigration est simplement une manifestation de cause et d'effet. C'est seulement en vertu de causes et de conditions que sont produits les phénomènes mentaux accompagnés par les formes corporelles et il en résulte une succession de vies, la nature et le caractère de celles-ci étant déterminés par la qualité du phénomène mental. C'est pour expliquer la transmigration du karman et l'illustrer par une image à l'usage du vulgaire, que le Bouddha emploie l'expression des « six mondes », alors qu'il entend, en réalité, des états mentaux figurés par les êtres et les lieux décrits dans les « six mondes ».

L'opinion du professeur Narasu concernant les enfers est parfaitement orthodoxe, surtout chez les

Mahâyânistes, dont il est lui-même. En parcourant les Écritures bouddhiques nous rencontrons des déclarations très nettes à ce sujet :

« L'enfer n'a été créé par personne. Le feu d'un esprit qui s'abandonne à la colère produit le feu de l'enfer et consume son possesseur. Quand un homme fait le mal, il allume le feu de l'enfer et se brûle à son propre feu. (Mulamuli.)

« Une anecdote dont Bodhidharma[1] est le héros veut que celui-ci ait discuté la question de l'existence de l'enfer avec un prince chinois qui déniait celle-ci tandis que Bodhidharma s'obstinait à l'affirmer. La discussion se prolongeant, le prince s'échauffa, il s'emporta en s'entendant contredire, sans aucun respect, par son interlocuteur ; la colère le posséda ; ne pouvant plus contenir sa fureur, il injuria Bodhidharma qui, le voyant ainsi agité par la rage, lui dit calmement, une fois de plus : "L'enfer existe et vous y êtes." »

Nous lisons encore, dans un ouvrage mahâyâniste, intitulé *Vajramandadhârani*, où le Bouddha est censé s'entretenir avec Manjuçri :

« Les enfers, ô Manjuçri, sont un produit de l'imagination. Les gens stupides et ignorants sont déçus par l'erreur et l'illusion. »

Un Japonais, M. Kuroda, écrit à propos du karman :

« Il n'y a ni créateur ni créés et les hommes ne sont point des êtres réels (ils sont dénués d'*ego* permanent). Ce sont les actions, les causes qui, sous des conditions favorables, leur donnent naissance. Les hommes ne sont rien de plus que la combinaison temporaire de cinq *skandhas* ou éléments constitutifs (1 — forme ; 2 — perceptions ; 3 — sensations ; 4 — formations mentales,

1. Bodhidharma, un brahmine du sud de l'Inde, se rendit en Chine vers l'an 500 pour y prêcher le Bouddhisme. Il est considéré comme le fondateur de la secte de « Méditation », *Ts'an* en chinois, *Zen* en japonais, toujours très florissante parmi l'élite japonaise. L'anecdote ci-dessus est rapportée, dans des termes un peu différents, à propos de plusieurs maîtres spirituels.

volitions ; 5 — conscience-connaissance). Le commencement de la combinaison est leur naissance, sa dissolution est leur mort. Pendant la durée de l'état de combinaison, de bonnes et de mauvaises actions sont accomplies : par cela même, la semence de futures joies et de futures douleurs est semée et, ainsi, se poursuivent, sans fin, les alternances de naissance et de mort.

« Les hommes ne sont pas des êtres réels qui, par eux-mêmes, errent entre la naissance et la mort et il n'existe aucune autorité qui les fait mouvoir de la sorte, ce sont leurs propres actions qui produisent ce résultat. C'est de l'action combinée d'êtres animés que naissent les montagnes, les fleuves, les terres, etc. Toutes ces choses causées par des actions combinées sont, en conséquence, appelées *adhipatiphala* (fruits combinés ou agrégés)...

« ... Chaque homme reçoit un esprit et un corps correspondant aux causes à l'œuvre, les causes intérieures des actions étant favorisées par les conditions extérieures...

« ... La période s'étendant entre la vie et la mort, durant laquelle le corps persiste, constitue la vie de l'homme, de même que celle allant de la formation à la destruction, pendant laquelle les montagnes, les fleuves, les continents, etc., conservent la même forme, constitue la durée de ceux-ci. L'alternance de la naissance et de la mort, chez les êtres animés, de même que la formation et la destruction des montagnes, des fleuves et des continents est sans fin dans son œuvre. De même que le cercle n'a pas de fin, cet enchaînement n'a, non plus, ni commencement, ni fin. »

« Quoiqu'il n'existe ni êtres, ni choses réelles[1] cependant des effets paraissent et disparaissent là où se rencontrent les actions et les conditions nécessaires, ainsi que l'écho suit le son et toutes les choses grossières ou subtiles, grandes ou petites, viennent et s'en vont à chaque instant, sans aucune forme stable. Hommes et choses sont de simples termes désignant la période de durée pendant laquelle une même forme persiste. Notre vie présente est la réflexion d'actions passées. Les hommes considèrent cette réflexion comme leur réel “moi”. Ils imaginent comme des

1. Voir la signification du terme « réel » en Bouddhisme, p. 153.)

objets qui leur appartiennent, leurs yeux, leur nez, leurs oreilles, leur langue, leur corps de même que leurs jardins, leurs bois, leurs fermes, leurs habitations, leurs serviteurs et leurs servantes, mais en réalité, toutes ces choses ne sont que des résultats produits à l'infini par d'innombrables actions » (Kuroda : *Outlines of Mahâyâna*).

Afin d'éviter toute mésinterprétation de ce que l'auteur dit concernant la *durée* des choses et de l'être humain en particulier, il faut se souvenir que, pour le Bouddhisme, cette durée apparente est faite d'une succession de phénomènes momentanés qui n'apparaissent que pour disparaître, chacun d'eux amenant, par sa disparition, celui qui succède.

« Quelle est la durée de la vie humaine ? » demande le Bouddha à un de ses disciples. « Le temps d'une respiration », répond celui-ci, et le Bouddha l'approuve : « C'est bien, mon fils, tu es déjà avancé dans la *voie* » (Sûtra en 42 articles).

D'autres diront : « La vie dure le temps d'une pensée ; lorsque la pensée disparaît, la vie de l'être est terminée et ce qui lui succède, c'est un être différent bien que résultant de celui qui l'a précédé. »

Et : « Cela que l'on nomme esprit, ou pensée, ou connaissance, cela se produit et disparaît dans un changement perpétuel. »

Ces théories ont déjà été mentionnées précédemment.

L'homme doit-il, inévitablement, subir les effets des actions qu'il a commises ? — Nous avons déjà vu que bien des causes auxiliaires peuvent modifier ces effets ou, même, les empêcher de se produire, mais, ici, il s'agit d'autre chose, il s'agit d'un acte de volonté.

Celui qui a commis un acte particulier ou qui a décidé d'en commettre un, peut-il, s'il le veut, trouver le moyen d'en arrêter ou d'en atténuer les conséquences ? — Il s'en faut que tous les Bouddhistes soient d'accord sur ce point.

« Ni dans l'air, ni au milieu de l'océan, ni dans les profondeurs des montagnes, ni en aucune partie du monde il n'existe de lieu où l'on puisse échapper aux conséquences de ses actes » (Dhammapada).

Cette rigidité n'est pas agréable à tous. Peu d'hommes ont assez d'énergie et de dignité pour toujours assumer la pleine responsabilité de leurs actes et en affronter, sans faiblir, toutes les conséquences. Une fois l'acte commis, sous l'impulsion du désir — envie, amour ou haine — son auteur, s'il croit en une justice rétributive, recule, souvent, devant les sanctions de celle-ci. Ce qui occupe alors son esprit, c'est moins le regret de sa conduite, à cause du mal qu'elle a causé *à autrui*, que la suite des résultats pénibles qu'elle peut avoir *pour lui*.

Il en est ainsi en tous pays et les fidèles de toutes les religions recourent, avec empressement, aux moyens que celles-ci ont inventés pour les exempter des châtiments dont elles les menacent.

Le Bouddhisme populaire n'a point fait exception. Incapables de se maintenir à la hauteur de la philosophie du Sage dont ils se réclament, ses adeptes connaissent, comme ceux des autres religions, les actes rituels qui sont censés prévenir les suites redoutées de leurs fautes et les leur éviter.

A un degré plus élevé de compréhension, les Bouddhistes s'efforcent de contrebalancer les conséquences des mauvaises actions en leur opposant des actions de nature opposée. Par exemple, les effets néfastes de l'avarice ou du manque de générosité seront contrebalancés par la charité qui fera distribuer quantité d'aumônes. Les actes inspirés par la malveillance, l'orgueil, la colère, etc., seront contrebalancés par des actes de bienveillance, d'humilité, de longanimité, de patience, etc.

Ainsi se rassurent ceux que les Écritures bouddhiques dénomment des « enfants » ou des « sots » *(bâla)*. Ceux-ci ignorent que la doctrine bouddhique considère l'acte matériel comme étant de bien moindre valeur que l'acte mental. Loin d'atteindre, par leurs bonnes œuvres, le but qu'ils se proposent, ils accentueront les mauvais côtés de leur caractère, si celles-ci leur sont dictées par le désir, tout égoïste, d'échapper aux sanctions que leur poltronnerie leur fait redouter. Afin que ces bonnes œuvres puissent faire obstacle aux résultats d'anciennes actions mauvaises, il faut qu'elles procèdent d'un changement d'opinion portant l'individu à renoncer à sa conduite ancienne pour en adopter une autre, tout à fait contraire, parce qu'il juge cette dernière meilleure.

Pour que la « transmutation », dont j'ai déjà parlé, ait lieu, il faut que le changement de conduite découle d'un changement mental et que la nouvelle orientation que l'on donne à ses actes, se maintienne de façon continue. Il faut, surtout, que celle-ci ne prenne pas le caractère d'un marchandage ; les bonnes actions doivent être accomplies pour l'amour d'elles, quand bien même elles n'atténueraient en rien les effets douloureux, pour leur auteur, des mauvaises actions qu'il a commises précédemment.

C'est là un sentiment apparenté à la contrition parfaite telle qu'elle est définie par l'Église catholique, mais les Bouddhistes déniant l'existence d'un Dieu suprême personnel, il ne peut être question, pour eux, de se repentir de l'avoir offensé. Le Bouddhiste, s'il se repent, se repent d'avoir causé de la souffrance à autrui, ou bien, il se repent de s'être abaissé à commettre des actes qui, du nouveau point de vue d'où il les envisage, lui paraissent vils ou stupides.

Mais un véritable Bouddhiste se repent-il ? — On peut répondre : non. La compréhension approfondie de la doctrine du karman et la perception de l'instantanéité des éléments auxquels sont dus tous les phénomènes — y compris les manifestations de notre activité — lui font juger inutile ce genre de retour vers le passé.

L'acte, en étant accompli, donne immédiatement naissance à une série d'effets dont chacun devient cause, à son tour, et produit une nouvelle série d'effets. Il en est des actes comme de la balle qui s'échappe du fusil, le tireur ne peut ni la rattraper, ni agir sur sa course. La conscience de son impuissance, sur ce terrain, incite le Bouddhiste à ne point lancer à la légère, par le monde, des séries de causes et d'effets qui, dès son acte accompli, échapperont à tout jamais à son contrôle.

Seuls, parmi les Bouddhistes, ceux qui demeurent encore aux degrés inférieurs de la compréhension de la doctrine et croient à une rétribution *individuelle* des œuvres, cherchent à tenir une sorte de livre de comptes de leurs actions et se préoccupent d'accumuler les mérites et de compenser les démérites. Mon expérience, gagnée par un grand nombre d'années de séjour dans les différents pays bouddhistes, me force à déclarer que ces braves teneurs de comptes, ces marchands avides de recevoir, dans cette vie ou dans une autre, la rémunération exacte de leurs œuvres, forment la majorité des fidèles. N'en est-il pas, d'ailleurs, de même dans toutes les religions ? — Quoi qu'il en soit, le Bouddhiste plus éclairé et plus pénétré du véritable esprit de la doctrine bouddhique, ne tente pas, puérilement, de défaire ce qui est fait ; il ne s'obstine pas à vouloir que ce qui a été n'ait pas été et, d'autre part, il n'aspire à aucune récompense personnelle. Ou, plutôt, il trouve sa récompense dans la satisfaction qu'il éprouve lorsqu'il a rendu heureux un être quelconque.

« Je ne cherche nulle récompense, pas même à renaître dans les séjours célestes, mais je cherche le bien des hommes, je cherche à ramener ceux qui sont égarés, à éclairer ceux qui vivent dans les ténèbres de l'erreur, à bannir du monde toute peine et toute souffrance » (Fo-sho-hing-tsan-king).

Nous avons vu, dans un chapitre précédent, qu'il est recommandé au Bouddhiste d'examiner les résultats de ses actes aussi loin qu'il est capable de les suivre et de renoncer à commettre de nouveau ceux qu'il juge mauvais. S'il les déclare mauvais, ce doit être parce qu'il en a discerné les résultats néfastes et non point parce que ces actes violent un code de moralité dont la rédaction est attribuée à un Dieu, à un Sage illustre, ou qui dérive simplement son autorité du consentement général des hommes. Ceci a été expliqué dans la section traitant de la moralité.

Il n'y a donc point de place, en Bouddhisme, pour les contritions sentimentales et les repentances dramatiques. Celles-ci sont jugées, non seulement inutiles, mais mauvaises, parce qu'elles procèdent de l'idée fausse que la plupart des hommes se font de leur importance dans l'univers et flattent leur vanité en leur laissant croire que le Ciel et la terre s'émeuvent de leurs minuscules méfaits.

Parmi ceux des Bouddhistes — spécialement au Tibet — qui ont incorporé aux doctrines mahâyânistes des éléments d'origine tantrique, l'on rencontre de curieuses méthodes dont le but est de faire échec à celles des sanctions automatiques, du karman, qui pourraient entraîner une dégradation mentale et créer des affinités, d'ordre inférieur, propres à conduire dans ce qui est symboliquement dénommé les mondes de ténèbres et de douleur.

Ces méthodes, du moins dans leur application la plus simple, ne visent que des actes qui ne concernent directement que leurs auteurs. La luxure, la paresse, la gourmandise, l'intempérance, etc., rentrent dans cette catégorie et les actions qu'elles provoquent sont dénommées « actes corporels ». Celui, est-il dit, qui, de sang-froid, décide de commettre un acte corporel de l'espèce dénommée mauvaise, doit, avec calme et perspicacité, se prémunir contre les résultats indésirables — autres que corporels — que cet acte comporte. Il y parviendra en opérant une sorte de dédoublement de sa personnalité, en évitant que les sensations physiques, qu'il recherche, exercent une influence sur son esprit et entraînent, de la part de celui-ci, une adhésion, une participation qui constitueraient un « acte mental » se superposant à « l'acte corporel ». C'est cet acte mental qu'il faut empêcher de se produire afin d'en éviter les conséquences qui seraient une modification, une altération des éléments formant la partie mentale de la personnalité.

Les adeptes de ces théories se prétendent capables

d'éprouver, à leur maximum, toutes les jouissances et toutes les douleurs physiques en gardant leur esprit parfaitement indemne de leur influence et sans se départir de la position de spectateur intéressé, quelquefois ironique ou méprisant, mais toujours détaché [1].

D'après la conception courante en Occident, le défaut d'intention et de connaissance de la portée d'un acte constitue une atténuation à la faute du pécheur. Pécher par ignorance semble moins grave que pécher sciemment et, par conséquent, doit entraîner un moindre châtiment.

Le Tibet, et l'Inde avant lui, ont considéré la chose tout différemment.

« Milinda demanda à Nâgasêna : — Quel est celui dont le démérite est le plus grand : celui qui pèche consciemment ou celui qui pèche par inadvertance ?

« — Celui qui pèche par inadvertance.

« — Dans ce cas, Révérend, nous devrons punir doublement celui de notre famille ou de notre Cour qui aura fait le mal sans mauvaise intention.

« — Que pensez-vous, ô roi, si un homme saisit, avec intention, une masse de métal ardent et si un autre la saisit par inadvertance : lequel des deux sera le plus fortement brûlé ?

« — Celui qui ne savait pas ce qu'il faisait.

« — Il en est de même, aussi, de l'homme qui ignore ce qu'il fait. » (Questions de Milinda.)

Il convient d'entendre, ici, le terme « démérite » dans son acception bouddhique, c'est-à-dire comme

1. Nous trouvons les traces d'une doctrine analogue dans la parabole hindoue des deux oiseaux perchés sur le même arbre, dont l'un en mange les fruits tandis que l'autre le regarde. Comparer *Mundaka Oupanishad*, III, I, I et *Swétaswatara Oupanishad*, IV, 6.

résultat funeste produit par la loi du karman. C'est pourquoi l'exemple donné par le roi ne s'applique pas à la question. Certainement, le roi aura raison de se montrer indulgent envers celui qui désobéira, par inadvertance, à ses ordres directs ou à la loi qu'il a édictée pour tous ses sujets, mais il ne s'agit de rien de semblable.

Celui qui se dispose à toucher une barre de métal ardent peut prendre des précautions capables d'atténuer ou de neutraliser l'effet naturel de son contact avec la chair. Il s'enveloppera les mains dans d'épais tissus imbibés d'eau ou usera d'un artifice quelconque. L'étourdi, au contraire, appliquera directement sa main sur le fer rouge et ressentira une douleur cruelle.

Ainsi, certaines actions mauvaises en principe, peuvent-elles être rendues moins nocives par l'emploi de moyens qui sont susceptibles d'en atténuer les résultats néfastes ou de les empêcher de se produire.

Évidemment, l'homme qui regarde les lois morales comme l'expression de la volonté d'un Dieu et voit, en chaque infraction à ces lois, une offense personnelle faite à ce Dieu, doit considérer comme une malice effroyable et démoniaque l'art de pécher habilement en se garantissant du châtiment que ses actes appellent. Mais la loi du karman ne dérive d'aucun législateur divin, elle est un processus automatique ; se servir d'elle pour opposer causes à causes, effets à effets, ne constitue une offense pour personne.

Ajoutons que cette « science » particulière ne peut guère exempter celui qui la pratique, que des résultats directs et tout à fait personnels de ses actes. Quant à la part de résultats que ses actes ont projetée dans le karman général, il en subira toujours l'influence.

Mais comment donc la volonté de « tricher » avec le karman surgira-t-elle en l'homme ? — Elle ne se produira pas sans causes, et voici que cette résolution de contrecarrer la marche du karman est, elle-même, un produit du karman.

Cette constatation nous ramène au problème de la liberté de la volonté. Voyons encore comment un Bouddhiste, le professeur Narasu, s'exprime à ce sujet.

« La volition est un état de conscience résultant de la coordination, plus ou moins complexe, d'un certain nombre d'états psychiques et physiologiques qui, se trouvant réunis, se manifestent par une action ou une abstention. Le facteur principal, dans cette coordination, est le caractère, produit extrêmement complexe, formé par l'hérédité, les conditions psychologiques prénatales et postnatales, l'éducation et l'expérience.

« Une part seulement de cette activité psychologique nous est consciente sous la forme de délibération. Les actes et les mouvements qui suivent la délibération résultent directement des tendances, des sentiments, des images et des idées qui ont été coordonnées sous la forme d'un choix. Le choix n'est donc pas la cause, mais un effet.

« ... Si la volonté était libre, il serait impossible de changer notre caractère par l'éducation. Mais l'expérience nous enseigne que le caractère de l'homme est composé de diverses qualités et est modifiable par une certaine suite d'efforts. Précisément, parce que la volonté de l'homme obéit à des motifs et est dépendante de causes, il peut la transformer lui-même en changeant son milieu, son genre d'activité, et en réglant, avec une judicieuse réflexion, les motifs de sa volonté[1]. »

1. L. Narasu, *The Essence of Buddhism.*

S'appuyant sur des théories analogues à celle de l'auteur qui vient d'être cité, un casuiste de la secte Dzogstchén dira : « Cette volonté de détourner le cours des effets d'œuvres accomplies, provient de causes et l'on peut croire que la nature de celles-ci est telle qu'elle constitue déjà une opposition aux résultats que l'on souhaite contrecarrer. »

Ainsi, d'après cette opinion, la volonté de contrarier la loi du karman et les moyens employés pour y parvenir, ne sont que les manifestations tangibles de forces qui, déjà, tendaient automatiquement à prendre place dans le processus des effets propres à l'acte accompli et à modifier l'aspect et la portée de ceux-ci.

Les Tibétains, on le sait, ont élaboré un genre particulier de Bouddhisme constitué par des doctrines mahâyânistes, vues à travers leur mentalité de Jaunes, et additionnées d'un fond de théories et de sciences psychologiques et magiques, héritage d'ancêtres inconnus. C'est là ce que les orientalistes dénomment le « Lamaïsme », une mosaïque étrangement étendue, cachant des profondeurs inexplorées. Parmi les doctrines greffées sur celles du Bouddhisme, je ne citerai ici que celle qui se rapporte directement à mon sujet présent. Il s'agit de la possibilité de se libérer totalement ou partiellement, *après la mort*, des conséquences fâcheuses de ses actions passées et d'obtenir, soit la délivrance du cercle des renaissances, soit une renaissance heureuse, *en dépit* du karman.

Les maîtres spirituels du Tibet enseignent à leurs disciples les moyens qui y conduisent. D'autre part, il existe des ouvrages qui relatent, plus ou moins sommairement, les théories existant à ce sujet. Parmi ceux-ci est le *Bardo thöstol*.

De l'origine de ce traité nous ne savons que ce que nous apprend une tradition fortement empreinte de merveilleux et, par là même, suspecte. Il nous est dit que l'auteur du *Bardo thöstol* est Padmasambhava, le magicien qui séjourna au Tibet au VIIIe siècle et y prêcha un Mahâyânisme mêlé de doctrines tantriques. Padmasambhava est tenu pour avoir composé un nombre considérable d'ouvrages qu'il aurait ensuite cachés, jugeant que les Tibétains de son époque n'étaient pas encore capables de les comprendre. Au cours des siècles, de-ci, de-là, ces *térmas* (de *tér*, écrit *gtér* = trésor) furent découverts par des voyants ou d'autres individus passant pour posséder des facultés supranormales. En certains cas, la naissance de ceux-ci avait été prédite par Padmasambhava et quelques-uns d'entre eux passent pour avoir été Padmasambhava, lui-même, réincarné.

Le nombre des ouvrages considérés comme des *térmas* se chiffre actuellement par centaines. En plus de ceux dont l'authenticité, bien que très contestable, est officiellement reconnue au Tibet, il en existe beaucoup d'autres dont la paternité n'est pas toujours attribuée à Padmasambhava. Les auteurs de certains de ceux-ci sont dits être des lamas célèbres, d'autres passent pour avoir été composés par des déités du panthéon lamaïste ou, encore, par des dieux ou des héros appartenant à la religion des Bönpos. C'est ainsi qu'au nord et à l'est du Tibet, des individus, considérés comme clairvoyants, recherchent les *térmas* cachés par le grand héros national Guésar de Ling[1]. Certains *térmas* consistent en quelques lignes seulement, d'autres sont des livres

1. Voir *La Vie surhumaine de Guésar de Ling*, que j'ai rédigée d'après les chants des bardes tibétains.

relativement volumineux. Parmi les plus rares, ceux dont on ne parle qu'à voix basse, avec mystère, sont des instructions gravées sur des pierres qui ont été trouvées ou excavées de façon « miraculeuse ».

Parmi les *térmas* qui ne sont point parvenus à la célébrité, quelques-uns présentent un véritable intérêt du point de vue des études philosophiques ou des méthodes d'entraînement psychique. Ces derniers sont souvent écrits en un langage conventionnel et symbolique, compris seulement par les initiés et qui, peut-être, constitue les dernières traces d'une langue particulière, apparentée à un enseignement ésotérique pré-bouddhique. La majorité des *térmas* n'offre cependant que des lieux communs ressassés partout au Tibet, ou bien encore ils se composent de phrases, sans grande suite, rédigées en un sanscrit dénaturé, à peu près, sinon tout à fait, inintelligible et copieusement entremêlé d'exclamations rituelles du genre des *mantrams* d'une syllabe.

L'opinion prévalant au Tibet, parmi le peuple et le bas clergé, est qu'il reste encore beaucoup de *térmas* à découvrir.

Parmi l'élite des lamas, un scepticisme discret règne quant à l'origine des *térmas*. L'on y cite des exemples de lamas qui, avides de célébrité, ont caché des manuscrits de leur composition pour les « découvrir » plus tard et mériter le titre de *tértön* (découvreur de *térma*) bien plus brillant, parmi les masses, que celui d'auteur. Il ne se passe presque pas d'année où un ou plusieurs de ces mystérieux ouvrages ne soient extraits de cavernes ou d'autres lieux écartés.

Raconter comment je fis une découverte de ce genre serait hors de place dans le présent livre, je le ferai ailleurs.

Mon ancien compagnon de route et d'étude, le lettré tibétain Dawasandup avec qui j'ai tant chevauché à travers l'Himâlaya, allant d'un monastère à l'autre, a traduit en anglais une des versions du *Bardo thöstol*. Cette traduction a été éditée par un érudit orientaliste américain, W.Y. Evans-Wentz, qui y a joint une savante introduction et de nombreuses notes formant un excellent commentaire. L'ouvrage est aussi accessible aux lecteurs français dans la belle traduction de Marguerite La Fuente[1].

Le *Bardo thöstol* et tous les ouvrages de cette classe, sont tenus, par les Tibétains instruits, pour être l'expression exotérique de théories ésotériques concernant la mort, les phénomènes qui l'accompagnent et ceux qui lui succèdent, entre le moment où l'homme expire et celui où il renaît. *Bardo* signifie « entre deux » — entre la mort et la re-naissance.

L'art de mourir habilement — et, j'ajouterai, *profitablement* — est considéré, au Tibet, comme étant de la plus haute importance ; Bouddhistes et Bönpos l'enseignent sous une forme ou sous une autre, mais toujours sous deux aspects : l'exotérique divulgué dans les livres — *térmas* ou autres — et l'ésotérique qui est dépeint oralement, permission étant quelquefois donnée aux disciples de noter, par écrit, quelques points de l'enseignement pour leur servir d'aide-mémoire.

Les Bönpos prétendent que c'est à eux que Padmasambhava et les autres auteurs bouddhistes, qui ont traité ce sujet, ont emprunté leurs théories. Ils se targuent aussi, volontiers, de posséder des connaissances en physiologie et en psychologie, remontant à

1. M. La Fuente, *Le Bardo thôl* (Maisonneuve, Paris). J'en ai fait aussi une traduction française basée sur d'autres sources. (N.d.A.).

une haute antiquité et dépassant, de beaucoup, en étendue et en profondeur, celles des Bouddhistes. Je laisse à ceux qui me les ont faites la responsabilité de ces affirmations, mais elles peuvent ne pas être entièrement dénuées de fondement.

Les Bouddhistes hinayânistes et mahâyânistes attachent une grande importance à la dernière pensée du mourant. C'est elle, croient-ils, qui donne le ton, la direction générale à la nouvelle vie que celui-ci commencera en re-naissant. Les effets du karman ne s'en feront pas moins sentir, mais ils suivront le résultat de cette dernière pensée et seront modifiés par les effets de celle-ci. Chez les Tibétains, l'influence de cette dernière pensée est reconnue, mais surtout parmi le commun des fidèles ; encore ceux-ci sont-ils davantage exhortés à former des pensées de *détachement* du monde qu'ils vont quitter, que des pensées vertueuses, sauf le souhait sincère du bonheur des êtres. Quant aux individus plus éclairés, à ceux qui ont reçu quelques leçons d'un maître spirituel, il leur est spécialement recommandé de surmonter l'évanouissement qui se produit, généralement, au moment de la mort et de percevoir, clairement, le phénomène du passage de la « conscience » hors de cette vie.

Des recommandations à cet effet sont murmurées à l'oreille de tous les moribonds qui ont, à leur chevet, soit un lama, soit un laïque quelque peu versé dans « l'art de mourir », mais l'on présume que ceux qui ne s'y sont point préparés de leur vivant sont incapables de l'effort nécessaire pour éviter la perte de connaissance au moment de la mort.

Pourquoi est-il nécessaire de mourir consciemment ? — Tout justement pour faire échec à l'opération automatique du karman comme tentent de le faire, au cours de leur vie, ceux qui ont acquis « l'habileté dans les moyens » *(upâya)*, basée sur la connaissance du mécanisme du karman. En dehors des ermites contemplatifs et des lamas familiers avec les enseignements des maîtres spirituels, très peu de gens meurent en pleine conscience. D'après une croyance répandue, non seulement au Tibet, mais aussi au Népal et dans l'Inde, parmi les Bouddhistes et les adeptes d'autres doctrines, l'homme qui meurt pendant un évanouissement, revient de celui-ci, non pas exactement dans un autre monde, mais dans une autre condition : ce que les Tibétains dénomment « l'état intermédiaire » (*bardo*).

Qu'est *cela* qui reprend connaissance après la mort et qui est sujet à subir les résultats des œuvres accomplies par le défunt ? — Chez les non-Bouddhistes, la réponse est simple ; *cela* qui continue son existence dans l'au-delà, c'est le *jîva*, l'esprit, entité immortelle à peu près semblable à celle que nous dénommons « âme ».

Leur attachement à l'idée d'une rétribution, entièrement individuelle, des œuvres a conduit la majorité des Bouddhistes à des conceptions qui se rapprochent de la croyance en la transmigration de l'esprit ; toutefois, pour eux, « l'esprit » n'est pas une entité simple, c'est un agrégat de facultés mentales, ainsi qu'il a été expliqué dans le chapitre précédent. L'esprit n'est pas considéré comme le possesseur de ces facultés et comme existant, lui-même, en dehors d'elles ; il n'est pas *doué* du pouvoir de percevoir, de vouloir, etc., mais lorsqu'il *existe* des perceptions, des sensations, des opérations mentales constructives telles que volitions, etc. (en termes techniques : des confections, des constructions) et la conscience-connaissance, l'ensemble de cette activité, composée de moments séparés, prend le nom d'esprit.

Or, ce qui entre dans l'état intermédiaire (*bardo*) c'est, d'après les Lamaïstes, une des parties qui formaient l'esprit : la conscience-connaissance contenant, en elle, la somme des impressions qui se sont emmagasinées dans le « conscient » et dans le « subconscient » de l'individu pendant sa vie passée.

D'après les Tibétains et certains de leurs voisins de l'Inde et du Népal, la « conscience » de l'homme vulgaire, mort au cours d'un évanouissement, sans se rendre compte de ce qui lui arrivait, se trouve fort désemparée dans sa nouvelle condition. Elle ignore le changement qui s'est opéré dans son état ; elle se trouble et s'épouvante tandis qu'elle s'efforce, sans y parvenir, de réoccuper, dans ce monde, la place qui était la sienne du vivant du corps auquel elle était attachée. Dans cet état d'agitation, le pouvoir de se diriger, de résister à la pression du karman qui l'entraîne, lui fait défaut. D'autres vont lui venir en aide.

Déjà, pendant l'agonie, le lama ou le laïque compétent qui assistait le mourant, lui a bien recommandé de laisser échapper sa « conscience » par le sommet de son crâne, car toute autre issue conduit à une mauvaise renaissance. Mais encore, ici, le moribond, dénué d'entraînement spécial, est incapable de s'aider lui-même et le rite du « transfert » intervient. En langue tibétaine, ce rite est dénommé *phowa* (prononcer *powa* ; de *pho*, faire changer de place, transférer). La partie essentielle du *phowa* consiste dans l'éjaculation, sur un ton suraigu, très particulier, de la syllabe *hik*[1], suivie de la syllabe *phat*. Ces deux syllabes sont tenues pour être des *mantrams*, c'est-à-dire des mots dont les vibrations — si leur son propre a été correctement émis — ont le pouvoir de produire certains effets sur l'esprit et sur la matière.

En principe, le *hik*, répété plusieurs fois, fait graduellement monter la « conscience » jusqu'au sommet du crâne et le *phat* l'en fait jaillir. Il arrive que des mystiques tibétains pratiquent ce rite pour eux-mêmes afin de se suicider, comme certains yoguis hindous s'étouffent, volontairement, en pratiquant la rétention du souffle au cours d'une transe. Toutefois, d'après les bonnes gens du Tibet, le rôle du *phowa* ne se limite pas à l'extraction de la « conscience » hors du corps du mourant, ou du mort en qui elle s'attarde, il transfère, aussi, celle-ci dans un lieu bienheureux, généralement au Paradis occidental de la Grande Béatitude (*Noub Déwatchén*, en sanscrit : *Sukhavati*) dont rêvent, aussi, les foules bouddhistes de la Chine et du Japon.

En réalité, l'usage du *phowa* pour diriger la « conscience » des morts, doit s'inscrire en marge de la science magique du « transfert » ou de la « résurrection ». Celle-ci consiste à séparer la partie mentale de la personnalité — la sienne ou celle d'autrui — et à transférer celle-ci, temporairement ou définitivement, dans un corps humain ou animal, soit que ce corps ait été abandonné, au moment de la mort, par l'esprit qui y était uni, soit que le magicien l'en ait délogé de vive force. Dans ce dernier cas, le magicien peut transférer l'esprit sans domicile dans un corps mort depuis peu, s'il s'en trouve à sa portée, ou bien arracher de nouveau un autre esprit de son logis, pour abriter le pre-

1. Voir à ce sujet mon livre *Parmi les mystiques et magiciens du Tibet*,

mier enfin ; il peut laisser l'esprit désincarné, une condition dite très pénible pour ce dernier. Les histoires de « transférence » sont nombreuses au Tibet, mais quant aux méthodes permettant de la pratiquer, elles ne sont enseignées qu'à de rares disciples, après une longue période de probation et sous le sceau de serments terribles. L'Inde et la Chine ont aussi cru à la possibilité de la transférence. Le célèbre professeur à l'université de Nâlanda Narota (xe siècle) y était, dit-on, expert.

Quant à l'ascension de la « conscience » jusqu'au sommet du crâne, c'est un emprunt fait aux théories tantriques concernant l'énergie vitale symbolisée par *kundalini*, le serpent de feu, qui dort près des parties génitales et que les yoguis éveillent et font monter jusqu'au cerveau, à travers divers points du corps (les *tchakras* = roues) et le long de la colonne vertébrale. Cette ascension est considérée comme une réalité physique ou comme étant symbolique, suivant le degré d'initiation tantrique auquel on se place.

Parmi ceux des Bouddhistes qui admettent l'existence de l'état intermédiaire, il en est qui écartent l'idée d'un transfert de la « conscience » opéré par le ministère d'autrui. Cependant, la plupart de ceux-ci croient que la « conscience » elle-même a la possibilité de se diriger, à travers le *bardo*, vers une renaissance de son choix. En principe, elle peut donc atteindre l'un ou l'autre des séjours des dieux, ou s'unir à un corps humain en élisant, comme parents, des gens dont le caractère et la condition sont propres à assurer le bien-être matériel et moral de celui qu'ils engendreront. Mieux encore, certains croient à la possibilité de parvenir, après la mort, dans un moment d'illumination soudaine de la « conscience » désincarnée, à s'affranchir de la ronde des naissances et des morts répétées : c'est-à-dire à se libérer, définitivement, de tous les effets du karman.

Ces diverses possibilités sont, naturellement, fondées sur la croyance en la persistance de la conscience après la mort. Cette « conscience » est, alors, considérée comme une entité, réceptacle où sont emmagasinés tous les instants de conscience qui se sont succédé pendant la vie du défunt. En même temps, elle est supposée jouir de la faculté de percevoir, de raisonner sur ses perceptions et de ressentir des impressions. Envisagée de cette manière, la « conscience » offre donc des points de ressemblance avec le « double », quoique les Tibétains la considèrent comme distincte de lui. Elle est proche de l'âme ou du *jîva* hindou, avec, toutefois, cette différence notable qu'elle n'est pas immortelle, son existence finissant avec la renaissance qui est le début de la construction d'une nouvelle conscience dépendant des organes de perception, de sensation, etc., qui lui fourniront des aliments. — Il faut, pourtant, se rappeler que, d'après cette théorie, les conditions de la renaissance, la forme physique et la partie mentale du nouvel individu sont conditionnées par la conscience précédente.

Privée, après la mort, des perceptions que les sens lui transmettaient et qui l'alimentaient, la « conscience » désincarnée *rumine*, si je puis employer cette expression, triviale mais exacte, les notions qui se sont accumulées en elle du vivant de l'agrégat physique et mental (appelé : une personne) dont elle faisait partie. Les visions qu'elle contemple, qui la déconcertent, la stupéfient, la ravissent ou la terrifient, ne sont que la projection d'images subjectives illustrant les croyances, les passions et, en général, tout le contenu de l'esprit du défunt.

Discerner, dans ce chaos d'images, celles qui émanent de courants d'énergie producteurs de conditions heureuses et celles qui sont dues à certaines de ses propres affinités qui la portent vers des milieux qui lui seront agréables, est un art que peu de « consciences » possèdent. Aussi, en cette occasion, le mort reçoit-il l'aide d'un vivant qui lui explique la nature des visions qui sont censées lui apparaître et lui indique la conduite qu'il doit tenir à leur égard.

Cependant, choisir entre les routes et entre les êtres qui apparaissent dans ces visions, est considéré comme l'effet d'une connaissance encore inférieure. Le secret qui fait obtenir la suprême Délivrance dans le *bardo*, c'est la connaissance de l'irréalité foncière des scènes que l'on y voit, des êtres que l'on y rencontre, des jouissances que l'on y goûte ou des maux que l'on y endure. Il faut que la « conscience » sache que, comme il vient d'être dit, ce mirage est une objectivation de ses pensées, qu'il existe *en* elle et nulle part en dehors d'elle.

Cette dernière théorie est tout à fait conforme à la doctrine de l'école idéaliste bouddhique. Celle-ci, à qui la conception du *bardo* est étrangère, déclare que la délivrance de la ronde des « existences » consiste à comprendre, dans cette vie, que le *samsâra* avec ses divers mondes, ses dieux, ses démons, ses paradis, ses enfers et tous les êtres qui y souffrent, jouissent, aiment, haïssent, luttent, naissent et meurent, n'est qu'un produit de notre imagination, une vaste mystification due à l'ignorance, une hallucination produite par la soif de l'existence individuelle.

Une opinion, assez répandue parmi les lamas instruits, est que les mêmes possibilités de délivrance *post mortem* s'offrent à tous, quelles qu'aient été leur religion ou les doctrines philosophiques qu'ils ont professées de leur vivant.

Un lama appartenant au monastère de Ditza, situé près de la frontière chinoise, qui avait eu l'occasion de rencontrer des missionnaires chrétiens et de se familiariser avec leur doctrine, me dit un jour que le jugement, le ciel et l'enfer attendaient ceux-ci dans le *bardo*. D'après lui, les Chrétiens, tout comme les Lamaïstes, meubleraient « l'état intermédiaire » de visions en rapport avec leurs croyances ; ils y verraient Dieu le Père, Jésus, les anges, les saints et les démons à qui ils auraient, sans doute, spécialement pensé à l'heure de leur mort. Ils souffriraient ou se réjouiraient suivant la nature de leurs visions, qu'ils tiendraient pour des faits réels, jusqu'au moment où un évanouissement semblable à celui durant lequel ils étaient morts, marquerait l'instant de leur renaissance, suivant leurs œuvres, dans ce monde ou dans un autre.

Je questionnai un autre lama du monastère de Labrang, en Amdo, et lui demandai comment serait, d'après lui, la condition, dans le *bardo*, d'un homme qui n'aurait eu aucune croyance, religieuse ou autre, concernant l'au-delà de la mort et serait convaincu que celle-ci équivalait au néant.

Bien entendu, le lama ne pensait pas que ce manque de foi constituât un crime punissable dans un autre monde, mais il doutait qu'il existât des gens qui n'avaient jamais conçu aucune idée concernant ce qui survenait après la mort. Comme je rétorquais qu'il avait existé des matérialistes dans l'Inde (les Tcharvakas) et que le nombre de ceux-ci était considérable en Occident, il me demanda : « Est-ce que, même quand ils étaient enfants, ces hommes n'ont jamais rien entendu enseigner au sujet de l'au-delà de la mort ? » — Je dus convenir que la plupart des matérialistes avaient reçu quelque instruction à ce sujet. Alors, conclut le lama, les descriptions d'un autre monde qu'ils ont entendues, auxquelles ils ont cru, puis qu'ils ont écartées, les trouvant absurdes, peuvent se représenter à eux et peupler leur *bardo* de visions qui les reproduisent.

Que ressort-il de ces diverses théories ? — Les Lamaïstes croient-ils vraiment que l'on peut entraver l'action du karman durant le temps qui s'écoule entre la mort et la renaissance ? — Exotériquement, tout au moins, ils le croient, mais ils déclarent que cette opération est rarement possible parce que sa réussite dépend du caractère du défunt et du plus ou moins haut degré de connaissance qu'il a acquis de son vivant.

Les indications du lama montrant à la « conscience » le chemin qu'elle doit suivre pour atteindre tel paradis ou pour se procurer un nouveau corps, par l'entremise de tels parents vertueux, riches ou intelligents, ne sont entendues par elle que si elle y a été prédisposée par les œuvres accomplies par le défunt. De même, aussi, les instructions qui lui sont prodiguées, concernant le mirage, issu d'elle, qui la stupéfie, ne peuvent être comprises par elle que lorsque, antérieurement à la mort, elle s'est déjà familiarisée avec ces conceptions. En fin de compte, la loi des œuvres continue à régner.

Il nous est encore dit, par les Lamaïstes, que les hommes qui, de longue date, se sont entraînés à observer et à analyser les phénomènes qui se produisent en eux et ont, de cette façon, acquis l'habitude de demeurer parfaitement conscients, parviennent à lutter victorieusement contre l'évanouissement qui tend à se produire au moment de la mort et à l'éviter. Ils entrent, ainsi, en pleine connaissance dans « l'état intermédiaire », et la fantasmagorie qu'il comporte ne se produit pas pour eux.

Dans une large mesure, ces experts en « l'art de mourir » ont le pouvoir de projeter leur conscience dans n'importe quel monde et de renaître dans n'importe quelle condition de leur choix. Mais ce pouvoir, ils le possédaient déjà à l'état latent, avant d'expirer ; il était le fruit de leur entraînement psychique, donc un résultat de leurs œuvres (karman). De plus, quels que soient le monde et la condition dans lesquels ils renaîtront, ils n'y seront point à l'abri des atteintes des effets de leurs œuvres ; ceux-ci se produiront sous une forme en rapport avec ce monde et ces conditions. La loi du karman ne nous régit pas de l'extérieur ; c'est en soi que chacun porte les causes des effets qu'il subit.

Aucun enseignement *in extremis* ou *post mortem* n'est donné à l'initié lamaïste, il n'a pas besoin de conseils ; aucun rite n'est célébré pour son bénéfice, il n'a pas besoin d'aide ; et lorsque sa dépouille est portée au cimetière, nul lama ne tient en main le bout d'une écharpe attachée à celle-ci, il n'a pas besoin d'être guidé. Comme me le disait un ermite de l'Himâlaya : « Il connaît le chemin. »

Bien que les théories concernant le *bardo* nous aient menés en plein Bouddhisme hétérodoxe et même, peut-on dire, tout à fait hors du Bouddhisme, ce dernier tableau de l'homme qui « connaît sa voie » rappelle l'exhortation adressée par le Bouddha à ses disciples : « Soyez votre propre lumière et votre propre refuge. » Le dernier mot du Tantrisme tibétain est aussi : Nul ne peut te guider que toi-même.

CHAPITRE VII

LE NIRVANA

Il paraîtrait étrange de terminer un exposé, si bref soit-il, du Bouddhisme, sans parler du nirvâna. Ce terme est, entre tous ceux qui ont rapport au Bouddhisme, le plus connu des Occidentaux. Il ne s'ensuit pas que sa signification leur soit également claire. Bien au contraire. En général, les diverses conceptions du nirvâna qui ont cours en Occident, sont fort éloignées de celles admises par les Bouddhistes. A dessein, je dis « celles » admises par les Bouddhistes, car le nirvâna a été envisagé, par eux, de plus d'une manière. L'on peut dire que, sur ce thème, la subtilité et l'ingéniosité des philosophes bouddhistes se sont exercées jusqu'à leur extrême limite. Et pourtant... dans ces multiples théories différentes, et même contradictoires, ne peut-on pas discerner un point sur lequel toutes sont d'accord ? Il semble que oui. D'autre part, peut-on, sans entrer dans les minuties philosophiques de ces théories, en opérer un classement sommaire ? Il semble encore que la chose est possible. Nous allons le voir.

« Large soit ouverte la porte de l'Immortel... » (Mahâvagga).

C'est par cette parole que le Bouddha inaugure sa

prédication. D'après le texte canonique, il vient d'atteindre l'illumination tandis qu'il méditait au pied d'un arbre, près d'une rivière — la Néranjarâ — et ce qu'il a compris, il hésite, d'abord, à le promulguer. Qu'est-ce qu'il a vu et compris ? — La réponse nous servira de guide pour saisir l'idée que les rédacteurs de ce récit se faisaient du nirvâna.

« Le Vénérable (Bhagavad[1]) s'assit au pied d'un banian.

« Alors, à l'esprit du Vénérable se trouvant seul, isolé dans la solitude, cette pensée se présenta :

> « J'ai découvert cette vérité profonde, difficile à percevoir, difficile à comprendre, remplissant le cœur de paix, sublime, surpassant toute pensée, abstruse, que seul le sage peut saisir. Dans le tourbillon du monde s'agitent les hommes adonnés à la convoitise, tendus vers la convoitise, trouvant leur plaisir dans le monde. Pour les hommes qui s'agitent dans le tourbillon du monde, ce sera une chose difficile à saisir que la loi de causalité, l'enchaînement des causes et des effets ; et ce sera, aussi, une chose tout à fait difficile à saisir que la cessation de toutes les formations (les *samskâras*), le rejet des *upadhis* (bases de l'existence), l'extinction du désir, l'absence de passion, la paix du cœur, le nirvâna » (Mahâvagga).

Voici une définition du nirvâna ; elle est attribuée au Bouddha. Le nirvâna est la cessation des *samskâras*, et les *samskâras* sont compris, par les Bouddhistes, comme étant les « confections ». Ce qui est « confectionné », ce sont des idées : les idées que nous nous faisons concernant le monde et concernant nous-même ; quant aux « bases de l'existence », elles consistent dans le désir, les passions, les œuvres et l'agrégat des cinq *skandhas*, soit : la forme physique.

1. Titre respectueux donné au Bouddha et à certains dieux. Les *sannyâsins* hindous l'emploient aussi entre eux.

les perceptions, les sensations, l'activité mentale, la conscience-connaissance.

Au texte cité ci-dessus, nous pouvons ajouter celui-ci :

« Quand tu auras compris la dissolution de toutes les "confections", tu comprendras cela qui n'est pas "confectionné" » (Dhammapada).

Qu'est-ce qui se livre à ce travail de « confection » ? — C'est l'esprit, employant les matériaux qui lui sont fournis par les perceptions, les sensations et les six espèces de conscience que distinguent les Bouddhistes, savoir la conscience unie à chacun des cinq sens : unie à l'œil — conscience des formes ; à l'oreille — conscience des sons ; au nez — conscience des odeurs ; à la langue — conscience des goûts ; au corps en général — conscience des contacts par le toucher et, en sixième lieu, conscience unie à l'esprit, c'est-à-dire conscience des idées.

La « confection » opérant sur ces matériaux est influencée par le désir, par les passions et par les œuvres, ce dernier terme devant être compris comme signifiant le résultat du karman, non seulement individuel, mais aussi — et, peut-être, *surtout* — du karman général[1]. Enfin, enveloppant le tout, est *moha*, « qui souille et gâte tout ce à quoi il est mêlé ». *Moha*, c'est l'erreur, la confusion, l'illusion, l'égarement qui empêche l'esprit de discerner la vérité. *Moha* est l'opposé de la Connaissance *(prajña)* et, « par conséquent, est la cause primordiale qui met en mouvement le processus du monde[2] ». Or, le processus du

1. Voir chapitre VI.
2. STCHERBATSKY, *The Central Conception of Buddhism*.

monde, en Bouddhisme, c'est la chaîne des origines interdépendantes, que nous pouvons, ainsi que le fait le grand philosophe mahâyâniste Nâgârjuna, résumer en trois points : l'ignorance, le désir, l'œuvre[1]. *Moha* est l'ignorance *(avidyâ)* sous la forme qu'elle prend en chacun de nous. A cause de notre confusion d'esprit et de l'illusion qui nous porte à concevoir des notions erronées et à porter des jugements faux, les données fournies par nos sens, perceptions et sensations, sont viciées, les passions et le désir surgissent et ceux-ci poussent à l'accomplissement d'œuvres mauvaises. Toutes les œuvres, même les plus vertueuses, sont considérées comme mauvaises, c'est-à-dire comme productrices de résultats funestes, tant qu'une part d'erreur y est mêlée.

Donc, si, en dernier ressort, ce qui construit le *samsâra* (la ronde des phénomènes, le monde) est l'ignorance, le désir et l'œuvre, il va de soi que le nirvâna, l'opposé du *samsâra*, doit être l'absence d'ignorance, de désir et d'œuvre. Quelle œuvre ? — Le travail de « confection » d'idées erronées qui s'accomplit sous l'influence de l'ignorance et du désir. Une déclaration très nette de Candrakîrti ne laisse aucun doute à ce sujet : « L'essence du nirvâna consiste, simplement, dans la suppression de toutes les constructions de notre imagination productive[2]. »

D'après une opinion très répandue dans les pays occidentaux, le nirvâna consiste dans l'anéantissement de l'âme après la mort. Cette opinion est totalement

1. Voir chapitre v.

2. Candrakîrti, *Commentaire sur le Madhyamika çastra de Nâgârjuna*. Prononcer Tchandrakirti. Des déclarations analogues sont faites par Tsong Khapa, le fondateur de la secte des lamas Gelougspas (au bonnet jaune), et par Patanjali, le philosophe indien fondateur de l'École du Yoga.

erronée. Le Bouddhisme nie l'existence d'un *ego*, d'une âme ou de n'importe quel principe permanent[1] ; cette négation constitue l'une de ses doctrines fondamentales ; dès lors, comment pourrait-il envisager et enseigner l'anéantissement d'une chose qui, d'après les déclarations formelles attribuées au Bouddha, n'existe pas ?

Que le Néant, le Rien absolu, nous soit compréhensible, il est permis d'en douter ; derrière la chose qui disparaît, nous ne pouvons nous empêcher d'imaginer une autre chose. Quant à l'Inde, un commencement y est toujours tenu pour être le commencement de quelque chose surgissant d'une autre chose et une fin y est considérée comme la fin de quelque chose qui se transforme en autre chose ou se réunit à une autre chose. Il y a longtemps que les penseurs aryens répètent que « ce qui n'est pas ne peut pas venir à exister, et ce qui est ne peut cesser d'être ». Cette théorie est-elle en contradiction avec celle de la momentanéité, des éléments ? — Les Bouddhistes déclarent que non, car l'existence, qui est activité, enchaîne œuvre à œuvre en un perpétuel devenir.

La signification du terme nirvâna est, sans nul doute, la cause de l'opinion erronée que les Occidentaux ont conçue quant à la nature du nirvâna. « Nirvâna » signifie une extinction ou, plutôt, l'action d'un souffle qui passe sur une flamme et l'éteint. Extinction, donc néant, a-t-on conclu. La question était de savoir ce qui, d'après les Bouddhistes, s'éteignait. Voici ce qu'ils nous répondent :

Un ascète brahmanique interroge Sâriputra, un éminent disciple du Bouddha :

1. Voir chapitre v.

« — Nirvâna, nirvâna, disent-ils, ami Sâriputra. Qu'est-ce donc que le nirvâna ?

« — L'anéantissement du désir, l'anéantissement de la haine, l'anéantissement de l'égarement *(moha)*, voilà, ami, ce que l'on appelle le nirvâna » (Samyutta Nikâya).

« Par quel abandon le nirvâna existe-t-il ? demande Udaya au Bouddha. — Par l'abandon du désir le nirvâna existe » (Sutta Nipâta).

« Par le rejet de la convoitise, de la mauvaise volonté et de toute erreur tu atteindras le nirvâna. » (Mahâ Parinibbâna Sutta).

« Dans ce monde, beaucoup a été vu, entendu et pensé ; la destruction de la passion et du désir pour les objets qui ont été perçus est cet impérissable nirvâna » (Samyutta Nikâya).

« Ceux qui sont détachés, en ce monde, de tout ce qui a été vu, entendu ou pensé [1], de toutes vertus et de toutes œuvres, ceux qui, après s'être détachés de toutes sortes de choses et avoir compris l'essence du désir, sont sans passions, ceux-là, je les appelle des hommes qui ont traversé le courant » (Sutta Nipâta).

« Traverser le courant » ou « gagner l'autre rive » sont des expressions classiques dans la littérature bouddhique et signifient atteindre le nirvâna.

Ailleurs encore, il est question du « disciple qui a rejeté plaisir et désir et qui a atteint dès ce monde la Délivrance de la mort, le repos, le nirvâna, le séjour éternel » (Suttasangaha).

Les Hinayânistes, au moins dans leur ancienne secte des Sarvastivâdins, croyaient à la réalité du monde matériel constitué par un continuel *devenir (bhâva)*. Le nirvâna équivalait, alors, à la cessation de l'activité qui entretenait l'existence (le « devenir » continuel) de la série *(santâna)* de moments successifs de conscience qui constitue ce que nous tenons pour notre « moi ».

1. Il est sans doute possible de rapprocher cela, « qui a été vu, entendu et pensé », de l'énergie que constitue l'habitude ou mémoire *(vâsanâ)*. Une conception mahâyâniste que l'on trouvera mentionnée dans les pages suivantes.

Cette cessation de la série des moments successifs de conscience, ou cette cessation de toutes les « formations », équivalait-elle au néant ? — Jamais rien de pareil n'a été déclaré.

Il nous est rapporté dans le Majjhima Nikâya que cette question fut nettement posée au Bouddha par Malunkyâputta : « Un Bouddha (celui qui a atteint le nirvâna) existe-t-il ou n'existe-t-il pas après la mort ? » Le Bouddha n'y répondit pas, mais il expliqua la raison de son silence à ce sujet. Une réponse à cette question serait sans profit pour celui à qui elle serait faite, déclare le Bouddha :

« Que le Bouddha existe ou n'existe pas après la mort, un fait demeure : il y a la naissance, la décrépitude, la mort, la souffrance au sujet desquelles j'ai donné des enseignements, indiquant l'origine, la cause, la cessation de la souffrance et la voie qui conduit à cette cessation... Je n'ai pas déclaré si le Bouddha existait ou n'existait pas après la mort parce que cela n'a aucun rapport avec les bases de la doctrine et ne conduit pas à l'absence de passion, à la paix, aux facultés supranormales, à la suprême sagesse, au nirvâna. »

Pourquoi le Bouddha n'a-t-il pas répondu ? — Un Mahâyâniste ne manquerait pas de penser que la question de Malunkyâputta portait sur une conception fausse, celle de la dualité de l'être et du non-être. Le Bouddha n'avait-il pas déclaré que « pour celui qui connaît selon la réalité, il n'existe ni être ni non-être » ? N'avait-il pas, aussi, déclaré qu'il répudiait les deux théories opposées de l'annihilation et de la vie éternelle d'un *ego* ? C'est que toutes les théories de cette espèce sont des « confections » de notre esprit dominé par l'erreur, l'illusion, l'égarement *(moha)* qui vicie nos raisonnements. Le Bouddha n'existe pas, ni ne cesse pas d'exister, après la mort, au sens où notre ignorance nous fait concevoir ces deux états et, durant ce que nous appelons *sa vie*, il n'existait pas non plus dans le sens que notre ignorance donne au terme « exister ». Il en est de même de nous qui n'existons pas de la façon dont nous nous imaginons exister, car « rien ne naît, rien ne meurt ; rien ne vient, rien ne s'en va », comme le dit Nâgârjuna et toutes les hypothèses que nous construisons, au sujet d'un survivance ou d'un anéantissement, ont leur base dans l'illusion de la dualité à laquelle nous sommes en proie : ce sont « des constructions de notre imagination[1] ».

Les anciens Bouddhistes paraissent avoir été fortement impressionnés par le spectacle des maux inhérents à la vie et leur conception du nirvâna est, surtout, celle d'une cessation de ces souffrances. Nous trouvons, dans les « Questions du roi Milinda », une série de paraboles par lesquelles Nâgasêna entend expliquer au prince grec Ménandre la nature du nirvâna. En voici quelques-unes :

« Le nirvâna, si plein de paix, de bonheur, si subtil, existe, ô roi. Celui qui ordonne sa vie correctement, comprenant la nature des formations (ou confections : les *samskâras*) suivant les enseignements des Bouddhas, le réalise par sa sagesse, de même qu'un apprenti se guidant sur les instructions de son maître, se crée, lui-même, maître en un art.

« Et si tu demandes : "Comment le nirvâna peut-il être connu ?" — C'est par la délivrance de la détresse et du danger, par la paix, le calme, la félicité, le bonheur, la pureté.

« De même, ô roi, qu'un homme tombé dans une fournaise ardente remplie de nombreux fagots de bois sec, s'il se délivrait par un effort énergique et se sauvait dans un endroit frais, éprouverait une suprême félicité, de même en est-il de quiconque ordonne sa

1. Candrakîrti, cité ci-dessus.

vie correctement. Celui-là, par sa réflexion attentive, réalise la félicité suprême du nirvâna d'où la chaleur brûlante du triple feu (sensualité-convoitise ; haine-méchanceté ; erreur-inintelligence) est entièrement éteinte. Comme la fournaise, il faut considérer le triple feu ; comme l'homme qui y brûlait et s'en échappe, celui qui ordonne sa vie correctement ; et comme l'endroit frais, le nirvâna.

« De même encore qu'un homme tombé dans une fosse pleine de cadavres et d'ordures, s'il parvenait à en sortir et à gagner un endroit où il n'y aurait pas de cadavres, éprouverait une suprême félicité, de même en est-il de quiconque ordonne sa vie correctement. Celui-là, par sa réflexion attentive, réalisera la félicité suprême du nirvâna dont les cadavres de toutes les mauvaises propensions ont été écartés.

« De même encore qu'un homme tombé parmi des ennemis, tremblant de terreur, l'esprit bouleversé, si, par un effort énergique, il se délivre d'eux et se sauve dans un endroit où sa sécurité est parfaitement assurée, éprouve une suprême félicité, de même en est-il de quiconque ordonne sa vie correctement. Celui-là, par sa réflexion attentive, réalisera la suprême félicité du nirvâna d'où sont bannies la crainte et la terreur.

« Comme la terreur, ô roi, il faut considérer cette anxiété sans cesse renouvelée à cause de la naissance, de la décrépitude, de la maladie et de la mort, et comme le lieu de refuge, le nirvâna.

« De même encore qu'un homme tombé dans un endroit plein d'immondices, de vase et de boue, si, par un violent effort, il se débarrasse de la boue et se sauve dans un endroit propre, sans souillures, éprouvera une félicité suprême, de même, aussi, quiconque ordonne sa vie correctement, par sa réflexion attentive acquerra la suprême félicité du nirvâna d'où la boue et les souillures des mauvaises propensions ont été rejetées. Comme de la boue, ô roi, il faut regarder les revenus, les honneurs, les louanges[1], et comme le lieu sans souillures, le nirvâna.

« Et si l'on demande encore : "Comment celui qui ordonne sa vie correctement réalise-t-il le nirvâna ?" je répondrai : "Celui-là, ô roi, saisit la vérité en ce qui concerne le développement des 'confections' *(samskâras)* et, alors, il perçoit, en ce développement,

1. L'on peut comparer le passage suivant du *Sùtra en quarante-deux articles* : « Aux yeux du Tathâgata (le Bouddha), toutes les plus parfaites magnificences des rois et de leurs ministres sont comme du crachat et de la poussière. A ses yeux, l'or, l'argent et tous les joyaux ou autres objets précieux, sont comme de la brique et du gravier. »

la naissance, la décrépitude, la maladie, la mort, mais il ne perçoit, en ce développement, ni le bonheur, ni la félicité ; il ne perçoit rien, en lui, qui soit susceptible de produire un bonheur durable, rien qui mérite que l'on s'y attache.

« Et le mécontentement naît en son esprit, alors qu'il ne trouve rien sur quoi il puisse se reposer et qui puisse lui assurer une satisfaction durable. La fièvre s'empare de lui et, sans refuge, sans protection, sans espoir, il se lasse de ces recommencements d'existence réitérés (la continuelle ronde des morts et des renaissances).

« Et dans l'esprit de celui qui perçoit, ainsi, l'insécurité de la vie recommençant sans cesse, cette pensée naît : Tout est en feu, brûlant et flambant[1] dans ce recommencement sans fin. Il est plein de souffrance, plein de désespoir. Si l'on pouvait, pense-t-il, atteindre un état où il n'y aurait plus de 'devenir', ce serait là le calme, la douceur, la cessation des 'confections', la délivrance des bases essentielles de la vie *(upadhis)*, la fin de la convoitise, l'absence de passion, la paix, le nirvâna. Et alors son esprit s'élance vers cet état où il n'y a pas de 'devenir' et, alors, il a trouvé la paix, alors, il triomphe et se réjouit à cette pensée : J'ai, enfin, atteint un refuge !

« De même qu'un homme qui s'est aventuré dans un pays étranger et a perdu sa route, lorsqu'il a connaissance d'un sentier libre de jungle qui le conduira chez lui, s'élance dans ce sentier, joyeux dans son esprit, exultant et se réjouissant à cette pensée : 'Enfin, j'ai trouvé le chemin !' De même aussi celui qui a perçu l'insécurité de la vie... (le texte continue comme ci-dessus)... ''ai, enfin, atteint un refuge !' Et il lutte avec toute son énergie le long de ce sentier, à cette fin qu'il tienne ferme dans l'effort, à cette fin qu'il demeure constant dans l'amour envers tous les êtres de tous les mondes et, ainsi, il continue toujours à s'appliquer jusqu'à ce que, passant au-delà de l'impermanent, il atteigne la Réalité. Et quand il a atteint cela, ô roi, l'homme qui a ordonné sa vie correctement a compris le nirvâna et le voit face à face[2]." »

Refuge, ou lieu de paix, le nirvâna n'est pourtant pas un endroit particulier ; Nâgasêna ne manque pas d'en avertir son royal interlocuteur.

1. Cette image de la flamme est fréquemment employée dans les Écritures bouddhiques : « Tout est en flammes, ô disciples... Par quel feu cela est-il enflammé ? — Je vous le déclare, c'est par le feu de la soif (désir-convoitise), par le feu de la haine, par le feu de l'ignorance. » (Mahâvagga.)
2. Abrégé d'après les *Questions du roi Milinda.*

« — Vénérable Nâgasêna, demande le prince, existe-t-il un lieu où le nirvâna est situé ?

« — Il n'y a pas de lieu, ô roi, où le nirvâna est situé... De même en est-il du feu qui existe sans qu'il y ait un lieu où le feu soit situé. Mais si un homme frotte deux bâtons l'un contre l'autre, le feu se produit ; de même, aussi, bien qu'il ne soit situé nulle part, le nirvâna existe et par le moyen d'une vigilante attention, en quelque pays qu'il soit, dans la demeure des Nâgas (divinités de l'Océan) ou dans le plus élevé des Paradis, celui qui ordonne sa vie correctement atteindra le nirvâna.

« De même que l'homme qui a des yeux, n'importe où il puisse être, est capable de contempler l'étendue du ciel et de voir l'horizon en face de lui, celui qui vivra avec droiture et une attention vigilante, en quelque lieu qu'il puisse être, atteindra le nirvâna. »

De ce qui précède l'on peut déduire que Nâgasêna considérait le nirvâna comme la cessation des maux inhérents à l'existence, à la rotation de la roue ou chaîne sans fin des origines interdépendantes et que cette cessation survenait, non point parce que l'on passait dans un autre monde, mais parce que l'on avait produit, par la pratique de la vertu et de l'attention vigilante, un état spirituel particulier.

Ainsi que je l'ai dit au début de ce chapitre, la question du nirvâna a fait surgir, parmi les Bouddhistes, de multiples théories dont un certain nombre ont trait à la réalité ou à la non-réalité du *samsâra* et du nirvâna. Il faut toutefois se rappeler[1] que, dans les discussions entre Bouddhistes, irréel ou non-réel ne signifie pas, absolument, « qui n'existe pas ». Le sens admis, en Bouddhisme, est plutôt : « qui est produit par des causes », donc qui est dénué de nature propre, qui n'est pas autogène. C'est de cette manière qu'est déniée la réalité du « moi », non pas que la personne

1. Voir page 153.

n'existe pas, mais parce qu'elle est un agrégat d'éléments divers qui peuvent être perçus, distingués et dénommés séparément.

Jusqu'à un certain point, et peut-être pas avec une unanimité parfaite, les Théravadins modernes[1] partagent les vues des anciens Hinayânistes qui croyaient à la réalité du monde matériel. D'après eux, aussi, le nirvâna consiste dans l'arrêt définitif du « devenir », de la série *(santâna)* de moments successifs de conscience que nous tenons, à tort, pour notre « moi ». Ainsi que j'en ai fait la remarque au chapitre VI, cette « série » qui continue à travers les morts et les renaissances successives, est, bien que les Théravadins s'en défendent, un « moi » déguisé[2]. Le Bouddhisme populaire, avec ses histoires de vies successives d'un même individu, n'a jamais manqué de l'entendre ainsi et ne diffère en aucune façon, sur ce point, du Brahmânisme enseignant la réincarnation d'un *ego (jîva)*.

Le nirvâna — nirvâna individuel —, comme me l'expliqua un jour, oralement, le Mahâ Théra Nyanâtiloka[3], consiste dans la suppression d'*une* série *(santâna)*. Quant aux autres « séries », il paraissait les voir continuer, à travers les morts et les renaissances successives, jusqu'à ce que, une à une, à leur tour, elles arrivent à cesser.

Parmi les anciens Hinayânistes, certains croyaient,

1. Bouddhisme du Sud : Ceylan, Birmanie, Siam, Cambodge.
2. Il a, d'ailleurs, existé des sectes bouddhistes qui enseignent la continuité de l'individualité ou « personne » : le *pudgala*.
3. Un orientaliste allemand, auteur d'ouvrages érudits et chef d'un groupe de religieux bouddhistes européens établi à Ceylan. Il y a vécu pendant une quarantaine d'années et y est mort.

aussi, que tous les éléments, toutes les énergies, dont l'activité constitue le monde, pouvaient, à la suite des temps, entrer dans un repos définitif et il semble qu'ils se représentaient, de cette manière, un nirvâna général. Ce nirvâna était, néanmoins, considéré comme une chose (peut-être un élément : *dharma*) réelle bien qu'inerte. A ce propos, un religieux bouddhiste, natif de l'Inde, le Révérend Kâli Koumar, me fit remarquer que si ce nirvâna était réel et s'il était une *chose* — quelque sens spécial que l'on attachât à ces termes — il ne pouvait pas demeurer, à jamais, inactif.

Mon interlocuteur n'admettait pas que l'existence pût se muer en non-existence ; quelque chose qui avait existé, devait exister à jamais, sous une forme ou sous une autre. A son avis, un tel genre de nirvâna offrait quelque analogie avec le *pralâya* des Brahmânistes (la destruction de l'univers à la fin d'un *kalpa*, une période de temps comprenant 1 000 *yugas* ou 432 millions de nos années, et correspondant à un jour de Brahmâ). D'après cette conception, l'univers, ou la manifestation de Brahmâ, est émis au début du « jour de Brahmâ », et il retourne, en Brahmâ, pour une autre période de temps, appelée la « nuit de Brahmâ », durant laquelle il n'y a pas de manifestation. Les alternatives de manifestation et de non-manifestation sont aussi représentées comme suivant le rythme de la respiration de Brahmâ. L'expiration faisant surgir le monde, avec le souffle, et l'inspiration le faisant rentrer en Brahmâ.

D'après une autre théorie brahmânique, l'état de non-manifestation correspond à l'équilibre des trois *gunas* (qualités), savoir : *satva*, le bien, la pureté ; *rajâ*, l'énergie, l'activité ; *thamas*, la torpeur, la stupidité. La manifestation, c'est-à-dire les phénomènes, est produite par la prédominance de l'une ou de l'autre qualité, par le « dosage » varié de ces qualités, si l'on peut se permettre cette expression. Lorsqu'une parfaite égalité de proportion se rétablit, le mouvement des phénomènes s'arrête, pour reprendre lorsque l'équilibre des trois qualités se rompt, de nouveau, à la fin de la « nuit de Brahmâ ».

De même, pensait le Révérend Kâli Koumar, un nirvâna consistant en l'extinction des *séries* de moments de conscience successifs *(santânas)* ou en l'extinction de n'importe quoi qui avait existé, ne pouvait pas être éternel puisqu'il était *produit* par cette extinction et que rien de ce qui est produit par des causes n'est permanent ni réel.

Et si ce nirvâna, dépourvu de vie et d'activité, était une chose, une substance, une entité existant par elle-même, non produite, il ne pouvait avoir aucun rapport avec nous, car si l'activité de nos cinq *skandhas* (forme physique, perceptions, sensations, activité mentale, conscience) s'éteignait en cette chose inerte et réelle, ce fait changeait la nature de celle-ci, y introduisait un élément propre à y éveiller du mouvement.

Je ne sais ce qu'auraient rétorqué, à mon révérend ami, ceux de ses devanciers dans l'Ordre religieux qui avaient imaginé ce genre particulier de nirvâna; en supposant qu'ils l'aient véritablement imaginé et que nous ne nous soyons pas mépris sur leur pensée.

Ce qui constitue une démarcation bien tranchée entre la conception hinayâniste du nirvâna et celle qui a cours parmi les Mahâyânistes c'est que, comme nous venons de le voir, dans leurs différentes conceptions du nirvâna, les Hinayânistes le considèrent toujours comme différent, voire même comme l'opposé du *sam-*

sâra. La comparaison, familière parmi eux, du passage sur « l'autre rive » en traversant une rivière qui sépare cette « autre rive » (nirvâna) de celle sur laquelle nous nous trouvons *(samsâra)* correspond bien à cette conception. Tout au contraire, la plupart des Mahâyânistes proclament que nirvâna et *samsâra* sont une seule et même chose. Vue sous un angle, elle correspond au *samsâra* ; vue sous un autre, elle est le nirvâna.

La base de cette doctrine est parfaitement orthodoxe. Si nous nous en rapportons à l'énoncé de la Chaîne des Origines interdépendantes où l'ignorance est déclarée comme étant la cause qui met en mouvement la ronde des phénomènes avec la « masse de souffrances » qui les accompagnent, la suppression de l'ignorance entraîne la suppression de la « ronde » *(samsâra)* ; c'est en cette suppression que consiste le nirvâna. Et ce qu'affirment les Mahâyânistes, c'est précisément que cela qui apparaît comme *samsâra* à l'ignorant, apparaît comme nirvâna à celui qui est illuminé.

« Entre le nirvâna et le *samsâra*, affirme Candrakîrti, il n'existe pas la moindre différence. » Il faut comprendre que rien n'est supprimé, rien n'est vraiment anéanti dans le nirvâna. Le nirvâna consiste simplement dans la suppression complète de toutes les constructions erronées de notre imagination. Ainsi qu'il a été déclaré par le Bouddha, les véritables éléments fondamentaux de l'existence ne peuvent jamais être anéantis. Les choses qui n'existent pas en ce monde n'existent pas et n'ont jamais existé. Ceux qui imaginent l'existence et la non-existence (comme une dualité de contraires) ne comprendront jamais le repos du *samsâra* (du monde des phénomènes). La signification de ceci est la suivante : dans l'Absolu qui est le nirvâna définitif, tous les éléments ont disparu. Qu'ils soient appelés souillures *(kléça)* ou pouvoir générateur *(karma)* ou existence individuelle ou groupes d'éléments, tous ont complètement disparu. Mais ces éléments qui n'existent pas dans l'Absolu, n'ont jamais existé. Ils ressemblent à la corde que, dans l'obscurité, l'on prend pour un serpent ; dès que l'on apporte une lampe, l'on reconnaît son erreur et la peur que l'on éprouvait se dissipe. Ces éléments, nommés illusion, désir, *karma* et la naissance constituant la vie individuelle, n'ont aucune existence réelle dans le sens absolu de ce terme, ils n'en ont même pas dans le sens restreint se rapportant aux conditions de la vie dans le *samsâra*. La corde, qui a été prise pour un serpent, n'est pas un serpent en elle-même et ne l'est jamais, soit dans l'obscurité, soit à la lumière.

« Qu'est-ce donc, alors, que l'on appelle la réalité phénoménale (le *samsâra*) ? — Obsédés par les irréels démons de leur *ego* et de leur "mien", les gens stupides — ceux qui sont du monde[1] — imaginent qu'ils perçoivent des entités séparées quand, en réalité, celles-ci n'existent pas ; de même qu'un homme atteint d'une maladie des yeux, voit, devant lui, des cheveux, des mouches ou d'autres objets qui n'existent point. »

Par conséquent, il a été dit :

Nirvâna n'est pas non-existence,
Comment pouvez-vous avoir cette idée ?
Nous appelons nirvâna la cessation
De toutes les pensées de non-existence et d'existence[2].

1. Ceux qui vivent une vie commune ; *prithag jana* comme opposition à l'homme éclairé, l'*arya* (le noble) qui est entré dans les chemins « au-delà du monde ».

2. Cité par Stcherbatsky comme appartenant au Ratnamâlika (Guirlande de bijoux), un ouvrage attribué à Nâgârjuna.

La théorie hinayâniste qui fait distinguer deux sortes de nirvâna : 1 – le nirvâna dans cette vie, consistant dans l'illumination spirituelle ; la suppression de l'illusion-erreur, du désir et de la haine, et 2 – le *pari nirvâna*, atteint après la mort, qui consiste en l'extinction des *skandhas* (le corps, les perceptions, les sensations, l'activité mentale, la conscience), peut être tenue comme un des effets de la croyance en la dualité du *samsâra* et du nirvâna.

Cette conception tend à donner à la mort une importance qu'elle perd tout à fait dans la doctrine mahâyâniste de l'irréalité du monde. La distinction faite entre l'état de choses existant, pendant la durée d'un groupe d'éléments formant un individu vivant, et celui auquel donne lieu la suppression de ce groupe, après la mort de cet individu, confère aussi, à ce groupe, un caractère de permanence qui le rapproche fortement d'un *ego*. D'autre part, si l'on admet que les parties constituant le groupe se renouvellent continuellement et que la vie de l'individu ne dure que « le temps d'une pensée » ou « d'une respiration », la fin du groupe se produit à chaque instant, en ce sens que le groupe présent n'es pas identique à celui qui l'a précédé et que le groupe futur ne sera pas identique au groupe présent. Toutefois, aucun phénomène ne pouvant exister sans dériver son existence de celles d'autres phénomènes, le fait de cette interpénétration constante des éléments constituant les différents groupes ou séries, celui du cheminement, à travers le monde, de l'énergie continuellement engendrée par l'activité universelle, exclut toute idée d'extinction, ou de fin définitive quelconque.

La situation des penseurs mahâyânistes est plus forte

et, sans nul doute, plus réellement conforme à l'esprit bouddhique quand ils déclarent que le monde, tel que nous le concevons, est un effet de notre imagination. Ils n'ont point, alors, à défendre des théories qui se rapportent à ce monde et à notre personne, tels que nous les voyons, puisqu'ils affirment, tout d'abord, que notre ignorance et notre aveuglement d'esprit dressent un mirage trompeur entre nous et la Réalité.

Le nirvâna, dans ce cas, ce n'est ni aller sur une « autre rive » ni mourir et sombrer dans le néant de l'extinction absolue de tous les éléments de la vie, c'est tout simplement l'éveil d'un rêve pénible, la cessation d'une maladie mentale, c'est *voir juste*.

« Il n'y a qu'une sorte de nirvâna », est-il déclaré dans *Le Lotus de la Vraie Loi*, un ouvrage en grand renom parmi les Bouddhistes japonais. Et ce nirvâna est dépeint, dans le même ouvrage, comme étant atteint par celui qui a reconnu que « tous les phénomènes sont de la nature des mirages et des rêves », qu'ils sont dénués d'essence propre (individuelle).

« Nirvâna » devient, pour le Mahâyâniste, un synonyme de « Réalité », désignée aussi par le terme « Vide ». Vide ne doit jamais être compris au sens de Rien ou de Néant. « N'imagine pas le Vide comme étant le Néant », est-il dit dans le *Tchag tchén gyi zindi*[1].

Vide signifie : vide de toutes les qualités imaginaires que nous superposons sur la réalité, vide de dualité. C'est ce qu'exprime Nâgârjuna dans la strophe suivante, qui sert d'introduction à plusieurs de ses ouvrages, et qui exprime l'idée fondamentale du Mahâyâna.

« Je rends hommage à ce Bouddha parfaitement

1. Un ouvrage tibétain déjà cité.

éclairé, qui a enseigné la doctrine des origines interdépendantes d'après laquelle il n'y a ni cessation ni production (naissance) ; ni impermanence, ni permanence ; ni différence, ni identité ; et qui calme l'activité » (celle qui « confectionne » des conceptions chimériques).

Nous lisons dans le Lankavatara Sûtra :

« Ce qui est entendu par le *Vide*, dans le plus haut sens de Réalité finale, c'est que dans l'acquisition d'une compréhension intérieure, par le moyen de la sagesse, il n'y a aucune trace de "la force de l'habitude" engendrée par les conceptions erronées (qui ont été produites) depuis un passé sans commencement. »

Il faut comprendre que le terme familier de « force de l'habitude » qui est employé ici exclut l'idée d'une énergie produite par l'habitude, mais différente d'elle. C'est l'habitude, elle-même, qui est force. Cette habitude est identique à la mémoire *(vâsanâ)*[1]. Et la mémoire peut être d'ordre physique aussi bien que d'ordre mental.

« Et que signifie : "Les choses ne sont pas nées ?"

« Quand il est dit : "Aucune chose n'est née", cela ne signifie pas que les choses ne sont pas nées, cela signifie qu'elles ne sont pas autogènes. D'après un sens profond, être dénué de nature propre est ne pas être né. Que toutes choses sont dénuées de nature propre signifie qu'il y a un "devenir" continuel et ininterrompu, un changement, à chaque instant, "d'un état d'existence à un autre".

« Et que signifie non-dualité ? — Cela signifie que

1. *Vâsanâ* signifie, spécialement, la « mémoire » existant dans le subconscient comme conséquence des impressions causées par les actions passées.

lumière et ombre, long et court, noir et blanc sont des termes relatifs qui dépendent l'un de l'autre. Le nirvâna et le *samsâra* ne sont pas "deux", et il en est de même de toutes choses.

« Il n'y a pas de nirvâna, sauf où il y a *samsâra* ; il n'y a pas de *samsâra*, sauf où il y a nirvâna. »

Cette identité est affirmée à satiété dans tous les ouvrages mahâyânistes.

Dans le *Prajnâ Pâramitâ Hridaya Sûtra*, l'identité des *skandhas* avec le Vide, c'est-à-dire avec le nirvâna, est nettement proclamée :

« Il y a cinq *skandhas* et ceux-ci doivent être considérés comme étant vides par nature. La forme (le corps) est le vide et le vide est véritablement la forme. Le vide n'est pas différent de la forme et la forme n'est pas différente du vide. Ce qui est forme, cela est le vide ; ce qui est vide, cela est la forme. » Dans la grande version de la *Prajnâ Pâramitâ*, il est ajouté : « En dehors de la forme il n'y a pas de vide. en dehors du vide il n'y a pas de forme. »

La même chose est répétée au sujet des quatre autres *skandhas* formant la partie mentale du groupe dénommé un individu, soit : pour les perceptions, les sensations, les confections mentales, la conscience.

En langage moins scolastique, ceci revient à dire : Le nirvâna est exactement le *samsâra* ; l'individu formé de cinq *skandhas*, tel qu'il est, *est* exactement le Vide, la Réalité, le nirvâna.

« Ni naissance, ni annihilation, voilà ce que j'appelle nirvâna. Nirvâna signifie la perception de la réalité telle qu'elle est, vraiment, en elle-même. Et quand, par l'effet d'un changement complet, de toutes les méthodes d'opérations mentales[1] survient l'acquisition de la compréhension de soi-même (et par soi-même), cela, je l'appelle le nirvâna » (Lankavatara Sûtra).

C'est ce renversement des notions auxquelles nous adhérons sous l'influence de la « force de l'habitude » que les Maîtres spirituels appartenant à la secte de Méditation (secte Ts'an en Chine et Zen au Japon) s'attachent à produire chez leurs disciples par le moyen d'énigmes (dénommées Koan) qu'ils leur posent.

Cette « force de l'habitude » (ou mémoire) doit être comprise comme l'ensemble des formations mentales ou « confections » (idées, conceptions) qui ont été produites au cours d'un passé sans commencement. C'est cette « force de l'habitude » qui est la créatrice du mirage du monde et qui le crée, de nouveau, à chaque instant, avec la contribution que nous lui fournissons par notre activité mentale agissant dans le sens de cette habitude. Lorsqu'il est dit que le *samsâra* est un produit de « notre imagination productive », nous ne devons pas l'entendre comme signifiant qu'un seul individu, ou groupe de *skandhas*, isolé, fait surgir le *samsâra*. Il faut comprendre que l'énergie engendrée par des raisonnements faux et des notions erronées, pendant « un passé sans commencement », produit ce mirage que notre adhésion contribue à perpétuer.

La conscience des idées donnant un support aux consciences attachées aux sens (à l'œil : conscience des formes, etc.) « distingue un monde objectif et, ainsi, est

1. *Parâvritti*. Une sorte de révolution mentale qui fait voir toutes choses sous un aspect différent et prendre contact avec elles par de nouveaux moyens. Le sens propre de *parâvritti* est « retournement », « renversement ».

tenue en mouvement (produit de nouvelles idées concernant ce qu'elle perçoit). Elle s'attache à ce monde objectif et, par l'effet de multiples "forces d'habitude", elle nourrit l'Alâya Vijñâna (l'entrepôt de conscience) » (Lankavatara Sûtra).

Dans ce « réservoir » ou « entrepôt » sont aussi les germes des idées qui tisseront, dans notre esprit, le voile de l'illusion du *samsâra*. Ces germes sont les imaginations anciennes qui, devenues mémoire ou « force d'habitude » — mémoire universelle, ainsi qu'il vient d'être dit —, opèrent, à notre insu, dans le subconscient.

Ainsi, tout le drame du *samsâra* et du nirvâna se joue dans l'esprit, car nirvâna comme *samsâra* et toutes les théories construites à leur sujet, ne sont que des produits de notre « imagination productive ». Est-ce à dire que le monde n'existe pas, que nous n'existons pas ? — Pas du tout. Ainsi qu'il a déjà été dit[1], tous deux existent, mais ils n'existent pas par eux-mêmes, ils ne sont pas autogènes : ils sont « produits », « causés » et, pour cette raison, Tsong Khapa et ses disciples les déclarent non réels, car ils sont faits de la substance d'autrui.

Ce *samsâra*, nous ne le percevons, d'ailleurs, pas tel qu'il est en réalité. Notre « imagination productive » nourrie par « l'énergie engendrée par l'habitude » pendant « un passé sans commencement » superpose, sur celui-ci, une construction illusoire un « mirage », des « images pareilles à celles vues en rêve » (Vajracchedika Sûtra). La cessation de ce travail de construction, l'éveil du rêve, est le nirvâna.

Pour terminer, « il est intéressant de noter que les

1. Voir p. 154.

Bouddhistes tibétains n'ont pas de mot traduisant le sens exact du terme nirvâna : l'extinction d'une flamme par un souffle ». Ce n'est pas qu'ils n'eussent pu trouver à exprimer cette idée dans leur langage. Les traducteurs des Écritures canoniques sanscrites, tant Tibétains qu'Hindous venus comme missionnaires au Tibet, avaient une connaissance parfaite des deux langues ; chaque page de leurs traductions en témoigne. Cependant nirvâna est demeuré non traduit.

Les termes dont se servent les Tibétains sont : *nya nién les déspa*[1], littéralement « passé au-delà de la misère ou de la douleur ». Mais cette expression est, aussi, couramment employée pour dire, en langage poli, que quelqu'un est mort. C'est un équivalent de l'expression *ching la péb song*[2], « il est allé dans la sphère du (Bouddha) », dont on se sert en parlant respectueusement de la mort d'un lama.

Les véritables termes représentant le nirvâna sont : *tharpa*, « la libération », et *Sangyais-ô*[3], « devenu Bouddha », *tharpa* étant le plus employé des deux.

Pas un Tibétain ne doute de la possibilité d'atteindre cette libération et de devenir un Bouddha dans notre vie présente. Il existe même, au Tibet, une doctrine mystique dite du « court chemin » *(lam tchung)* dont le but est d'amener, rapidement, ses adeptes à la libération. Le premier guide spirituel du célèbre ascète-poète Milarespa lui avait déclaré : « La doctrine que j'enseigne est telle que celui qui la médite le jour, atteint la libération pendant la nuit suivante, et celui qui la médite pendant la nuit, atteint la libération au cours de la journée suivante. »

1. Écrit : *mya ngan les hdas pa.*
2. Écrit : *ching la phéb song.*
3. Écrit : *Sangs rgyas ho.*

Il s'agissait là d'une méthode supposée capable d'amener un revirement *(parâvritti)* subit des perceptions et des notions et produisant un effet analogue au *satori* dont les Japonais appartenant à la secte Zen attendent, aussi, la révélation de la Réalité « impossible à connaître de l'extérieur, impossible à comprendre par des raisonnements et non-dualité », qui est toujours présente devant nous et en nous et que notre « imagination productive » divise, à tort, en *samsâra* et en nirvâna.

« Ce n'est pas une dualité, il ne faut pas le diviser en deux », est-il répété maintes fois dans la *Prajnâ Pâramitâ* et ceci peut être le mot final de la philosophie mahâyâniste concernant le nirvâna.

Dans les pages précédentes, nous avons principalement examiné la doctrine bouddhique telle qu'elle est présentée par les Théravadins et qui, dans les pays du Sud asiatique, est considérée comme la seule doctrine orthodoxe. Il convenait que nous nous familiarisions tout d'abord avec celle-ci car elle nous présente les principes fondamentaux du Bouddhisme. Faute de la bien connaître, l'on ne peut que s'égarer parmi la masse enchevêtrée des théories auxquelles ces principes ont donné naissance, cet « océan de doctrines » dont parlent les auteurs japonais.

Il est loisible à ceux que ce sujet intéresse de lire, dans des ouvrages spéciaux, l'histoire des nombreuses sectes bouddhistes et les diverses interprétations qui y ont été données aux doctrines concernant le « moi », les origines interdépendantes, le karman, le nirvâna, etc. Afin de ne pas dépasser la longueur prévue pour le présent volume, je me bornerai à une exposition très sommaire de quelques-unes des doctrines appartenant au Mahâyâna (le Grand Véhicule) et particulièrement à cette forme peu connue et mal comprise du Mahâyâna tel qu'il est conçu par l'élite religieuse intellectuelle des Tibétains.

Le Tantrisme bouddhiste, tel que nous le rencontrons au Tibet, sera également, rapidement examiné. Il mérite, à lui seul, un ouvrage spécial. Si le temps qui me reste à vivre me le permet, je songerai à l'écrire.

CHAPITRE VIII

LE MAHAYANA DES TIBÉTAINS

Les Tibétains, même les plus ignorants d'entre eux, se vantent d'appartenir au Mahâyâna (le Grand Véhicule)[1] et désignent, volontiers, leurs coreligionnaires de l'Inde, de Ceylan et du sud de l'Asie par le titre péjoratif de Hinayânistes, c'est-à-dire : sectateurs du « Petit » ou Inférieur Véhicule : le Hinayâna[2].

Nous avons déjà vu que le terme « véhicule » signifie un corps de doctrines conduisant ceux qui y prennent place à des étapes de plus en plus rapprochées du salut : originairement l'illumination spirituelle, mais plus généralement envisagé par la masse des fidèles comme une renaissance heureuse dans un paradis[3].

L'origine du Mahâyâna se place environ cent ans après la mort du Bouddha. Elle est communément attribuée à une querelle qui surgit dans une assemblée de moines, les uns sollicitant les dons des adeptes laïques, les autres protestant contre cette innovation et soutenant que, conformément à la discipline primitive, les *bhikkhous*[4] devaient se contenter des aliments

1. En tibétain : *thégpa tchén po.*
2. En tibétain : *thégpa tchung tchung* ou *thég mén.*
3. En tibétain : *thos ri.*
4. *Bhikkhou* en pâli, *bhixou* en sanscrit, *gélong (dgé slong)* en tibétain.

qu'ils recevaient pendant leur ronde quotidienne, mendiant de porte en porte, et des vêtements indispensables qui leur étaient offerts en certaines occasions, sans accepter quoi que ce soit qu'ils puissent amasser. La majorité des moines adopta l'opinion de ceux qui souhaitaient s'attirer des dons et donnèrent à leur réunion le nom de Mahâsamghita (grande assemblée).

Quoi qu'il puisse y avoir d'exact dans cette relation, il en existe une autre d'après laquelle un moine nommé Mahâdéva ayant à cause de ses opinions occasionné une division parmi les moines, ses partisans furent désignés comme disciples de Mahâ, d'où serait venu le terme « Véhicule de Mahâ ». Cette interprétation n'a pas cours aujourd'hui parmi les Bouddhistes.

L'on se tromperait en croyant qu'une stricte délimitation sépare le Mahâyâna du Hinayâna. L'une et l'autre de ces branches s'accordent sur nombre de points et, au cours des siècles, se sont, mutuellement, fait des emprunts. Surtout, aucune des nombreuses sectes[1] issues du Bouddhisme n'a jamais contesté les données fondamentales de la doctrine : impermanence de tous les groupes d'éléments et négation de l'existence d'un *ego* permanent en quoi que ce soit. Toutes les opinions émises n'ont jamais été données que comme des interprétations, des développements de ces principes de base. Ceci s'applique particulièrement à l'attitude des Tibétains.

Développements, interprétations plus ou moins justifiés, plus ou moins erronés ne pouvaient manquer de naître dans les milieux indiens où le Bouddhisme est né et où il s'est tout d'abord répandu.

1. On en comptait environ une vingtaine un siècle après la mort du Bouddha.

En ce qui regarde le Tibet, nous y trouvons, en des traductions très fidèles, les ouvrages des auteurs sanscrits exposant les multiples vues nées à leur époque. Les Tibétains lettrés en ont connaissance, mais elles n'engendrent guère de discussion parmi eux. En fait, tout le monde intellectuel du Tibet adhère à la doctrine de Nâgârjuna telle qu'elle est exposée dans la *Prâjna Pâramitâ*[1].

Le terme « Mahâyâna » est communément compris comme désignant un « large » véhicule capable d'admettre un grand nombre de passagers, une sorte d'église largement ouverte, accueillant les individus en quête de béatitude dans leur prochaine renaissance, les y conduisant, voire même la leur procurant sans effort de leur part, la foi du dévot et l'incommensurable charité d'un Bodhisatva suffisant à accomplir ce miracle.

Rien ne peut être plus opposé à la doctrine bouddhique ; mais l'appel fait ainsi à la paresse intellectuelle et spirituelle des masses n'a pu manquer d'être couronné de succès et, heureux d'être dispensés de l'effort personnel enjoint par le Bouddha, les sectateurs des religions à « sauveur »[2] ont été nombreux dans le Mahâyâna.

Le Mahâyâna est, aussi, tenu pour être, par excellence, le Véhicule des Bodhisatvas. Mais nous rencontrons, ici, une double interprétation de ce titre.

Les anciennes Écritures bouddhiques nous présentent le Bodhisatva comme un individu ayant atteint

1. On pourra voir à ce sujet mon essai *La Connaissance transcendante*.
2. Ce Bodhisatva sauvant par grâce est Amida, en chinois Omito, en tibétain Tchénrésigs, ou d'autres de ses formes, notamment la forme populaire féminine Kwangin en Chine, Kwanon au Japon.

le plus haut degré d'évolution spirituelle, immédiatement au-dessous de l'illumination d'un Bouddha à laquelle il accédera dans sa prochaine incarnation. D'autres fois, il nous est raconté qu'afin de devenir un Bouddha, le Bodhisatva s'adonne, sans réserve, aux plus éminentes des œuvres de charité, comprenant le sacrifice de sa vie, pour le bien d'autrui. Le recueil des *jâtakas*, les histoires des vies successives du Bouddha paraissant sous des formes variées, humaines ou animales, illustre cette théorie.

Une extension de cette doctrine a amené à envisager le Bodhisatva accomplissant le plus parfait des sacrifices. Il a atteint le nirvâna et il le refuse afin de demeurer dans notre monde et de continuer à y travailler au salut des êtres. — Renchérissant encore, l'on en arrive à tenir ce Bodhisatva non seulement pour un instructeur, mais pour un puissant protecteur assurant le bien-être de ses fidèles, les préservant des maladies, faisant prospérer leurs récoltes ou leur bétail. Le Bodhisatva a, ainsi, perdu tout caractère bouddhique et peut être assimilé aux dieux et aux saints que l'on rencontre dans la plupart des religions. C'est précisément sous cet aspect que sont considérés par les masses populaires du Tibet les lamas *tulkous*, ceux que les étrangers dénomment, fort improprement, des Bouddhas vivants.

A titre de curiosité, je signalerai une conception encore plus dénaturée du Bodhisatva. Certains soi-disant Bouddhistes occidentaux en sont venus à considérer le terme Bodhisatva comme un « grade » dans une imaginaire hiérarchie bouddhique et confèrent ce titre à certains de leurs membres au cours d'une cérémonie.

J'ai dénoncé à plusieurs reprises le caractère irrationnel du Bodhisatva renonçant au nirvâna et n'acceptant d'y « entrer » qu'après y avoir introduit tous les êtres. Le nirvâna n'est pas un *lieu*, c'est un *état*. Il résulte de l'acquisition de la Connaissance qui met un terme à la fabrication des constructions mentales : idées, conceptions, etc., engendrées par l'imagination, auxquelles l'esprit se livre sans cesse.

« ... ce sera chose difficile à l'homme de comprendre la suppression des confections mentales, le nirvâna[1]... »

Dans cette déclaration, attribuée au Bouddha par le texte canonique, nous trouvons l'expression correcte de la doctrine originelle.

La Connaissance parfaite nous délivre de la tendance à imaginer, à créer des fantasmagories parce que nous avons nettement perçu des réalités.

Erronée aussi est l'opinion de ceux qui tiennent le Mahâyâna comme étant par excellence la doctrine de la charité personnifiée dans le Bodhisatva, tandis que le Hinayâna, taxé, par eux, de doctrine égoïste, trouve son expression dans l'Arhat et le Pratekya Bouddha.

L'Arhat est le Bouddhiste qui a atteint à une juste compréhension de l'enseignement du Bouddha. Suivant une conception courante, il est libéré de la roue des réincarnations et, ici, deux opinions s'opposent. Pour les uns, l'Arhat accédera au nirvâna après sa mort puisqu'il est affranchi des attachements, et spécialement de l'attachement à la vie individuelle, qui produisent les renaissances. Pour les autres, l'Arhat a déjà

1. Mahâvagga. Voir chap. Ier.

en cette vie conquis l'accession à l'état nirvânique. La dénomination tibétaine qui lui est appliquée est « vainqueur de l'ennemi[1] », c'est-à-dire de l'ignorance et des passions qu'elle suscite[2].

Le Pratekya Bouddha ou « Bouddha *par* lui-même » ou « *pour* lui-même » est parvenu à la Connaissance par ses propres efforts, sans l'aide d'un instructeur ; il ne diffuse pas les vérités qu'il a contemplées, il ne prêche pas et demeure isolé et silencieux.

Tous deux : Arhat et Pratekya Bouddhas sont taxés d'égoïsme par les Mahâyânistes qui leur opposent le Bodhisatva, engagé dans une activité bienfaisante et qu'ils jugent très supérieur à eux.

Il est intéressant de noter que tandis que les auteurs des ouvrages pâlis et sanscrits n'emploient généralement qu'un seul terme pour désigner le sentiment de compassion universelle dont le Bouddhisme est tout pénétré, les Tibétains se servent de deux termes, établissant, entre ceux-ci, une distinction de nuance. Ces termes sont *thougs djé* et *gning djé*[3]. Le premier de ces termes paraît s'appliquer, principalement, à une disposition habituelle, et sans objet particulier, de l'individu, une bienveillance affectueuse — se teintant souvent de sentimentalité — qui enveloppe tous les êtres indistinctement.

La culture de ce sentiment vague et, en grande partie, émotionnel s'opère par le moyen de certaines pra-

1. *Da djong pa (Dkra bsom pa).*

2. Les Tibétains insistent fortement sur la possibilité d'atteindre la libération (*tharpa*) en « une seule vie et un seul temps ». *tsé tchig, tus tchieg sangyas*, à laquelle mènent les méthodes du « Sentier direct » (*lam tchung*).

3. *Thugs rdjé* et *sning rdjé.*

tiques telles que celle décrite dans les méditations sur les « sentiments infinis[1] ».

La pitié *(gning djé)* est basée sur un raisonnement. Elle surgit à propos de faits précis. Un être souffrant de la faim, torturé par la maladie, en proie à une détresse mentale inspire de la pitié à celui à qui son état est connu. *Nying rdjé !* est une exclamation courante, au Tibet, devant le spectacle d'un voyageur nécessiteux, accablé de fatigue, vêtu de haillons, affamé, d'un orphelin sans protection, etc.

D'une manière plus étendue, la Connaissance qui dévoile le sort foncièrement misérable des « pèlerins marchant, sans commencement connu, à travers le monde, en proie à la souffrance et sombrant dans la mort[2] », fait automatiquement surgir la pitié en celui qui contemple lucidement ce spectacle.

Fruit de la Connaissance, la pitié basée sur elle et succédant à des examens clairvoyants des faits qu'elle perçoit est capable d'atteindre son but, d'être efficace, de soulager la souffrance et de la supprimer lorsqu'il est possible.

L'attitude du Pratekya Bouddha est bien dépeinte dans un passage du Dhammapada.

> « Comme un homme placé au sommet d'une montagne regarde ceux qui sont dans la plaine, ainsi le Sage regarde la foule affligée et sotte. »

Est-ce à dire que ce Sage demeure emmuré dans son égoïsme ? — Nous venons de dire qu'il en va autrement. Ce Sage peut avoir compris, comme le dit un

1. Voir p. 109.
2. « Nourrissant le sol des cimetières » comme il est dit dans le Samyutta Nikâya.

poème indien[1], que ces êtres cheminant dans la vallée sont mus par les forces inhérentes aux éléments dont ils sont formés et que l'incommensurable univers dont ils sont des produits et des composants est, lui aussi, mû par des forces occultes émanant des éléments qui le composent... qui sont lui et en dehors desquels il n'existe pas.

Ou bien, encore, il a perçu que, bien que séparé d'elle par toute la hauteur de la montagne, il fait partie de la foule cheminant dans la plaine, puisqu'il est conscient de son existence et que cette foule est, en réalité, non un objet à regarder en dehors de lui, mais qu'elle *est en* lui ; qu'elle n'est qu'une image formée dans son esprit encore mal débarrassé de l'habitude de confectionner des images avec des matériaux mentaux, qu'il n'a pas atteint « l'extinction des *samskâras* », pas véritablement atteint l'état ineffable du nirvâna.

Peut-être nous sera-t-il permis de revenir maintenant à la question du Bodhisatva qui refuse d'entrer dans le nirvâna afin de demeurer dans ce monde et d'y travailler au salut des êtres.

Répétons donc que le Bodhisatva ne peut renoncer à son *état* nirvânique d'illumination spirituelle. Où qu'il soit, quoi qu'il fasse — ou paraisse faire —, il est en nirvâna.

Le Bodhisatva parvenu à cet *état* ne s'agite pas en vain. Il connaît la portée et l'efficacité des actes qu'il a accomplis[2]. La Connaissance qu'il possède les lui a fait percevoir nettement.

1. *Bhagavad gîta*, II, 5. Tout homme est, malgré lui, mis en action par les éléments dont il est constitué.

2. A ce sujet, voir le chapitre précédent, sur le nirvâna et la « Connaissance transcendante », pages 239 et suivantes.

Raisonner sur le nirvâna alors que nous sommes empêtrés dans les voiles de l'illusion, ce n'est que nous livrer à des constructions mentales fruits de l'ignorance, aux divagations de l'imagination. Le *nirvâna* est silence.

CHAPITRE IX

LA THÉORIE DE L'ALAYA AU TIBET

En général, les Occidentaux, dont un grand nombre se préoccupent du sort qui peut les attendre après leur mort, songent rarement à ce qu'ils ont pu être avant leur naissance. Quant à se demander quelles sont les causes qui ont amené à l'existence le monde qui les entoure et dont ils font partie, seuls les savants se posent de telles questions.

Il en est autrement dans l'Inde et au Tibet. Dans ces pays où la foule des individus croit aux existences successives — aux réincarnations —, ils éprouvent autant de curiosité à l'égard de ce qu'ils ont pu être avant de naître sur cette terre qu'à l'égard du genre de vie qui leur écherra après leur mort. Volontiers, ils cherchent dans les circonstances de leurs vies antérieures les causes des péripéties de leur vie présente.

Depuis nombre de siècles, les penseurs de ces pays ont, aussi, rêvé aux causes qui ont pu produire l'univers avec la multitude des êtres et des choses qui le composent. Ces causes existaient-elles en dehors de lui ou en lui, ils se le demandaient.

Déjà à l'époque incertaine et lointaine du Rig Véda, les Rishis s'interrogeaient à ce sujet :

« Qui sait d'où est venue cette création et si les dieux existaient avant elle ?

« Celui-là, seul, qui siège au plus haut des Cieux le sait. Et peut-être ne le sait-il pas. »

C'est à une attitude analogue que se tiennent les Sages du Tibet.

Cependant, les théories concernant non pas précisément un véritable commencement du monde, mais la production continuelle de ce qui le constitue pour nous, ne manquent pas au Tibet. Leurs variantes se rattachent toutes à la théorie mahâyâniste de l'Alâya Vijñâna. « Alâya » signifie un entrepôt où des choses sont emmagasinées, comme dans le nom bien connu de la plus haute chaîne de montagnes du monde : Himâlaya, « l'entrepôt des neiges ».

Suivant cette acception, admise au Tibet, l'énergie engendrée par les diverses activités physiques et mentales qui s'exercent dans le monde, se déverse continuellement dans cet entrepôt-réservoir et s'en échappe continuellement aussi, en tant que « mémoires » de *ce qui a été*, tendant à sa reproduction : à sa survie.

Il convient de noter que le sens donné au terme « mémoire » n'est pas exactement celui que nous lui attribuons quand nous disons « avoir la mémoire de quelque chose, se rappeler ». Ces « mémoires » sont des forces agissantes.

Cette théorie concernant l'Alâya telle qu'elle vient d'être exposée comporte des développements.

Tout d'abord, une action ou une pensée ne doivent pas être considérées comme des « unités », mais comme des « groupes ». Jamais, nous est-il dit, un effet n'est produit par une seule cause. Plusieurs causes doivent toujours se rencontrer pour qu'un effet se produise.

Ces causes, auxquelles les Tibétains accordent une certaine réalité substantielle, sont-elles annihilées lorsque leur produit naît, ou bien demeurent-elles incorporées en lui, y conservant de l'efficience ? — Ces questions sont discutées.

Les éléments producteurs du « groupe » que sont les individus et qui demeurent incorporés dans ce « groupe » n'y restent pas inertes, ils y subissent des transformations. Ainsi, ce qui retourne à l'entrepôt n'est pas exactement semblable à ce qui en est sorti. Le flot du va-et-vient d'entrées et de sorties est infiniment varié.

Les Tibétains traduisent le terme Alâya Vijñâna par *Kun ji namparshéspa*[1], c'est-à-dire la conscience de la base de toutes choses ou, selon une autre interprétation : l'esprit-conscience est la base de tout.

C'est cette interprétation, concordant avec la doctrine de l'école de Nâgârjuna, qui domine parmi les intellectuels tibétains. La théorie concernant l'Alâya est considérée, par eux, comme une fabrication de notre esprit si fortement enclin aux élucubrations de l'imagination. C'est nous qui *sommes* l'Alâya. C'est en notre esprit que se déversent les énergies engendrées par l'activité. C'est de notre esprit qu'elles ressortent sous forme de pensées et d'actes engendrés par la combinaison des « mémoires » qui *sur-*

1. *Kun gii rnam par shés pa.*

gissent de l'esprit et dans l'esprit s'engloutissent[1] » (Milarespa).

L'Alâya, c'est chacun de nous, c'est chaque chose et c'est l'incommensurable *Tout*.

1. *Séms nes tchung./ Séms nang la tim (séms nas hbyung — séms nang la gting).*

CHAPITRE X

LE TANTRISME TIBÉTAIN

La dénomination « tantra » désignait originairement un livre décrivant les rites d'un culte. Par la suite, cette appellation a été étendue à des ouvrages philosophiques formant une littérature très variée dans ses tendances. C'est à l'ensemble des doctrines plus ou moins hétérogènes exposées dans ces tantras que les Occidentaux donnent le titre de Tantrisme.

Sauf les Jaïns et les Bouddhistes, toutes les sectes indiennes reconnaissent l'autorité supérieure des Védas. Toutefois, d'après l'opinion courante, le monde étant entré dans son quatrième âge — le Kaliyuga —, un âge marqué par la dégénérescence mentale et physique des hommes, ceux-ci sont devenus incapables de comprendre le très haut enseignement des Védas. Au contraire, les théories exposées dans les tantras et les règles de conduite qui y sont données sont à leur mesure.

Traiter du Tantrisme indien est un vaste sujet qu'il convient de laisser à des indianistes particulièrement qualifiés. D'ailleurs, en tracer une esquisse même abrégée demanderait un gros volume.

Je ne dépasserai pas mon terrain qui est le Tibet et je me bornerai à montrer ce qui y constitue le Tantrisme.

Il ne faut pas cesser de se rappeler qu'aucun Tibétain ne s'intitule tantriste. Un tantrika est simplement, au Tibet, un érudit qui s'est livré à une étude approfondie des divers tantras. Tous les Tibétains se disent Bouddhistes et croient qu'ils le sont, quelles que soient les déformations qu'ils ont pu faire subir à la doctrine du Bouddha, et alors même qu'ils professent des opinions et s'adonnent à des pratiques formellement condamnées par le Bouddha.

Les tantras consistent, pour la plupart, en des ouvrages sanscrits importés de l'Inde et du Népal, qui ont été traduits en tibétain.

Ces traductions forment une part importante de la littérature religieuse et philosophique du Tibet, et y portent le nom de *gyud (rgyud)*.

Les Écritures canoniques bouddhiques sont, dans leur ensemble, dénommées Tripitaka[1], c'est-à-dire « les Trois Corbeilles ».

Il est dit qu'originairement, les textes écrits sur des feuilles de palmier préparées à cet effet, étaient conservés dans des corbeilles, d'où est venu le nom « les trois corbeilles » pour désigner les trois catégories des Écritures : les *suttas*, discours attribués au Bouddha ou à ses grands disciples ; le *vinaya*, les règles de discipline à l'usage des religieux, et l'*ahhidhamma*, les textes philosophiques.

Les Tibétains ont suivi cette division et classent les ouvrages en trois catégories : respectivement dénommées *do (mdo)*, les discours — et les anecdotes qui s'y rapportent — ; *dulwa*, les règles de discipline ; *tsén gnid*, la philosophie.

1. Les Tibétains disent : *dé neu sum (sdé neu soum)*, les trois récipients.

A ces trois sections des Écritures, ils en ajoutent une quatrième : le *gyud*, les divers tantras et les ouvrages qui s'y rapportent.

A leur tour, les tantras *(gyud)* sont partagés en quatre catégories[1] traitant respectivement des œuvres, de l'accomplissement spirituel et de la technique des méditations systématiques, de la parfaite sérénité de l'esprit dans son état fondamental de repos absolu, d'où toutes les cogitations contradictoires sont exclues, et le tantra « sans égal », traitant du véritable passage dans le nirvâna.

Ces divers tantras sont inclus dans l'une ou dans l'autre des collections d'Écritures canoniques : le Kandjour et le Tendjour[2].

Dans les grands monastères qui comprennent quatre collèges, il existe un collège des tantras ; les autres collèges sont : celui des Écritures canoniques — celui des règles de discipline — celui de philosophie — celui de médecine et, en plus, le collège des tantras[3].

Le collège des *gyud pas* jouit, en général, de la prééminence, sauf, peut-être, à Lhassa où le collège de philosophie rassemble la fraction intellectuelle et érudite des étudiants, ceux qui aspirent à obtenir le grade de *guéshés*, équivalent de notre doctorat en philosophie.

Au collège de *gyud*, l'on enseigne le rituel de caractère magique exposé dans les tantras : les formules et les gestes qu'il comporte. Surtout, les étudiants apprennent par cœur de nombreux textes qu'ils réciteront

1. *Gyud dé ji (rgyud ldé bji)*, respectivement : 1e *tcha wai (bya wai)* ; 2e *tcheu pai (sbyod pai)* ; 3e *naldjor (rnal hbyor)* ; 4e *lana méd pa (blana méd pa)*.

2. *Kah gyur* et *Stan gyur* — soit « paroles traduites » et commentaires.

3. Dénommés respectivement : *do tasang (mdo tasang), tsén gnid tasang (mtsen gnid), mén tasang (sman)* et *gyud (rgyud) tasang*.

en diverses occasions et, généralement, sans en comprendre le sens.

Le collège de *gyud* comprend une salle de réunion particulière à l'usage de ses étudiants et qui est distincte de la grande salle de l'assemblée, commune à tous les hôtes d'un monastère. Signe distinctif : les membres du collège de *gyud* (les *gyud pas*) sont pourvus d'un très volumineux bol à aumônes, rappelant celui que les premiers religieux bouddhistes portaient dans leur ronde quotidienne par les villes et les villages, pour recueillir les aliments qui devaient constituer leur repas quotidien. Les *bhikkhous* théravadins des pays du sud de l'Asie possèdent encore ce bol, bien que la mendicité soit devenue, pour eux, un simple simulacre. Quant aux *gyud pas*, ils ne portent le bol que pendant certaines cérémonies et seulement à l'intérieur de leur salle de réunion. Le collège des *gyud pas*, comme chacun des autres collèges, est logé dans un bâtiment particulier inclus dans l'enceinte du monastère.

Tout le Tibet est profondément pénétré de « Tantrisme ».

Nul besoin de dire que les aspects que le Tantrisme y revêt diffèrent suivant le degré de culture des individus, mais d'une façon générale l'on peut dire que le Tantrisme des Tibétains est apparenté à la magie dans ses degrés supérieurs et descend jusqu'à une sorte de sorcellerie parmi les masses ignorantes et toujours imbues des croyances chamanistes et taoïstes qui dominaient au Tibet avant l'introduction du Bouddhisme.

Il y a lieu de noter une différence très importante entre la magie et la sorcellerie telles qu'elles ont existé dans nos pays (et y subsistent encore sournoisement) et les expressions, même les plus basses, du Tantrisme tibétain.

En Occident, dans les pays soumis à l'influence du Christianisme, toute sorcellerie et, en bien des manières, la magie, sont dominées par la personnalité du Diable.

Rien de cela au Tibet.

La croyance en un Dieu créateur du monde, omnipotent, omniscient, éternel et « unique », n'existe pas au Tibet. Il s'ensuit que l'opposé de ce Dieu, son adversaire, possédant, non pas la toute-puissance, mais une puissance considérable : le Diable, « unique » lui aussi, n'a pas pu être imaginé.

Je l'ai déjà dit, mais il n'est pas inutile de le répéter pour bien marquer la différence de leur conception avec celle de l'Occident, les Tibétains, comme tous les Bouddhistes, admettent l'existence d'une multitude de dieux qui forment une classe d'individus[1].

Tout comme il est différents types mentaux d'hommes, les Tibétains croient que certains dieux sont d'humeur bienveillante, d'autres facilement irritables ou rancuniers ; que certains jouissent d'un pouvoir étendu, qu'ils ont à leur disposition de très puissants moyens d'action, tandis que les possibilités efficaces des autres sont faibles et très limitées.

Ces dieux, les Tibétains ne les « prient » pas. Ils s'efforcent de s'attirer leur bon vouloir, leur aide, de les amener, par des offrandes susceptibles de leur plaire et par des louanges, à leur procurer ce qu'ils désirent : prospérité, bonne santé, longue vie, etc. D'autre part,

1. L'une des six classes : 1ᵉ dieux ; 2ᵉ non-dieux (sorte de titans, les *lha ma yin*, les *asuras* des Indiens) ; 3ᵉ hommes ; 4ᵉ non-hommes (génies, fées, démons, les *mî ma yin*) ; 5ᵉ animaux ; 6ᵉ habitants des mondes où la douleur domine — qui ne sont pas des enfers éternels. Tous ces individus naissent, vieillissent, meurent et renaissent dans le même monde, ou dans un autre. Ces mondes constituent comme autant de départements de notre monde, le monde du désir, et entre eux il n'existe pas de cloison infranchissable.

ils tentent d'imposer leur volonté aux déités d'ordre inférieur, aux génies locaux, aux démons. A cet effet, ils usent de formules magiques : les *ngags*.

Ces formules, prononcées ou, parfois, simplement inscrites sur des morceaux d'étoffe ou de papier portés sur soi, collés sur les murs des habitations, ou bien sur des drapeaux qui flottent au vent, sont aussi tenues pour posséder une efficacité intrinsèque sans intervention étrangère.

Ce genre de « Tantrisme » est le plus répandu parmi les masses du Tibet. Il s'y joint des cérémonies, des sacrifices célébrés par des spécialistes, les *ngagspas*[1]. Tous les monastères du Tibet ont, pour annexe, un temple ou un petit local — selon l'importance du monastère — où un ou plusieurs *ngagspas* officient pour le bénéfice des hôtes du monastère[2]. Ces *ngagspas* n'appartiennent pas au clergé régulier, du moins pas chez les sectateurs du Lamaïsme réformé, les *Gelougspas*[3] (bonnets jaunes) ; ils forment une catégorie particulière d'individus, pour ainsi dire intermédiaires entre les laïques et les membres du clergé. Bien qu'ils s'en défendent, ces *ngagspas* se rapprochent beaucoup des Böns chamanistes. Toutefois, ils diffèrent de ceux-ci en ce qu'ils ne sacrifient point d'animaux dans les rites qu'ils célèbrent. Sur ce point, l'influence bouddhique se fait sentir. Dans les régions frontières du Tibet, notamment celles qui confinent aux Himâlayas et au Népal, et parmi les populations tibé-

1. *Ngagspas* : hommes possédant la connaissance des formules magiques secrètes et experts dans l'art de s'en servir.

2. Le grand *ngagspa* qui réside dans un palais dépendant du monastère Dépung à Lhassa est un personnage considérable et l'oracle de l'État.

3. *Dgé lugs pa*, « ceux qui ont des coutumes vertueuses ». Ils portent des coiffures jaunes pour se distinguer des adeptes des anciennes sectes, qui portent des coiffures rouges.

taines du Sikkim et du Bhoutan, les campagnards, en cas de maladie, font souvent appel aux sorciers böns qu'ils croient plus aptes que les *ngagspas* bouddhistes à agir efficacement sur les démons malfaisants, en leur offrant des victimes animales.

En marge du Bouddhisme et du véritable « Tantrisme », le culte des dieux locaux florit toujours au Tibet. Des temples, parfois somptueux, leur sont consacrés dans l'enceinte même de certains grands monastères. Celui du monastère de Kum Bum où j'ai longtemps séjourné était richement doté et très fréquenté.

On voit par ce qui précède que le Diable tel qu'il a été imaginé dans nos pays n'a pas de place dans le Tantrisme des Tibétains et qu'il n'a jamais été question parmi eux de « pacte avec le Diable », pas plus que d'enfer et de damnation éternelle.

Si le Tantrisme, sous des formes populaires, est, en somme, la religion de la grande majorité des Tibétains, il a ses spécialistes et ses érudits dans les membres des collèges de *gyud*. Ainsi que nous venons de le mentionner, les différents tantras inclus dans les Écritures canoniques y sont étudiés sous la direction des professeurs attitrés et des grades sont conférés aux étudiants. à l'issue de certains examens qui peuvent aussi porter sur diverses doctrines telles que celles du *dus ky korlo (tus kyi hghorlo)*, « le cercle du temps », ou du *tchagya tchenpo*, « le grand geste », du *dordji thégpa*, etc.. dont chacune peut être l'objet d'une étude spéciale.

Tel est le programme officiel, mais il est rarement strictement suivi dans la pratique.

Quant aux exercices physiques analogues à ceux du

hâtha yoga indien qui sont décrits dans les tantras tibétains, contrairement à ce qui en est dans l'Inde, les Tibétains ne s'en servent guère pour obtenir des résultats physiques tels que la beauté du corps, etc. Ils y voient plutôt un moyen d'agir sur l'esprit, d'y établir le calme nécessaire à la concentration de pensée par le contrôle de la respiration. D'autre part, des pratiques comme celle de *toumo*[1], l'art d'exciter la chaleur interne, n'ont qu'un but utilitaire : celui de permettre aux ermites de vivre sur les hautes montagnes parmi les neiges sans souffrir du froid.

Le Bouddhisme né dans une région au climat chaud pouvait aisément recommander aux religieux d'habiter les « bois pleins de charme », comme disent les anciens textes. Le problème se posait autrement au Tibet, sauf dans les vallées chaudes, les Tsarong[2] du sud-est, mais le Bouddhisme eût dit à ceux que talonnait le désir de la solitude : Votre pays est vaste, il n'y manque pas de lieux propres à y construire des ermitages où vous n'aurez pas à lutter contre une température pour laquelle votre organisme n'est pas fait. La Doctrine est toute raison, toute sagesse, elle condamne les excentricités. Mais le caractère physique violent et inquiétant, pour l'homme, du haut « Pays des neiges[3] » engendre, précisément, l'excentricité comme il engendre la crainte.

Les premiers missionnaires bouddhistes qui s'aventurèrent au Tibet, venant de l'Inde — vers le IIe siècle, semble-t-il — n'eurent aucun succès. Au VIIe siècle,

1. *Gtlumo*. Voir *Parmi les mystiques et les magiciens du Tibet*.
2. Tsarong, au sud-est du Tibet, où poussent le maïs, les grenadiers et des orchidées.
3. *Khams yul*.

sous le roi Sromg bstan Gampo, leur nombre était encore fort restreint. La croyance au pouvoir des démons intervenant sans cesse dans les affaires des hommes, dominait. Elle domine encore parmi les masses populaires du Tibet.

C'étaient les démons qui, s'opposant aux projets de Sromg bstan Gampo, empêchaient l'érection du monastère de Samyé, démolissant chaque nuit l'ouvrage que les maçons faisaient pendant le jour. Seul, un magicien, un adepte du Bouddhisme tantrique, ancré au nord-ouest de l'Inde, et dans les régions formant l'Afghanistan actuel, allait pouvoir les vaincre. Il s'appelait Padmasambhava.

Il triompha des démons, les soumit, les obligea, non seulement à renoncer à nuire, mais à construire eux-mêmes les murs du monastère qui fut rapidement terminé.

Telle est l'origine du genre de Bouddhisme qui, tout d'abord, se répandit au Tibet.

Padmasambhava et ses successeurs combattirent les Böns mais surtout pour prendre leur place en tant que clergé attitré jouissant de la faveur royale. Du point de vue de la pureté de la doctrine, ils se montrèrent peu intransigeants. Comment eussent-ils pu l'être ? — Le genre de Bouddhisme qu'ils importaient était bien peu orthodoxe, il s'accommoda d'accueillir, en les travestissant quelque peu, beaucoup de croyances et de pratiques des anciens Böns et c'est cette religion composite, ne heurtant point les tendances populaires, qui s'est incrustée au Tibet [1].

1. Une fusion analogue s'opérait aussi à cette époque en Occident où les croyances et les coutumes païennes, pourvues de nouveaux noms, s'incorporaient dans l'Église chrétienne où elles sont demeurées.

Plus tard, des membres intelligents du clergé bouddhiste allèrent étudier la doctrine dans l'Inde. Ils en rapportèrent de nombreux ouvrages dus à des sommités du monde philosophique bouddhiste[1]. Par la voie du Népal, des tantras furent importés par d'autres voyageurs. Toute cette considérable littérature, fidèlement traduite, est aujourd'hui à la disposition des lettrés dans les vastes bibliothèques des grands monastères du Tibet. Toutefois ceux, même parmi les gradués des collèges de philosophie, qui profitent des trésors intellectuels mis ainsi à leur portée sont peu nombreux. Il en est cependant, et il en est qui, non contents de lire, réfléchissent, méditent et se forment des idées personnelles. Il y a des penseurs de grande envergure au Tibet, des Maîtres en spiritualité qui véritablement méritent le titre de Maître ; mais la plupart d'entre eux demeurent secrets et gardent pour eux les vues qu'ils ont perçues.

Le « Tantrisme », sous ses formes hautes ou basses, continue à occuper l'esprit de la population que hante l'idée de la continuelle présence des démons. Les écarter, les empêcher de nuire est l'objet d'une lutte constante. On cherche à les attirer dans des pièges puérils : des cages faites de bâtonnets et de fils de laine entrelacés. La puissance des formules magiques récitées par un officiant dûment initié à la célébration de ce rite, force le démon à entrer dans la cage. Ensuite avec force vociférations la cage et son prisonnier sont jetés dans un brasier. D'autres fois, au lieu de cette cage, c'est dans une *torma*, un gâteau de forme pyramidale fait de farine pétrie avec du beurre, que le démon est capturé. Certaines de ces *tormas* sont de très grande taille,

1. Particulièrement entre le Xe et le XIIe siècle.

surtout celle qui figure, chaque année, dans les cérémonies du Nouvel An à Lhassa où je l'y ai vu jeter au feu, débarrassant ainsi le pays de ses ennemis démoniaques.

Il est bien d'autres manières de se débarrasser des démons malfaisants... Cependant les rites doivent se renouveler, car les démons reviennent.

L'humour de certains exorcistes se manifeste en de semblables occasions — mais seulement, bien entendu, pour le bénéfice d'auditeurs en qui ils ont confiance.

Un jour, je remarquais à un lama :

« Mais n'avez-vous pas, l'autre jour, chassé les démons de cette région, il ne devrait plus en exister. Ils ne sont donc pas détruits, ils reviennent ?

– Et de quoi vivrais-je s'ils ne revenaient pas ? » me répondit mon interlocuteur.

Évidemment, les membres actifs du clergé tibétain qui ne craignent pas de déchoir en s'assimilant aux *ngags pas* (les hommes experts en paroles secrètes), aux *mapas* (les devins) ou à d'autres adeptes du Tantrisme populaire, se créent des ressources, parfois très importantes, par la pratique de leur art.

A un échelon beaucoup plus élevé, nous trouvons le tantrika qui dresse des *kyilkhors* [1] dans un but de magie.

Les *kyilkhors* sont des dessins compliqués, parfois des constructions faites avec divers matériaux. La façon de les dessiner ou de les construire est minutieusement décrite dans certains tantras. Il convient de s'y conformer strictement comme, aussi, de prononcer sans erreur les paroles qui accompagnent la confection du *kyilkhor* [2], sa consécration et les rites qui y succèdent et peuvent se prolonger pendant plusieurs jours.

1. *Dkgil hgor.*

2. On remarquera que la magie en Occident comportait des règles analogues.

Certains *kyilkhors* ont pour objet de provoquer des méditations capables d'amener à la compréhension de certaines vérités, de conduire vers l'illumination spirituelle. Mais, en majeure partie, ces *kyilkhors* sont destinés au même usage que les « cages » construites par les sorciers de village. Ils sont des pièges. Le tantrika y attire respectueusement une personnalité divine susceptible de lui communiquer des enseignements ou de lui infuser des forces d'ordre spirituel. D'autres fois, une puissante personnalité démoniaque est contrainte d'y entrer, elle y est retenue captive et obligée de céder aux ordres du magicien, de servir ses desseins. Ici l'erreur commise dans la préparation du rite et sa célébration peut déterminer des conséquences tragiques pour le célébrant inexpérimenté ou mal préparé physiquement et mentalement.

Je le répète, le « Tantrisme » tibétain se présente sous mille formes et l'esquisse forcément très incomplète que je viens d'en tenter ne jette que bien peu de lumière sur lui.

Il me faut pourtant mentionner une particularité importante du magicien tibétain. Celui-ci se croit capable d'acquérir une claire connaissance de la nature des choses, de leur structure, qui lui permettra — si en même temps il développe en lui la force nécessaire — d'agir efficacement sur le comportement normal des êtres et des choses. Il croit, comme tous les Bouddhistes orthodoxes, que tout, un homme comme une pierre, est un groupe d'éléments, un agrégat, et il croit à la possibilité de dissocier les éléments formant ce groupe ou de modifier le groupe en éliminant certains éléments, en y introduisant d'autres éléments, c'est-à-dire de détruire l'individu ou la chose momentanément formé par le groupement ou d'en changer le caractère. Il ne s'agit que d'être capable de le faire. C'est à s'en rendre capable que le magicien s'applique.

Si le magicien cherche à s'assurer le concours de déités ou de démons, c'est pour les faire besogner sous sa direction, sa seule volonté dirigeant leur travail. Les directives visant à cet effet, que l'on peut lire dans nombre de tantras, sont parfaitement claires à ce sujet.

Toute idée de surnaturel est étrangère à cette conception de la magie et c'est celle que nous rencontrons chez les tantrikas tibétains les plus éclairés.

L'on peut remarquer, comme je l'ai déjà indiqué en d'autres livres, que l'idée du surnaturel n'a pas cours au Tibet.

Au plus grossier des paysans ou des gardeurs de troupeaux, vous pouvez montrer n'importe quel « miracle », il se contentera de s'écrier : *Atsi !* voilà qui est curieux ! et il pensera : Il est malin, celui qui connaît la manière de faire cela ; moi je ne le peux pas. Ce sera tout.

En terminant ce chapitre, je tiens à mettre mes lecteurs en garde contre l'idée qu'ils auraient pu concevoir concernant le Bouddhisme au Tibet. A-t-il été totalement étouffé sous les superstitions, les croyances et les pratiques héritées du chamanisme, et des tantrikas shivaïtes ou shaktas du Népal et de l'Inde ? — Il n'en est rien. Le Bouddhisme subsiste toujours au Tibet et, en dépit des apparences, il y a de très fortes racines.

Sans bien comprendre le sens de leurs paroles, les Tibétains répètent toujours le *credo* bouddhique : « Toutes les formations (les agrégats) sont impermanents. Il n'existe pas d'*ego* dans l'individu, il n'en existe en aucune chose. »

Malgré l'intérêt qu'ils peuvent prendre aux théories exposées dans les tantras et malgré leur acceptation de certaines pratiques tantriques, tous les intellectuels tibétains demeurent fermement attachés à la doctrine de la *Prâjna Pâramitâ*, ce développement magistral de l'enseignement originel.

C'est aux volumes de la Prâjnapâramitâ qu'un véritable culte est rendu, au Tibet. C'est devant eux, en tant que personnification de la suprématie de la Connaissance, que les lettrés s'inclinent, et non devant les tantras. C'est aussi devant ces volumes, tenus par les foules ignorantes comme quelque chose de supérieur aux dieux, que des multitudes se prosternent et tous, ignorants comme érudits, répètent dans une langue que bien peu d'entre eux comprennent le grand, le plus excellent des *mantrams* : celui de la *Prâjna Pâramitâ*.

Gaté, gaté, paramgaté, parasamgaté ;
Bôdhi Swaha !

« Hommage à toi, Connaissance qui es allée dans l'au-delà et par-delà l'au-delà. »

Ou plutôt comme les Tibétains l'ont traduit, obéissant peut-être à un instinct profond de leur race... la race jaune :

« Aller, aller au-delà du Savoir et par-delà cet au-delà du Savoir... Aller... »

Et que voit-il, le Sage qui, après une longue route, a atteint les cimes de ce par-delà de l'au-delà du Savoir ? — Peut-être est-ce le spectacle dépeint dans le Dhammapada, de la foule affligée et sotte qui grouille dans la vallée, s'y agite, souffrant et faisant souffrir. Alors, par-delà l'au-delà de la Connaissance, il rencontre la Pitié, l'universelle pitié qui enveloppe les êtres et les choses, et tel est, sans doute, l'enseignement ultime qui émane du Tibet bouddhiste.

APPENDICES

SIJALOVADA SUTTA

RÈGLES DE MORALITÉ À L'USAGE DES LAÏQUES

Ainsi ai-je entendu :

En ce temps-là, le Bouddha séjournait près de Râjagaha[1], dans le parc appelé Vélouvana.

Un jour, le jeune chef de famille Sijâla, s'étant levé de grand matin, sortit de la ville et se tenant debout, les cheveux et les vêtements ruisselants d'eau, élevant ses mains jointes au-dessus de sa tête, il rendait un culte aux points cardinaux : à l'Est, au Sud, à l'Ouest, au Nord, au Nadir et au Zénith.

Cependant, le Bouddha, s'étant levé de grand matin, s'habilla et, muni de son bol à aumônes, se dirigea vers Râjagaha pour y quêter sa nourriture. Apercevant, sur sa route, Sijâla avec ses vêtements et ses cheveux mouillés, élevant ses mains jointes vers le ciel et se prosternant dans la direction des points cardinaux, le Vénérable le questionna :

— Pourquoi donc, ô jeune homme, t'es-tu levé à cette heure matinale et, quittant Râjagaha, te tiens-tu ici, les vêtements et les cheveux mouillés, rendant un culte aux points cardinaux ?

— Maître, mon père à son lit de mort me dit : « Mon fils, ne néglige point de rendre un culte aux points cardinaux. » Ainsi, plein de respect et de vénération pour ses paroles, les tenant pour sacrées, je sors de la ville de grand matin pour adorer l'Est, le Sud, l'Ouest, le Nord, le Nadir et le Zénith.

— Ce n'est point de cette manière, ô jeune homme, que les sages enseignent à révérer les points cardinaux.

1. Le nom, en langue pâlie, de la ville appelée Rajagriha.

— Comment donc alors, ô Maître, doit-on les révérer ? Veuille m'éclairer afin que je connaisse l'enseignement des sages.

— Écoute donc, ô jeune homme, prête attention à mes paroles, je t'en instruirai.

— Qu'il en soit ainsi, répondit Sijâla.

Et le Bouddha parla :

— Jeune homme, le disciple des sages a rejeté les quatre souillures ; les quatre tendances entraînant au mal ont cessé d'avoir prise sur lui, il a évité les six façons de dissiper son bien et par là, affranchi des quatorze maux et veillant aux points cardinaux, il marche victorieux à travers les mondes. Pour lui, ce monde et les autres sont également bénis et il renaîtra dans une demeure céleste.

Quelles sont les quatre souillures ?

Oter la vie est une souillure.

Prendre ce qui n'a pas été donné est une souillure.

L'impureté des mœurs est une souillure.

Le mensonge est une souillure.

Ces quatre souillures sont rejetées par celui qui mène une vie sainte.

Quelles sont les dispositions néfastes qui entraînent les hommes à commettre le mal ?

La partialité entraîne les hommes à commettre le mal.

La colère entraîne les hommes à commettre le mal.

L'ignorance entraîne les hommes à commettre le mal.

La crainte entraîne les hommes à commettre le mal.

La partialité, la colère, l'ignorance et la crainte ayant cessé d'exercer leur action sur le disciple des sages, ces tendances néfastes ne peuvent plus l'entraîner au mal.

Le renom de celui qui par partialité, colère, ignorance ou crainte s'écarte de la justice passera et s'éteindra comme la lune à son déclin ; mais la gloire de celui qui, s'étant libéré de ces obstacles, demeure fidèle à la justice, grandira comme la splendeur de la lune croissante.

Quelles sont les six manières de dissiper son bien ?

L'intempérance.

L'amour du théâtre et des fêtes.

Les mauvais compagnons.

Le jeu.

La paresse.

L'habitude de passer les nuits à errer par la ville.

Ces six choses conduisent un homme à la misère.

Six maux, ô jeune homme, sont liés à l'intempérance : la pauvreté, les querelles, les maladies, l'avilissement du caractère, le scandale, l'affaiblissement des facultés.

Six maux attendent celui qui erre la nuit par la ville : sa vie est en danger, sa femme et ses enfants demeurent sans protection, ses biens ne sont pas gardés, il encourt le soupçon de fréquenter les lieux mal famés, de mauvais bruits circulent à son propos, le chagrin et le remords le suivent.

Six maux sont le partage de celui que domine la passion des plaisirs mondains. Sa vie est tout absorbée par la préoccupation de savoir où l'on dansera, où l'on chantera, où l'on fera de la musique, où l'on déclamera, où il y aura des faiseurs de tours, où il y aura quelque chose à voir.

Six maux attendent le joueur : s'il gagne, il est en butte à l'animosité ; s'il perd, le chagrin l'assaille. Il dilapide sa fortune. Sa parole est sans valeur devant les magistrats. Ses amis et ses parents le méprisent. On le considère comme inapte au mariage, car suivant l'expression commune : « Le joueur est incapable de pourvoir aux besoins d'une épouse. »

Six maux sont le partage de celui qui fréquente de mauvais compagnons : il n'a pour amis que des joueurs, des débauchés, des tricheurs, des coquins, des hors-la-loi.

Six maux attendent le paresseux : il dit : il fait trop froid pour travailler, il fait trop chaud pour travailler, il est trop tôt pour travailler, il est trop tard pour travailler, j'ai faim et ne puis travailler, j'ai trop mangé et ne puis travailler ; et, tandis que sa vie passe de la sorte, négligeant ses devoirs, il n'acquiert pas de nouveaux biens et perd ceux qu'il possédait.

Certains amis ne sont que de joyeux compagnons, certains sont de faux amis. Le véritable ami est celui qui nous demeure fidèle alors que nous avons besoin de lui.

S'attarder à dormir après que le soleil est levé, commettre l'adultère, être vindicatif, malveillant, avare, avoir de mauvaises relations, ces six choses conduisent un homme à sa perte.

Celui qui prend pour compagnons des hommes adonnés au mal, qui commet de mauvaises actions, celui-là se perd lui-même dans ce monde et dans les autres.

Le jeu, la débauche, la passion de la danse, du chant (des fêtes), dormir le jour et rôder la nuit, les mauvaises compagnies et l'avarice, ces six choses mènent un homme à sa ruine.

Malheur au joueur, à celui qui s'enivre, qui a des relations coupables avec la femme d'autrui, qui suit les méchants et n'honore pas les sages, il s'éteindra comme la lune à son déclin.

Celui qui s'adonne aux boissons enivrantes devient nécessiteux et misérable ; toujours brûlé d'une insatiable soif. il sombre dans les dettes comme d'autres sombrent dans l'eau et plonge sa famille dans la détresse.

Celui qui dort le jour et rôde la nuit par la ville. qui est toujours plein de boisson et livré à la débauche. est incapable de soutenir une famille.

La pauvreté s'emparera de celui qui dit : il fait trop chaud. il fait trop froid, et néglige ainsi sa besogne journalière ; mais celui qui accomplit son devoir d'homme. ne se souciant pas plus que d'un fétu du froid et du chaud. assurera son bonheur.

De quatre sortes sont ceux qui. paraissant être nos amis. ne sont que des ennemis déguisés. Ce sont les amis intéressés. les gens bons à rien. les flatteurs et les débauchés.

De quatre façons l'homme intéressé se montre un faux ami : il s'enrichit à vos dépens ; il exige beaucoup et donne peu en retour ; il ne se conduit avec équité que lorsqu'il y est contraint par la crainte et il ne vous oblige que par un mobile égoïste.

De quatre façons l'homme bon à rien se montre un faux ami. Il se vante de ce qu'il aurait voulu faire pour vous ; il se vante de ce qu'il voudrait faire pour vous ; il se répand en un flot de compliments. mais lorsque vous réclamez ses services. il s'excuse. prétextant l'impossibilité où il est de vous aider.

De quatre façons le flatteur se montre un faux ami : il vous approuve lorsque vous faites le mal. il vous approuve lorsque vous faites le bien ; il vous loue en votre présence et médit de vous quand vous êtes absent.

De quatre façons le débauché se montre un faux ami. Il est votre compagnon lorsqu'il s'agit de boire. de courir la nuit par la ville. d'aller dans les lieux de plaisir ou les maisons de jeu.

Connaissant pour ce qu'ils sont les amis intéressés. déloyaux. flatteurs et ceux qui ne sont que des compagnons de débauche. l'homme sage s'écarte d'eux comme il le ferait d'une route semée d'embûches.

Les vrais amis. ô jeune homme. sont l'ami vigilant. celui dont les sentiments envers vous demeurent les mêmes dans la prospérité et dans l'adversité. celui qui vous donne de bons conseils. celui qui vous entoure de sa sympathie.

De quatre façons l'ami vigilant se montre un véritable ami. Il veille sur vous lorsque vous êtes sans défense ; il surveille vos biens lorsque vous êtes négligent ; il vous offre un asile au moment du danger et lorsqu'il le peut il vous procure le moyen d'accroître votre fortune.

De quatre façons celui dont les sentiments envers vous demeurent les mêmes dans la prospérité et l'adversité se montre un véritable ami : il vous confie ses secrets et garde fidèlement les vôtres ; il ne vous abandonne pas dans les ennuis et il sacrifierait sa vie pour votre salut.

De quatre façons le bon conseiller se montre un véritable ami : il combat vos vices, il vous encourage à la vertu, il vous instruit, il vous indique la voie conduisant aux mondes supérieurs.

De quatre façons celui qui vous entoure de sa sympathie se montre un véritable ami : il compatit à vos peines ; il se réjouit de votre bonheur, il intervient pour arrêter ceux qui disent du mal de vous, il applaudit ceux qui disent du bien de vous.

Discernant les vrais amis, l'ami vigilant, l'ami fidèle, le bon conseiller et celui qui vous entoure de sa sympathie, le sage s'attache à eux comme la mère s'attache à son jeune fils.

D'un éclat semblable à celui du feu ardent brille le sage attaché à la justice.

De même que peu à peu s'élève le nid des fourmis, ainsi s'accumulent les richesses de celui qui amasse son bien comme les abeilles amassent leur miel. Acquérant de la sorte sa richesse, il n'attirera pas la réprobation sur sa famille.

Qu'il divise ce qui lui appartient en quatre parts. Une part servira à son entretien, les deux autres seront consacrées à ses affaires ; qu'il épargne, ensuite, la quatrième, afin de la trouver en cas de mauvaise fortune.

De quelle manière le disciple des sages révère-t-il les points cardinaux ? Sache d'abord, ô jeune homme, ce que représentent les points cardinaux : l'Est représente les parents, le Sud les éducateurs, l'Ouest la femme et les enfants, le Nord les amis, le Zénith les maîtres spirituels, le Nadir les serviteurs et ceux qui dépendent de nous.

Un fils témoigne de cinq manières sa vénération à ses parents : il subvient à leurs besoins comme ils ont subvenu aux siens, il les remplace dans les devoirs qui leur incombent ; il se rend digne de devenir leur héritier, il veille sur ce qu'ils possèdent et lorsque ses parents sont morts il conserve respectueusement leur mémoire.

Les parents manifestent de cinq manières leur amour pour leurs enfants : ils les préservent du vice, ils leur procurent une bonne éducation, ils les marient honorablement et, en temps opportun, leur cèdent l'héritage familial.

L'élève honore ses éducateurs de cinq manières : en se levant devant eux, en les servant, en leur obéissant, en leur procurant ce dont ils ont besoin, en étant attentif à leurs leçons.

Le maître montre de cinq manières son affection pour ses élèves. Il les exerce à tout ce qui est bien, il leur enseigne à s'attacher au savoir, il les instruit dans les sciences et les diverses connaissances, il dit du bien d'eux et les protège en cas de danger.

Le mari manifeste de cinq manières son amour pour sa femme. Il la traite avec respect, avec bonté, il lui est fidèle, il a soin qu'elle soit honorée par autrui, il subvient à ses besoins d'une façon convenable.

La femme montre de cinq manières son amour pour son mari. Elle dirige sa maison avec ordre ; elle reçoit d'une façon hospitalière la famille et les amis de son mari ; sa conduite est pure ; elle est une habile maîtresse de maison et s'acquitte avec zèle et adresse des devoirs qui lui incombent.

Un homme montre ses sentiments d'amitié de cinq manières : en étant généreux, affable, bienveillant, en agissant envers les autres comme il désirerait que l'on agisse envers lui, en partageant avec ses amis les choses dont il jouit.

De cinq manières aussi doit-on répondre à cette conduite de son ami : en veillant sur lui lorsqu'il n'est pas sur ses gardes, en surveillant ses biens quand il les néglige, en lui offrant un asile en cas de danger, en ne le délaissant pas dans le malheur, en témoignant de l'intérêt et de la bienveillance à sa famille.

Le maître doit pourvoir de cinq façons au bien-être de ses serviteurs : en proportionnant leur travail à leurs forces, en leur donnant une nourriture et un salaire convenables, en les soignant lorsqu'ils sont malades, en partageant avec eux les friandises ou les occasions de plaisir exceptionnelles dans le train de vie de la maison, en leur accordant des loisirs.

De cinq manières aussi les serviteurs doivent répondre à cette conduite de leur maître : en se levant avant lui, se couchant après lui, en étant satisfaits de ce qu'il leur accorde, en accomplissant leur travail avec conscience et en disant du bien de lui.

L'homme vertueux servira ses maîtres spirituels par des actes, des paroles, des pensées empreintes d'affection, en les accueillant avec empressement, en subvenant à leurs besoins matériels.

De cinq manières aussi ceux-ci répondront à la conduite de leur disciple : ils le préserveront du vice, ils l'encourageront à la vertu, ils seront pleins de bienveillance et d'affection envers lui, ils l'instruiront des vérités spirituelles, élucideront ses doutes et lui indiqueront la voie conduisant aux mondes supérieurs.

Celui-là sera loué qui est sage et vit vertueusement, paisible, prudent, modeste, toujours prêt à s'instruire. Celui-là sera loué qui est énergique et vigilant, inébranlable dans l'adversité, persévérant et sage. Celui-là sera honoré qui est bienveillant, aimable, reconnaissant, généreux, qui sert de guide, d'instructeur, de conducteur aux hommes.

La générosité, la courtoisie, la bienveillance pratiquées en toutes circonstances et envers tous sont, au monde, ce que le pivot est au char.

Parce qu'ils entretiennent et propagent ces vertus, les sages sont dignes de louanges.

Après que le Bienheureux eut parlé ainsi, Sijâla s'écria :

— Tes paroles sont merveilleuses, ô Maître. C'est comme si l'on redressait cela qui a été renversé, comme si l'on découvrait ce qui était caché, comme si l'on conduisait dans le droit chemin le voyageur égaré, comme si l'on allumait une lampe dans les ténèbres de sorte que ceux qui ont des yeux puissent voir ce qui les entoure. Ainsi le Vénérable, par de multiples comparaisons, m'a fait connaître la vérité.

Je remets ma confiance en toi, Seigneur, dans la Loi et dans la Communauté, reçois-moi comme ton disciple à partir de ce jour jusqu'à la fin de ma vie.

MAHAMANGALA SUTTA[1]

Dans ce sutta, le Bouddha est supposé répondre à un dieu qui lui a posé la question suivante : « Les dieux, comme les hommes, diffèrent d'opinion quant à ce qui est le plus grand bien pour eux. Dis-nous, toi, Vénérable, quel est le plus grand bien. » Le Bouddha déclare :

« Ne pas servir les sots, servir les sages, honorer ceux qui sont dignes de respect.

« Habiter un pays agréable ; avoir accompli de bonnes actions dans ses vies précédentes et avoir de bons désirs dans le cœur.

« Beaucoup de lucidité et d'instruction ; la maîtrise de soi, une façon agréable de parler.

« Subvenir aux besoins de ses parents, chérir sa femme et ses enfants, avoir une profession paisible.

« Faire la charité, vivre en juste, avec droiture, aider ceux de sa famille, n'accomplir que des actions irréprochables.

1. Ce sutta appartient aux Écritures hinayânistes.

« Éviter les fautes, s'abstenir de boissons enivrantes, ne pas se lasser de faire le bien.

« Respect, modestie, contentement, reconnaissance. Écouter prêcher la Doctrine en temps voulu.

« Être patient et doux, avoir la compagnie de gens paisibles, s'entretenir de choses spirituelles en temps opportun.

« Un esprit qui demeure ferme parmi les vicissitudes de la vie, qui ne s'abandonne ni au chagrin, ni à la passion. Toutes ces choses sont de grands biens.

« Ils sont de toutes parts invincibles, ceux qui se conduisent de cette manière ; ils cheminent partout en sécurité et le plus grand bien leur appartient. »

VASALA SUTTA[1]

Un brahmane s'étant prévalu de son rang social, le Bouddha le reprend et lui dit quels sont ceux qui doivent, dans la société, être considérés comme de vils parias.

« L'homme qui est coléreux, haineux, méchant et hypocrite, qui professe des vues fausses.

« Quiconque fait du mal aux êtres vivants, et est dénué de compassion.

« Quiconque assiège les villes et les villages (fait la guerre), se conduit en ennemi.

« Quiconque s'approprie le bien d'autrui, que ce soit dans un village ou dans la solitude des bois.

« Quiconque qui, ayant réellement contracté une dette, chasse son créancier en disant qu'il ne lui doit rien.

« L'homme qui, pour son avantage, pour acquérir des richesses, fait un faux témoignage quand il est appelé comme témoin.

« Celui qui a des relations illicites avec les femmes des membres de sa famille ou celles de ses amis, que ce soit en leur faisant violence ou avec leur consentement.

« Celui qui, étant capable de les secourir, laisse sa mère ou son père dans le besoin, alors qu'ils sont devenus vieux.

« Celui qui, de propos délibéré, donne de mauvais conseils et prépare de méchants plans, en secret.

« Celui qui, ayant joui de l'hospitalité d'autrui, ne la lui retourne pas.

1. Ce sutta appartient aux Écritures hinayânistes.

« Celui qui se glorifie et méprise autrui, manifestant de l'orgueil bien qu'il soit, lui-même, méprisable.

« Celui qui provoque la colère d'autrui, qui est avare, qui a de bas désirs, qui est envieux, rusé.

« Que l'on considère tous ceux-ci comme de vils parias.

« Celui qui, sans être un saint et un sage (arhan), prétend en être un est le plus grand des voleurs.

« Ce n'est pas la naissance qui fait d'un homme un paria ou un brahmane ; suivant les actes que l'on accomplit, on devient un paria ou un brahmane. »

EXTRAITS DU BODHICARYAVATARA[1]

Puissé-je être, pour tous les êtres, celui qui calme la douleur. Puissé-je être, pour les malades, le remède, le médecin, l'infirmier, jusqu'à la disparition de la maladie. Puissé-je être, pour les pauvres, un trésor inépuisable, être prêt à leur rendre tous les services qu'ils désirent.

Je livre ce corps au bon plaisir de tous les êtres. Qu'ils le frappent, l'outragent, qu'ils s'en fassent un jouet, un objet de dérision et d'amusement. Que m'importe ? Qu'ils fassent faire à mon corps tous les actes qui peuvent leur être agréables. Mais que je ne sois pour personne l'occasion d'aucun dommage. Si leur cœur est irrité et malveillant à mon sujet, que cela même serve à réaliser les buts de tous. Que ceux qui me calomnient, me nuisent, me raillent, et tous les autres obtiennent l'illumination spirituelle.

Puissé-je être le protecteur des abandonnés, le guide de ceux qui cheminent et pour ceux qui désirent l'autre rive[2] être la barque, la chaussée, le pont ; puissé-je être la lampe de ceux qui ont besoin de lampe, l'esclave de ceux qui ont besoin d'esclave ; être le Joyau miraculeux, l'Urne d'abondance, la Formule magique, la Plante qui guérit, l'Arbre des souhaits[3].

1. L'auteur du poème intitulé *Bodhicaryâvatara* (Pratique pour arriver à la Bôdhi ou Connaissance) est le philosophe bouddhiste Çântidéva qui vivait au VIIe siècle. Il appartenait à la secte mahâyâniste des Mâdhyamikas.

2. L'Illumination spirituelle, le nirvâna.

3. « Joyaux miraculeux » : celui qui le possède obtient tout ce qu'il désire. — L'« Urne » d'où l'on retire tout ce que l'on souhaite. — La « Formule » par laquelle on réussit tout ce qu'on entreprend. — La « Plante » qui guérit toutes les maladies. — L'« Arbre » qui croît dans le monde des dieux ; chaque dieu a le sien propre et dès qu'il désire une chose, celle-ci surgit sur les branches de l'arbre, comme un fruit.

Il faut cultiver l'énergie ; la Connaissance a son siège dans l'énergie ; sans l'énergie le mérite spirituel est impossible.

Qu'est-ce que l'énergie ? — Le courage au bien. Quels en sont les adversaires ? — L'indolence, l'attachement au mal, le découragement et le mépris de soi.

L'inertie, le goût du plaisir, la torpeur, le besoin d'appui engendrent l'insensibilité à la douleur des existences successives et de là naît l'indolence.

Tu es au pouvoir de ces pêcheurs, les passions, puisque tu es tombé dans le filet des naissances. Comment n'as-tu pas encore compris que tu es entré dans la gueule de la Mort ?

Ne vois-tu pas tous tes compagnons mourir l'un après l'autre ? Et cependant tu te laisses aller à l'indolence comme un buffle de paria.

La mort te guette, toute issue t'est fermée. Comment peux-tu prendre plaisir aux repas, au sommeil, à l'amour ?

Quand la mort fondra sur toi, tu secoueras ton indolence, mais que pourras-tu faire alors ?

« Ceci reste à faire, ceci est seulement commencé, ceci n'est qu'à moitié fait, et voilà que la mort surgit à l'improviste. » Ainsi penseras-tu en voyant tes parents désespérés, les yeux gonflés et rougis par les larmes, et, devant toi, la face des messagers du Roi de la mort.

Ayant d'abord mesuré sa force, qu'on entreprenne ou non ; car mieux vaut s'abstenir que de renoncer après avoir entrepris.

Il faut que je sois vainqueur de tout sans être vaincu par rien.

Toute action a pour but le bonheur : elle peut le donner ou non ; mais celui dont le bonheur consiste dans l'action même, comment serait-il heureux s'il n'agit pas ?

Si vous faites quelque chose dans l'intérêt d'autrui, pas d'orgueil, pas de complaisance, pas de désir de rétribution. N'ayez qu'une seule passion : celle du bien des autres.

De même que tu souhaites te défendre contre la misère, le chagrin, etc., de même il faut que la pensée de protection, de bonté envers les êtres devienne pour toi une habitude.

Loin de travailler à leur bien-être commun, ce qui est le principe du bonheur dans ce monde et dans les autres, les hommes ne cherchent qu'à se nuire et expient cet égarement par de terribles souffrances.

EXTRAITS DU DHAMMAPADA[1]

La vigilance est la voie de l'immortalité, la nonchalance la voie de la mort. Ceux qui sont vigilants ne meurent pas, les nonchalants sont déjà comme morts.

Ceux qui connaissent ces choses, qui savent être réfléchis, ceux-là trouvent leurs délices dans la réflexion et font leur joie de la Connaissance des Aryas[2].

Par la méditation, la persévérance, l'énergie inlassable, les sages atteignent le nirvâna, la béatitude suprême.

L'homme qui a éveillé, en lui, la réflexion, qui vit purement, agit avec sagacité, verra sa force s'accroître.

Par l'attention continue, la réflexion, la tempérance, l'empire sur soi-même, le sage se construit, à lui-même, une île que les flots ne peuvent pas submerger.

Ne courez pas après les choses vaines : le plaisir, l'amour, la convoitise. Une grande joie réside dans la réflexion et la méditation.

Lorsque par la réflexion le savant a rejeté toutes les vanités, il s'élève, alors, jusqu'à la tour de veille de la clairvoyance et, de là, libéré de la souffrance, du même œil que celui qui est sur une montagne regarde ceux qui sont dans la plaine, il regarde la foule affligée et sotte.

Réfléchi parmi les irréfléchis, éveillé au milieu des endormis, l'homme intelligent avance, laissant les autres aussi loin derrière lui qu'un rapide coursier laisse un cheval débile.

C'est à vous de faire l'effort, les Bouddhas ne font qu'enseigner.

Subjugue la colère par la bienveillance, surmonte le mal par le bien ; conquiers celui qui est avide par la libéralité, et le menteur avec des paroles de vérité.

De même que les hautes chaînes de montagnes restent immobiles au milieu de la tempête, ainsi le vrai sage demeure inébranlable parmi la louange et le blâme.

Celui qui s'efforce d'atteindre son bonheur personnel en maltraitant ou en faisant périr des êtres qui, eux aussi, tendaient vers le bonheur, ne trouvera pas le bonheur.

1. Un très célèbre recueil de déclarations attribuées au Bouddha. D'après la tradition, celles-ci ont été prononcées en diverses occasions qui les rendaient de circonstance. Les éditions complètes du Dhammapada contiennent le récit des faits auxquels se rapportent les différents préceptes, conseils ou enseignements que l'on trouve dans cet ouvrage.

2. Littéralement : les nobles — les hommes aux sentiments élevés.

Dites la vérité, ne vous abandonnez pas à la colère, donnez du peu que vous possédez à celui qui vous implore. Par ces trois pas vous approcherez des dieux.

Celui qui n'est point actif lorsque c'est le temps d'être actif, qui, jeune et fort, s'abandonne à la paresse, dont la volonté et l'esprit sont sans énergie, ce paresseux ne trouvera jamais la voie qui mène à la Connaissance.

« Résiste avec énergie au torrent, ô Brahmana[1]. Ayant compris comment se dissolvent les formations *(samskâras)*, tu comprendras cela qui n'est pas formé (cela qui n'est pas un groupe d'éléments impermanents).

« Ce ne sont ni les cheveux tressés, ni la naissance, ni les richesses qui font le Brahmana. Celui en qui résident la vérité et la justice, celui-là est bienheureux, celui-là est un Brahmana.

« A quoi bon ces cheveux tressés ? O fou ! A quoi bon un vêtement en peau de chèvre ? Le désordre est en toi, tu ne soignes que l'extérieur[2].

« Je n'appelle point un Brahmana celui qui est issu de telle origine ou né de telle mère. Celui-là peut être arrogant, celui-là peut être riche. Celui qui est pauvre et détaché de tout, celui-là, je l'appelle un Brahmana.

« Celui qui, ayant brisé tous les liens[3], inaccessible à la crainte, est libre de toute servitude et inébranlable, celui-là je l'appelle un Brahmana.

« Celui qui a brisé la courroie, la corde et la sangle, qui a détruit tout obstacle, qui est Éveillé[4], celui-là je l'appelle un Brahmana.

« Celui sur lequel les plaisirs des sens glissent comme l'eau sur une feuille de lotus ou la graine de moutarde sur une pointe d'aiguille, celui-là je l'appelle un Brahmana.

« Celui qui, en ce monde, a su mettre un terme à sa douleur, qui a déposé son fardeau, que rien ne peut troubler, celui-là je l'appelle un Brahmana.

1. Il ne s'agit pas d'un membre de la caste des brahmines. Au temps du Bouddha, les Hindous appelaient *brahmana* celui qui connaissait le Brahman, l'Être suprême et impersonnel du panthéisme védantin. *Brahmana* signifiait donc celui qui avait atteint l'illumination spirituelle. Le discours rapporté ici s'adresse à des Hindous, et vise à leur décrire celui qui a véritablement conquis la Connaissance.

2. Allusion à la coiffure et au vêtement de certains ascètes brahmanistes.

3. Il s'agit des *asavas* : la sensualité, la croyance en un « moi » permanent, l'illusion et l'ignorance.

4. Celui qui a conquis la *Bôdhi* (la Connaissance).

« Celui dont la science est profonde, qui possède la sagesse, qui discerne la voie droite de la voie fausse, qui a atteint le plus haut but, celui-là je l'appelle un Brahmana.

« Celui qui se tient à l'écart à la fois des laïques et des religieux[1], qui, se contentant de peu, ne va pas frapper aux portes ; celui-là je l'appelle un Brahmana.

« Celui qui n'use de violence ni envers les faibles, ni envers les forts, qui ne tue point, qui ne fait point tuer, celui-là je l'appelle un Brahmana.

« Celui qui est tolérant avec les intolérants, doux avec les violents, sans cupidité parmi les hommes cupides, celui-là je l'appelle un Brahmana.

« Celui de qui sont tombés l'envie, la haine, l'orgueil et l'hypocrisie, comme tombe la graine de moutarde placée sur la pointe d'une aiguille, celui-là je l'appelle un Brahmana.

« Celui qui fait entendre des paroles instructives, véridiques, sans rudesse, qui n'offensent personne, celui-là je l'appelle un Brahmana.

« Celui qui ne convoite plus rien, ni en ce monde, ni en un autre, qui est détaché de tout, inaccessible au trouble, celui-là je l'appelle un Brahmana.

« Celui qui n'a plus d'attaches, que le savoir préserve des "pourquoi ?" qui a atteint la profondeur où la mort n'est plus, celui-là je l'appelle un Brahmana.

« Celui qui a secoué, en ce monde, les deux chaînes, celle du Bien et celle du Mal, qui est pur, exempt de souffrance et de passion, celui-là je l'appelle un Brahmana.

« Celui qui, dans sa sérénité, sa pureté, sa paix inaltérable, brille, semblable à la lune immaculée, qui a tari, en lui, la source de toute joie, celui-là je l'appelle un Brahmana.

« Celui qui a traversé la route fangeuse, l'inextricable monde difficile à traverser[2] et ses vanités, qui, ayant achevé la traversée et atteint l'autre rive, est réfléchi, ferme, exempt de doutes, d'attachements, et satisfait, celui-là je l'appelle un Brahmana.

« Celui qui, délaissant tous liens avec les hommes, s'est élevé au-dessus de tout lien divin, qui est libéré de tous les liens[3], celui-là je l'appelle un Brahmana.

1. Le texte les désigne, suivant une formule habituelle dans les ouvrages hindous, « ceux qui habitent une maison (les laïques) et ceux qui sont sans maison (les religieux) ».

2. Le *samsâra*, la ronde des morts et des re-naissances.

3. Il s'agit de l'homme qui a surmonté toute faiblesse, tout besoin d'appui, « *Qui, relicta humana societate, divinam societatem superavit, omni societate liberatus* », traduit Fausböll.

« Celui qui a rejeté ce qui cause du plaisir et ce qui cause de la souffrance, qui est impassible, délivré de tous germes[1], le héros qui s'est élevé au-dessus de tous les mondes, celui-là je l'appelle un Brahmana. »

LA SECTE DE MÉDITATION

La place m'a manqué pour aborder, dans le présent livre, l'étude des doctrines et des méthodes spéciales à la secte bouddhique mahâyâniste dite secte de Méditation (*Ts'san* en chinois ; *Zen* en japonais). L'interprétation curieuse et extrêmement intéressante que les docteurs de cette secte ont donnée du Bouddhisme exige, pour être rendue claire à des lecteurs occidentaux, qu'on lui consacre une étude séparée. Je me propose de le faire. En attendant, je dois me borner à indiquer brièvement les tendances générales de cette École qui est encore très florissante, de nos jours, parmi l'élite intellectuelle japonaise[2].

Le passage suivant est extrait d'une brochure par S. Ogata, un religieux japonais. Il est à remarquer que le terme *zen*, qui signifie « méditation », est devenu, dans l'usage courant, la dénomination de la doctrine professée par les disciples de Bodhidharma, un philosophe bouddhiste hindou qui se rendit en Chine vers l'an 520.

« Qu'est-ce que Zen ? — Ce n'est ni simplement une religion ni une philosophie ; c'est quelque chose de plus : la Vie elle-même. Zen est une transmission spéciale (de conceptions et de méthodes) en dehors des Écritures canoniques, qui ne dépend point de textes. Ainsi que Bodhidharma l'a déclaré, Zen ne se soucie pas de disserter sur des notions abstruses telles que Dieu, la Vérité ; ce que Zen demande au disciple, c'est de voir sa propre physionomie. »

L'on peut dire que toute la doctrine de la secte de Méditation est contenue dans la célèbre injonction du sixième Patriarche de la secte : Wei Lang (638-713).

« Ne pense pas au bien, ne pense pas au mal, mais regarde ce

1. Ces germes sont les *upadhis* qui comprennent les cinq parties constituant le groupe appelé une « personne » (forme, sensations, perceptions, activité mentale, conscience), le désir, l'erreur et l'attachement aux œuvres.

2. On peut consulter, à son sujet, les ouvrages, en langue anglaise, du professeur T.-D. Suzuki.

qu'est, au moment présent, ta physionomie originelle, celle que tu avais même avant d'être né. »

Le point le plus important dans l'enseignement de la secte de Méditation est l'introspection, dit un de ses adhérents chinois modernes, M. Dih Ping Tsze.

Le Patriarche Wei Lang décrit la méditation comme étant « l'état où l'on est libéré de l'attachement aux objets extérieurs », et la concentration *(samadhi)* est, d'après lui, « la paix intérieure ». « Chercher à s'abstenir de penser à quoi que ce soit, à supprimer toutes pensées est faux et pernicieux », déclare-t-il encore.

Dans un de ses sermons, Wei Lang s'exprime de la façon suivante :

« Prétendre que l'on ne peut pas atteindre l'illumination spirituelle si l'on n'y est pas aidé par les avis de gens vertueux et éclairés, est une erreur. C'est par la sagesse inhérente à nous-mêmes que nous nous éclairons, et l'aide et les enseignements d'amis éclairés ne serviraient à rien si nous étions abusés par de fausses doctrines et des vues erronées. »

Zen est tout à fait d'accord avec les sectes mahâyânistes tibétaines qui proclament l'identité foncière du nirvâna et du samsâra. C'est pourquoi ses maîtres spirituels invitent leurs disciples à ne pas chercher l'« illumination » en dehors du monde[1].

« Le royaume du Bouddhisme est dans ce monde, dans lequel il faut chercher l'illumination. Chercher celle-ci en se séparant de ce monde est aussi absurde que de se mettre en quête de cornes de lapins. »

« Les vues justes sont appelées transcendantes, les vues fausses sont dites "du monde". Quand les vues, soit justes soit fausses, sont écartées, alors se manifeste l'essence de la Connaissance (l'illumination) » [Sûtra de Wei Lang].

Dans un de ses sermons, le maître Ta-hui indique de façon frappante le but de l'entraînement spirituel bouddhiste.

« D'où vient la naissance ? Où va la mort ? — Celui qui connaît ce "d'où vient" et ce "où va" est un véritable Bouddhiste. Mais qui

1. Ne pas prendre, ici, le terme « monde » dans le sens de vie mondaine. Il s'agit du monde des phénomènes : notre univers.

est celui-là qui connaît la naissance et la mort ? — Qui est celui-là qui subit la naissance et la mort ? — Qui est celui-là qui ne sait pas d'où vient la naissance et où va la mort ? — Qui est celui-là qui, soudainement, arrive à comprendre ce "d'où vient" et ce "où va" ? — Quand ces choses ne sont pas clairement comprises, le regard erre de-ci, de-là, le cœur bat précipitamment, les entrailles se tordent comme si l'on avait, dans le corps, une boule de feu qui y roulerait de haut en bas. Et qui, encore une fois, est celui-là qui subit cette torture ? — Si vous voulez savoir qui est celui-là, il vous faut plonger dans les profondeurs de votre être que l'intellection ne peut atteindre. Et quand vous le savez, vous savez, aussi, qu'il existe un endroit que ni la naissance ni la mort ne peut toucher. »

MÉLANGE

Je ne cherche nulle récompense, pas même à renaître dans le Ciel, mais je cherche le bien des hommes, je cherche à ramener ceux qui se sont égarés, à éclairer ceux qui vivent dans les ténèbres de l'erreur, à bannir du monde toute peine et toute souffrance.

Fo-sho-hing-tsan-king.

Que pensez-vous, ô Disciples, qui soit le plus grand, les eaux du vaste océan ou les pleurs que vous avez versés tandis qu'en ce long pèlerinage vous erriez, vous précipitant de nouvelles naissances en de nouvelles morts, unis à ce que vous haïssiez, séparés de ce que vous aimiez ?... La mort d'une mère, la mort d'un père, la mort d'une sœur, la mort d'un frère, la mort d'un fils, la mort d'une fille, la perte des parents, la perte des biens, tout cela, à travers de longs âges, vous l'avez éprouvé. Sans commencement et sans fin est le *samsâra*. Impossible à connaître est le commencement des êtres enveloppés dans l'ignorance, qui, enchaînés par le désir de l'existence, sont conduits à des naissances toujours renouvelées et poursuivent le cercle des transformations. Ainsi, pendant de longs âges, vous avez souffert les peines, l'infortune, la douleur et gavé le sol des cimetières, longtemps assez, en vérité, pour être lassés de l'existence, longtemps assez pour souhaiter échapper à tout cela.

Samyutta Nikâya.

Soyez inébranlables dans l'accomplissement de vos devoirs grands et petits. Menez une vie à l'abri du blâme, d'accord avec les préceptes et que vos paroles, de même, soient irréprochables.

Mahâ Parinibbâna Sutta.

Il n'y a pas de bonheur en dehors de la droiture.

Attanagaluvimsa.

Qu'est-ce qu'un véritable don ? — Un don en retour duquel aucune espèce de récompense n'est attendue.

Prasnottaramalika.

Un homme ayant de l'autorité sur les autres doit être doux envers les faibles.

Udânavarga.

De même que les aliments mêlés de poison, j'abhorre le bonheur que souille l'injustice.

Jatakamala.

Les caractères distinctifs de la vraie religion sont : la bonne volonté, l'amour, la véracité, la pureté, la noblesse des sentiments et la bonté.

Inscription d'Açoka.

Le laïque qui suit la doctrine ne doit pas être adonné aux boissons enivrantes. Il ne doit pas inviter un autre à boire, ni approuver celui qui boit parce qu'il sait que l'aboutissement de l'intempérance est la folie. Par l'habitude de l'ivresse, les fous tombent dans le mal et entraînent les autres dans l'intempérance. Les hommes doivent fuir ce repaire de tous les maux, ce délire, cette folie en lesquels seuls les êtres dénués d'esprit trouvent leur joie.

Dhammika Sutta.

Lorsque vous parlez à une femme, faites-le en toute pureté de cœur. Si elle est vieille, considérez-la comme une aïeule ; si elle est plus âgée que vous, considérez-la comme une mère ; si elle est plus jeune, considérez-la comme une sœur ; si elle est encore enfant, traitez-la avec bonté et respect.

Sûtra en quarante-deux articles.

Quelle que soit la cause de votre souffrance, ne blessez pas un autre.

Udânavarga.

Suis le sentier du devoir ; montre de la bonté envers tes frères et ne les fais pas tomber dans la souffrance.

Avadna Sutta.

Tenez pour « méprisables » ceux qui font du mal et blessent les créatures vivantes, ceux qui sont dénués de sympathie pour les êtres.

Vasala Sutta.

Je veux découvrir une noble vérité, un but différent des buts ordinaires des hommes. Je veux mettre un terme aux douleurs qui naissent de l'existence.

Fo-sho-hing-tsan-king.

Ce n'est pas pour l'amour de mon propre bien que je pratique la bienveillance, mais j'aime la bienveillance parce que mon désir est de contribuer au bonheur des êtres.

Jatakamala.

L'homme vraiment vertueux aide ceux qui sont dans le besoin par pur sentiment de compassion, sans aucun espoir de profit personnel, ayant peu de souci que ses bonnes actions soient connues de quelqu'un ou non.

Jatakamala.

Le disciple vit en conciliateur de ceux qui sont divisés, unissant plus étroitement ceux qui sont amis, établissant la paix, préparant la paix, prononçant toujours des paroles de paix.

Tevijja Sutta.

Ce ne sont point des rites superstitieux qu'il faut accomplir. La bonté envers les serviteurs et les inférieurs, le respect envers ceux qui méritent le respect, le contrôle de soi-même joint à la bienveillance dans les rapports avec les êtres vivants, ces choses et les actes vertueux analogues sont, en vérité, les rites qui doivent être accomplis en tous lieux.

Inscription d'Açoka.

La bienveillance envers tous les êtres est la vraie religion.

Buddhacarita.

Nourrissez, dans votre cœur, une bienveillance sans limite pour tout ce qui vit.

Metta Sutta.

Que celui qui est blâmé par le monde ne conserve pas des sentiments d'inimitié contre lui.

Sammaparibbajaniya Sutta.

Celui qui, étant outragé, ne laisse pas le ressentiment prendre place dans son cœur a gagné une brillante victoire.

Udanavarga.

Ne portant ni épée, ni bâton, sympathique et bienveillant, le disciple éprouve de l'amour et de la compassion pour tous les êtres.

Majjhima Nikâya.

Si vous désirez montrer votre respect pour la mémoire du Bouddha, suivez l'exemple qu'il vous a donné, de la patience et de l'indulgence.

Fo-sho-hing-tsan-king.

De même que les hautes chaînes de montagnes restent immobiles au milieu de la tempête, ainsi le vrai sage demeure inébranlable parmi la louange et le blâme.

Dhammapada.

Tous les êtres soupirent après le bonheur, que ta compassion s'étende donc sur eux tous.

Mahâvamsa.

La confiance en un secours extérieur apporte la détresse ; seule, la confiance en soi-même produit la force et la joie.

Fo-sho-hing-tsan-king.

Le véritable culte ne consiste pas à offrir de l'encens, des fleurs et autres choses matérielles, mais à s'efforcer de suivre la même voie que celui que l'on révère.

Jatakamala.

Donner à manger à un simple honnête homme (dans le besoin) vaut infiniment mieux que de se livrer à l'étude des questions relatives aux esprits du ciel et aux démons qui occupent tant de gens.

Sûtra en quarante-deux articles.

En quoi consiste la religion ? — Elle consiste à faire aussi peu de mal que possible, à faire du bien en abondance. Elle consiste dans la pratique de l'amour, de la compassion, de la véracité, de la pureté dans tous les domaines de la vie.

Inscription d'Açoka.

Le trésor véritable est celui qui consiste dans la charité, la compassion, la tempérance, la maîtrise de soi-même. Ce trésor caché et sûr ne périt pas. Quoiqu'il abandonne les richesses passagères du monde, l'homme emporte celles-là avec lui comme un trésor dont la possession ne lèse pas autrui et que nul voleur ne peut dérober.

Nidhikanda Sutta.

Ne décriez pas les autres sectes, ne les dépréciez pas, mais, au contraire, rendez honneur à ce qui, en elles, est honorable.

Inscription d'Açoka.

Alors même que ceux qui ne sont pas des nôtres se répandent en paroles blessantes au sujet de ma doctrine, ce n'est cependant point une raison pour vous laisser aller à la colère.

Brahmajâla Sutta.

Quel intérêt cela a-t-il pour toi qu'un autre soit coupable ou non ? Viens, mon ami, et regarde à ta propre voie.

Amagandha Sutta.

Note bien ceci, Gotami, une doctrine, d'où qu'elle vienne, si elle conduit à la passion et non à la paix, à l'orgueil et non à la modestie, à l'extension du désir et non à la modération, à l'amour de la mondanité et non à l'amour de la solitude, à un esprit violent et non à un esprit pacifique, cette doctrine n'est pas la Doctrine, n'est pas la Discipline, n'est pas l'Enseignement du Bouddha.

Vinaâya Pitaka.

Après que vous aurez étudié la doctrine, que vos cœurs purifiés trouvent leur joie en accomplissant des actes en accord avec elle.

Fo-sho-hing-tsan-king.

Mieux vaut, pour moi, mourir dans la bataille contre le mal que d'être vaincu par lui en demeurant vivant.

Padhama Sutta.

Une conduite bienveillante garde le cœur en paix. Par le manque de bienveillance, la semence de toutes les vertus périt.

Fo-sho-hing-tsan-king.

La courtoisie est le plus précieux des joyaux. La beauté que ne complète pas la courtoisie est comme un jardin sans fleurs.

Buddhacarita.

Comme on lave la main avec la main, le pied avec le pied[1], de même la droiture est purifiée par la sagesse et la sagesse est purifiée par la droiture. Là où il y a droiture il y a sagesse, là où il y a sagesse il y a droiture et la sagesse de l'homme droit, la droiture de l'homme sage sont, de toutes droitures et de toutes sagesses, celles qui ont, en ce monde, le plus de prix.

Sonadanda Sutta (dans le Dîgha Nikâya).

Une demi-attention prépare la voie à de nouvelles erreurs, à de nouvelles illusions et permet aux anciennes de croître. Par une attention soutenue ne permettez pas la naissance de nouvelles erreurs et détruisez les anciennes.

Majjhima Nikâya.

Par-dessus toutes choses évitez l'étourderie. L'étourderie est l'ennemie de toutes les vertus.

Fo-sho-hing-tsan-king.

Je vous adjure, ô disciples, pour l'amour de vous-mêmes, soyez diligents. Consacrez-vous à la purification de votre esprit. Soyez vigilants, soyez persévérants, soyez attentifs, soyez réfléchis, pour votre propre salut.

Mahâ Parinibbana Sutta.

Le vrai disciple a rejeté l'énervement et la paresse, il est affranchi de la nonchalante lassitude. Aimant la lumière, intelligent et clairvoyant, il purifie son cœur de toute nonchalance et de toute paresse.

Majjhima Sutta.

Quoique le corps soit vêtu d'habits laïques, l'esprit peut s'élever aux plus hautes perfections. L'homme du monde et l'ermite ne

1. Telle est la coutume hindoue.

diffèrent point l'un de l'autre s'ils ont, tous deux, vaincu l'égoïsme. Aussi longtemps que le cœur est enchaîné par les liens de la sensualité, tout signe extérieur d'ascétisme est chose vaine.

Fo-sho-hing-tsan-king.

Alors même que des voleurs ou des assassins détacheraient vos membres avec une scie, si vous vous abandonniez à la colère, vous ne suivriez pas mon enseignement. Voici plutôt, ô disciples, quelle devrait être votre conduite (en cette circonstance) : votre esprit ne serait pas ébranlé, nulle mauvaise parole ne s'échapperait de vos lèvres, vous demeureriez bienveillants, le cœur plein d'amour et dénué de secrète méchanceté, vous envelopperiez ces hommes (les malfaiteurs) en des pensées aimantes, larges, profondes et sans limites, exemptes de toute colère et de toute haine. Ainsi devez-vous toujours vous conduire, ô disciples.

Majjhima Nikâya.

Domine l'emportement. Ne cède point à l'impulsion d'un cœur turbulent. Celui qui est capable de calmer son cœur alors que, soudainement, la passion l'enflamme, peut, en vérité, être appelé un habile conducteur de char.

Fo-sho-hing-tsan-king.

Mettre un terme au souci de soi-même est un grand bonheur.

Udânavarga.

Lorsque celui qui fait le bien cesse de se préoccuper du résultat de son acte, l'ambition et la colère s'éteignent en lui.

Lalita Vistara.

Luttez de toutes vos forces. Ne laissez pas la paresse trouver place dans votre cœur.

Le sage ne demeure pas immobile, il marche sans cesse de l'avant vers une lumière plus grande.

Fo-sho-hing-tsan-king.

Quelle est la racine du mal ? — La convoitise, la haine, l'erreur sont les racines du mal. Et quelles sont les racines du bien ? — Être affranchi de la convoitise, de la haine, de l'erreur sont les racines du bien.

Majjhima Nikâya.

La notion « Moi » n'a accès que dans la pensée des sots. Le sage sait qu'il n'existe point de base pour appuyer une telle croyance. Explorant le monde avec clairvoyance, il parvient à la conclusion que tout est vide[1] et sujet à un prompt déclin. Lorsqu'un homme est parvenu à cette clairvoyance, alors il voit la vérité.

Fo-sho-hing-tsan-king.

Strictement parlant, la durée de la vie d'un être ne dépasse pas la durée d'une pensée. De même que la roue d'un chariot, en roulant, ne roule que sur un point de la bande de la roue et, en étant au repos, repose seulement sur un point de cette bande, de même, aussi, en est-il de la vie des êtres animés qui dure, seulement, le temps d'une pensée. Aussitôt que la pensée a cessé, l'être peut être considéré comme ayant cessé[2].

Visudhi Magga.

L'enfer n'a été créé par personne. Le feu d'un esprit qui s'abandonne à la colère produit le feu de l'enfer et consume son possesseur. Quand un homme fait le mal, il allume le feu de l'enfer et se brûle à son propre feu.

Mulamuli.

Empêtrés dans les mailles du filet de la spéculation, les fils inexpérimentés de la terre ne se libéreront jamais des liens de la vieillesse, de la mort, de la douleur, des plaintes et du désespoir ; jamais ils ne se libéreront de la souffrance.

Majjhima Nikâya.

Celui qui a pénétré ce monde jusqu'à sa base et percé la plus haute vérité ; celui qui a traversé le fleuve toujours coulant de l'existence et, libéré de tous liens, a dominé la passion, un tel homme est appelé sage par ceux qui ont de la compréhension.

Muni Sutta.

Avec la compréhension de la nature impermanente, dénuée de réalité en soi et sujette à la douleur, de toutes les choses se lève le

1. C'est-à-dire : dénué d'essence propre, produit par des éléments étrangers, non autogène — vide d'un « moi » existant par lui-même.

2. Il a cessé parce que certains des éléments qui constituaient la personnalité momentanée et ont causé cette pensée particulière, ont disparu et que d'autres éléments sont entrés en action dans le « groupe » qui constitue la personne. Celle-ci est ainsi devenue différente de ce qu'elle était l'instant précédent.

soleil de la vraie sagesse. Sans cette compréhension il ne peut y avoir de vraie lumière. Elle seule constitue le but. Celui qui ne s'efforce pas de l'atteindre sera déchiré en pièces par la mort.

Allez le cœur débordant de compassion ; dans ce monde que la douleur déchire, soyez des instructeurs et en quelque lieu que ce soit où règnent les ténèbres de l'ignorance, allumez-y un flambeau.

Fo-sho-hing-tsan-king.

PARABOLE TIBÉTAINE

CONCERNANT LA « PERSONNE »

La parabole suivante donnera une idée de la façon dont s'expriment les maîtres tibétains lorsque leurs leçons se font familières. Elle vise à décrire ce qu'est une « personne » dans ses deux parties : partie physique et partie mentale. Toutefois, d'après les Tibétains, il n'existe pas de démarcation bien tranchée, pas de cloison étanche entre le physique et le mental. Tout phénomène physique, se rattachant à la « personne », a, parmi les causes qui le produisent, des causes d'ordre mental et tout phénomène mental a, parmi les causes auxquelles il est dû, certaines causes d'ordre physique.

Voici la parabole :

« Une "personne" ressemble à une assemblée composée d'une quantité de membres. Dans cette assemblée, la discussion ne cesse jamais. Parfois, un de ses membres se lève, prononce un discours, préconise une action ; ses collègues l'approuvent et il est décidé qu'il sera fait suivant ce qu'il a proposé. D'autres fois, plusieurs membres de l'assemblée se lèvent ensemble, proposent des choses différentes et chacun d'eux appuie ses propositions sur des raisons particulières. Il arrive que ces divergences d'opinions et la passion que chacun des orateurs apporte dans le débat, suscitent des querelles, de violentes querelles, même, au sein de l'assemblée. On en vient à se battre entre collègues.

Il advient, aussi, que certains membres de l'assemblée la quittent d'eux-mêmes ; d'autres sont graduellement poussés au-dehors et d'autres, encore, sont expulsés, de force, par leurs collègues. Pendant ce temps, de nouveaux venus s'introduisent dans l'assemblée, soit en s'y glissant doucement, soit en enfonçant les portes.

On remarque, encore, que certains membres de l'assemblée dépérissent lentement ; leur voix devient faible, on finit par ne plus l'entendre. Au contraire, d'autres qui étaient débiles et timides se fortifient et s'enhardissent ; ils deviennent violents, vocifèrent leurs motions d'une voix tonitruante, ils font trembler leurs collègues, les dominent et finissent par s'instituer dictateurs.

Les membres de cette assemblée, ce sont les éléments physiques et mentaux qui constituent la "personne" ; ce sont nos instincts, nos tendances, nos idées, nos croyances, nos désirs, etc. Chacun de ceux-ci se trouve être, de par les causes qui l'ont engendré, le descendant et l'héritier de multiples lignes de causes, de multiples séries de phénomènes remontant loin dans le passé et dont les traces se perdent dans les profondeurs de l'éternité. »

C'est ainsi que les psychologues du Tibet expliquent les tendances contradictoires que nous éprouvons et, aussi, nos changements, graduels ou soudains, d'opinion et de conduite. Les uns et les autres tiennent à la composition temporaire de l'assemblée qu'est la « personne », le « moi », et au caractère des membres qui y ont momentanément la majorité et en élisent le président.

TABLE DES MATIÈRES

Achevé d'imprimer en juillet 1999
sur les presses de l'Imprimerie Bussière
à Saint-Amand (Cher)

POCKET - 12, avenue d'Italie - 75627 Paris Cedex 13
Tél. : 01-44-16-05-00

— N° d'imp. 1585. —
Dépôt légal : octobre 1994.

Imprimé en France